江西省社会科学研究规划项目(13JL04)

对外贸易与区域生态建设：机理、方法及案例研究

戴明辉 著

苏州大学出版社

图书在版编目(CIP)数据

对外贸易与区域生态建设：机理、方法及案例研究／戴明辉著．—苏州：苏州大学出版社，2014.11
江西省社会科学研究项目(13JL04)
ISBN 978-7-5672-1015-8

Ⅰ．①对… Ⅱ．①戴… Ⅲ．①对外贸易－影响－生态环境－研究 Ⅳ．①F75②X171.1

中国版本图书馆 CIP 数据核字(2014)第 278829 号

对外贸易与区域生态建设：机理、方法及案例研究
戴明辉 著
责任编辑 薛华强

苏州大学出版社出版发行
(地址：苏州市十梓街1号 邮编：215006)
苏州工业园区美柯乐制版印务有限责任公司印装
(地址：苏州工业园区娄葑镇东兴路7-1号 邮编：215021)

开本 700 mm×1 000 mm 1/16 印张 11 字数 186 千
2014年11月第1版 2014年11月第1次印刷
ISBN 978-7-5672-1015-8 定价：28.00 元

苏州大学版图书若有印装错误，本社负责调换
苏州大学出版社营销部 电话：0512-65225020
苏州大学出版社网址 http://www.sudapress.com

Preface

Ecological construction is a main theme of the regional development. With the in-depth development of economic globalization, the effectiveness of ecological construction will rely heavily on multilateral cooperation and exchange. On the other hand, foreign trade is an important channel for inter-regional exchange, as well as a core carrier for economic globalization, there are certain practical significance for us all paying attention to the relationship between trade development and ecological construction.

Based on the connotation of concepts environment protect and eco-construction, as well as their position in China's legal system respectively, the Book divided eco-construction into two categories, i. e. generalized eco-construction which includes environmental pollution control, and central eco-construction in which agro-forestry eco-construction takes dominant position. By combing related literatures regarding foreign trade and eco-construction along with these two categories, we find that in the generalized category, a great deal of literature is obviously characterized by environmental disciplines, especially in the field of economics, studies show a tendency of equaling eco-construction directly to environment protect, the majority of them are inclined to illustrate something by the dependencies reflected by trade-related index and environment-related indexes like industrial waste and etc. several necessarily ecological mechanism is relatively lacking. As for the central category, domestic scholars tend to qualitatively descript their macro-relationship but scholars abroad has already shift from to the process analysis as well as case studying. In addition, studies in either category are economy-biased as far as value perspective is concerned, ignored the fact that the environmentalists demand for different ways to evaluate the environmental goods and services. According to the situations mentioned above, the book deeply analyzed the interaction mechanism between foreign trade and regional eco-construction based on the two categories, and then explored some methods evaluating the possible question between foreign trade and eco-construction on the basis of the interaction mechanism analyzed before, i. e, we bringing decomposed factors above into a PSR-framed comprehensive evaluation index system to evaluate the coordination degree between trade development and eco-construction, we combining the method of Ecological Footprint (EF) with international trade theories to evaluate the natural capital flow brought from foreign trade, and introducing forest certification as a policy variable into the Gravity Model to evaluate the impacts on foreign trade from cooperation in the field of eco-construction. At last, the paper investigated three cases by applying the above methods respectively.

It is worth mentioning that, during the period when writing, the author cudgel his brain to try to integrate two seemingly unrelated but actually related systems, however, the final works can not cover a millionth part of the total content in the field due to limited knowledge level. What's more, the author has conducted several amendments on the chapter content and related style in help of teachers like *Xue huaqiang* from Suda Press, but may also left deficiencies here or there, we earnestly request criticism from readers and peer experts.

The author

◆前 言◆

生态建设是当前各国和区域发展的主旋律，随着全球经济一体化向纵深发展，区域生态建设的成效将在很大程度上依赖于多区域的合作与交流。而贸易是区域之间合作与交流的重要渠道，是全球经济一体化的重要载体，因此，对于贸易发展与生态建设问题的关注具有一定的现实意义。

本书基于生态建设和环境保护的内涵及其在中国法律体系中的地位，将生态建设划分为包括环境污染防治在内的广义生态建设和以农林生态为主体的核心生态建设两个层面。然后沿着这两个层面，对生态建设与对外贸易的相关文献进行了梳理。梳理发现，在对外贸易与广义生态建设的关系范畴上，很多文献表现出较强的"环境学科"特点，特别是经济学领域通常倾向于将生态建设直接等同于环境保护，研究过程中以工业"三废"等环境指标与对外贸易相关指标的依存关系来说明问题，缺乏应有的生态学机理。在对外贸易与核心层面生态建设的关系范畴上，国内研究大多倾向于对两者宏观关系作简要的定性描述，缺少类似国外细腻的过程分析和案例探讨。而且，两个层面范畴的研究在价值视角上均具有一定的经济偏向性，并没有兼顾环境主义者对于环境商品和服务的不同评价要求。根据上述情形，本书分别基于广义与核心两个层面，对对外贸易与区域生态建设的作用机理进行了深入分析，然后根据其作用机理和相关作用因子，探讨了对外贸易与区域生态建设中有关问题的评价方法。具体为：将对外贸易和区域生态建设的分解因子纳入以 PSR 为框架的综合评价指标体系，对对外贸易与区域生态建设的协调程度进行评估；将生态足迹法与贸易换汇成本理论结合，对区域贸易中的自然资本流动问题进行评估；将森林认证作为制度变量纳入引力模型，对生态建设国际合作机制给区域贸易带来的影响进行评估。最后，从市域、省域和国家尺度，运用上述方法分别进行了实证研究。

值得一提的是，在本书的写作过程中，尽管作者试图把两个似不相关但实际关联的体系融合在一起，但终因水平有限而不能穷尽该领域所涵盖内容之万一。而且，对于章节内容和相关体例，本人也在苏州大学出版社薛华强等老师的帮助下，进行过多次修正，但仍可能存在这样或那样的不足，在此恳请读者和同行专家批评指正。

作者

2014 年于江西财经大学翼轸楼

目录

第一章

绪 论

引例

2011 年 1 月,CCTV-7 对马来西亚燕窝产业的发展进行了详细的采访报道。报道介绍说马来西亚等国盛产燕窝,但由于马来西亚本土人并不看好燕窝的食用价值,因而其绝大多数燕窝都用于出口,并一度占据全球市场份额的 90% 。过去为了商业利益,当地人不顾燕子的繁殖规律而无节制地对燕窝进行刮离和采摘,使当地金丝燕越来越少,结果是贸易发展了,燕子的原生环境和生态平衡却被破坏了;但现在随着生态意识的不断增强,他们的行为也在发生改变。他们不仅主动给燕子搭屋,让燕子在屋里搭燕窝,而且,对燕窝的采摘方式也更加考究。在燕子产卵后到雏燕长成前这段时间,他们决不采摘燕窝;即使雏燕已经长大,只要窝中有蛋,他们仍不对其进行采摘。这样,当地燕子的生长和繁育就受到了很好的保护。由于燕子每年可搭 5 ~6 次窝,且其所搭燕窝被认为极具营养价值,因而每年能为马来西亚带来数量可观的外汇收入。许多媒体认为,马来西亚近些年来燕窝出口的不断扩大过程也是一个人与燕双赢的过程,我们从中不难得到一些启发。

1.1 研究意义

改革开放 30 多年来,中国在对外贸易方面取得了举世瞩目的成就,进出口商品结构不断改善,贸易方式多样化、地理方向多元化格局逐渐形成,外贸顺差持续扩大,外贸和外资规模迅速增长。1979 年到 2013 年间,中国的对外贸易总额从 293 亿美元增加到 41 600 亿美元,增长了 141 倍,世界排名由第 29 位上升到第 1 位;直接利用外资从当初不到 10 亿美元增加到

2013年的1 176亿美元,增长了117倍,中国已经成为名副其实的贸易大国。[1] 尤其是2008年金融危机以来,包括欧美在内的许多国家经济低迷,进口需求锐减,国际市场价格大幅振荡,中国的对外贸易在经历短暂调整后仍稳步上升。这充分说明了对外贸易在中国经济社会发展中的强大动力和蓬勃生机,对外贸易已成为拉动中国经济增长的重要一极。然而,在中国创造了一个又一个外贸奇迹的同时我们也发现,中国的出口商品结构中,高能耗、高污染、资源密集型产品仍占有相当比重;中国的外贸管制中,滞后的检验措施和许可制度使得国家生态安全与人们身心健康仍不时地暴露在生物入侵和重金属污染的威胁之中[2][3];招商引资和承接产业转移过程中,不合理的行政干预使得许多地方政府为了完成配给任务而对外商投资的污染工程项目"开绿灯",放松环境管制……[4] 这一切,都会引发各种社会和生态矛盾,与我国生态建设的目标是背道而驰的。生态建设最早可追溯到20世纪80年代对生态工业园区的研究与探索。1995年原国家环保总局在《全国生态示范区建设规范纲要》中指出:"生态示范区是以生态学、生态经济学原理为指导,以协调经济、社会、环境建设为主要对象,在一定行政区域内生态良性循环的基础上,实现经济社会全面、健康的持续发展。"党的十七大更是首次提出要以科学发展观为指导,建设生态文明。由此可见,生态建设与外贸发展本身并不矛盾,在内涵上甚至是生态建设包涵了外贸发展,只是在特定的历史阶段下各自的侧重点和演变轨迹有所不同而已:传统意义上的对外贸易多追求"货币流"意义的贸易盈余,偏经济范畴,但当前形势下正逐渐向追求"物质流"或"能量流"意义的生态盈余并兼顾一定的"货币利益"而过渡。传统意义的生态建设多考虑森林、植被的恢复,野生动植物资源的保护等,偏生态学范畴,但当前形势下正向社会经济领域渗透和靠拢。因此,在新形势下如何正确评价外贸发展与生态环境建设之间的相互关系及其耦合途径,并制定科学的政策来实现对外贸易与生态建设的和谐发展是当前的一个重要课题。

从国际方面看,贸易自由化水平的不断提高是不可逆转的历史趋势,历史事实证明,任何形式的贸易保护主义都会遭到全球范围内的普遍抵制。

---

〔1〕 数据参见2013年国民经济和社会发展统计公报。

〔2〕 http://finance.ifeng.com/a/20130712/10144943_0.shtml

〔3〕 进口优格狗粮引发宠物狗肝脏衰竭死亡[N].东方早报,2009-01-12.

〔4〕 http://finance.people.com.cn/n/2014/0217/c348883-24377270.html

贸易自由化使包括劳力、资本在内的生产要素在全球范围内更加充分地流动和合理配置，人员流、资金流、信息流、商品流使得国与国之间的联系越来越紧密。在这个过程中，发达地区淘汰落后产能向不发达地区转移，使之成为“污染天堂”；发展中和落后地区通过资源型出口换取国民经济发展之所需，使自己面临“生态赤字”；资源丰富的工业发达国家用进口来代替本国生产，以保护本国的资源和环境，资源丰富的落后国家背负“资源诅咒”和“贸易条件恶化”的重壳艰难前行……由此可见，一个国家和区域的对外贸易已经成为转移生态承载力的重要手段，只是在这种转移过程中，有的区域处于被动地位，有的区域处于主导地位而已。在全球气候变暖、生态环境问题日益突出的国际背景下，我们再也不能用传统的眼光来看待对外贸易的发展，而应该从科学的发展观出发，从可持续发展观出发，来研究对外贸易与区域生态建设的问题。

1.2 内涵界定

1.2.1 生态建设与环境保护

“生态”与“环境”是一对既有联系，又有区别的概念。“生态”主要指某一生物（有机体）与其环境或其他生物（有机体）之间的相对状态或相互关系，其主体既可以是个体生态，也可以是种群生态。“生态”所包含的相互关系既可以是生物圈各生态系统的相互作用，也可以是以人类为主导的各生态系统的相互关系（杨筠，2007）；“环境”则主要指独立于某一主体对象以外的所有客体的总和，强调客体，尤其是以人类为主体的客体。因而从内涵来看，“生态”相对于“环境”要宽。

概念内涵的差异性决定了概念在外延上的不同。“生态建设”与“环境保护”分别是“生态”与“环境”两个概念在战略行为上的延伸，因此，其研究范围或侧重点也有所不同。“生态建设”旨在通过各种措施来使生态环境明显改观，建立基本适应可持续发展的良性“生态系统”[1]，在国家宏观统计分析中，它常与自然保护区建设、森林面积、生物多样性、野生动植物资源等概念联系在一起；环境保护则从“人类中心主义”立场出发，旨在遏制生态环

〔1〕 欧阳志云. 中国可持续发展总纲第11卷：中国生态建设与可持续发展[M]. 科学出版社，2007：125.

境恶化势头，减轻自然灾害对“人类”的危害，维护“国家”生态环境安全[1]，在国家宏观统计分析时常常借助水质、空气质量、化学需氧量、噪声污染、工业“三废”排放等指标来体现。

“生态建设”与“环境保护”这两个概念虽然存在上述重心上的差异，但是，人们在不同场合下使用这两个概念时却呈现出不同的主观偏向性。例如，国务院1998年11月7日颁布的《全国生态环境建设规划》，虽然从该《规划》中“总体布局和重点工程”的具体内容来看是偏生态的[2]，但从标题中对概念的使用来看，这两个概念是同义词和并列关系，存在某种互替性（杨筠，2007）；还有，各级政府提出的“生态省建设”、“生态城市建设”等口号，尽管内容上都着重于强调某个区域的人类与自然协调发展，但字面上仍具有一定的生态偏向性，因为这里的“生态建设”包含“环境保护”等内容；另外，在研究经济增长与生态环境的关系时，我们对这两个概念的理解则通常是环境偏向性的，即大多数研究实际上就是围绕经济发展与环境的关系而展开的，方法上也主要表现为“货币化”技术和环境经济学意义上的“外部化”处理，与生态机理无关。本书在论及对外贸易与生态环境关系时，主观上偏于生态，但部分内容又兼顾了环境与人类活动的相互影响。

1.2.2 两个层面的生态建设

（1）广义层面的生态建设。生态建设实际上是一个全新的概念，目前并没有严格和统一的定义，我们仅能从国务院1994年颁布的《中国21世纪议程——环境、人口与发展白皮书》（国发[1994]37号）、1998年颁布的《全国生态建设规划》、2000年颁布的《全国生态环境保护纲要》、2002年颁布的《国民经济和社会发展第十个五年计划纲要》和《“十五”生态建设和环境保护重点专项规划》以及各年份的有关环境保护立法中体会到国家对于生态建设的重视和决心。而且，随着生态建设的国际化进程，各国学者和专家对于生态建设及其工作重心都有不同的理解。苏联生态学家亚尼茨基（O. Yanistky，1981）认为，生态建设是按生态学原理建立起来的一类社会、经济、自然协调发展，物质、能量、信息高效利用，生态良性循环的人类聚居地，即高效、和谐的人类栖境。在2008年由中国国际经济发展促进会、海口市人民政府与中国环境科学学会联合主办的第二届经济发展、生态建设国

---

〔1〕 欧阳志云. 中国可持续发展总纲第11卷：中国生态建设与可持续发展[M]. 科学出版社，2007：121.

〔2〕 这里讲的偏生态指的是区别于环境所强调的“人类中心主义”。

际合作大会上，联合国粮农组织驻华代表塞奇托莱科指出，目前，生物多样性的丧失和以食物为燃料的生物能源热潮，使粮食成为国际经济发展中最不安全的因素，我们在国际生态建设中必须尽可能保持世界农业生物多样性，以它为基础，来应付气候变化的影响。2010 年 5 月在美国加州克莱蒙举行的第四届生态文明国际学术论坛上，美国中美后现代发展研究院院长、世界著名生态经济学家小约翰·柯布认为，一个国家通向生态文明建设有三个先决条件：首先，朝着生态文明的方向发展的需求是文化的或精神的需求；其次是有一些掌控权力并关注全民福利，特别是穷人福利的人；再次是，生态建设的成功绝不可能来源于一个人口爆炸的社会。美国生态纪协会主席、国际过程网络创会主席赫尔曼·格林也在会上表示，生态建设涉及在政治、社会、精神、经济以及那些人与自然进行互动的制度中所发生的重大变化，它重视本地、区域地理、社区，并依赖于各种历史性文明的不同智慧，而且，全球社会的多样性和过程性将成为生态建设的现实与价值标准。

20 世纪 80 年代开始，我国学者也开始从不同范围和角度对生态建设的理论和内涵进行深入探索。李文华(2004)认为，生态省建设是一种在省域水平上以可持续发展为目标的发展模式，在实践过程中，从系统的观点出发，统筹并协调省内外的自然—社会—经济—技术条件，从体现现代化文明的生态文化建设、促进人与自然和谐的生态环境建设、在循环经济思想指导下的生态产业建设三个方面入手加以实现[1]；季昆森(2005)认为，“生态省”实质上是“生态经济省”，是在一个省域范围内，以科学发展观和可持续发展战略、环境保护基本国策统揽经济建设和社会发展全局，转变经济增长方式，提高环境质量，同时，遵循三大规律，推动整个社会走上生产发展、生活富裕、生态良好的文明发展道路[2]；欧阳志云(2007)认为，生态省建设中的“生态”两字实质上包含了生态文化、生态环境、生态经济等多方面的内容，生态省建设不仅仅是单方面的生态建设和环境保护，而是涵盖了环境污染防治、生态保护与建设、生态产业发展、人居环境建设、生态文化建设等多方面，涉及区域社会—经济—自然复合生态系统的各个方面[3]；樊美筠(2014)就如何推进生态文明进行了深入探讨，认为生态文明建设需用马克思主义

〔1〕 李文华. 可持续发展与生态省建设[J]. 科学对社会的影响，2004(1)：14－21.

〔2〕 季昆森. 循环经济与生态省建设[J]. 马克思主义与现实，2005(4)：9－13.

〔3〕 欧阳志云. 中国可持续发展总纲第 11 卷：中国生态建设与可持续发展[M]. 科学出版社，2007：283.

思想武装头脑，需要建设性后现代思维，需要中国传统智慧，需要教育变革[1]。

根据国内外学者和专家对于生态建设的不同理解或表述，本书认为，广义层面的生态建设，应该是以可持续发展理论、生态学原理、循环经济学原理和生态经济学原理为指导，从生态平衡的视角出发，统筹自然—社会—经济—技术资源的合理开发与利用的系统发展模式，在内容上既包括对生态系统自我恢复的规划，对因工业生产、交通运输和生活排放等造成的环境污染的防治，对因自然资源遭不合理开发引起的生态环境破坏的修复和重建，也包括生态文化建设、生态产业发展和生态政治制度建设等内容。

（2）核心层面的生态建设。如果说以上对于广义层面生态建设的界定是基于对生态建设概念内涵和战略的解读，那么，这里对于核心层面生态建设的划分则是基于生态建设具体操作内容在我国法律体系中的地位而定。从国内外生态文明发展形势来看，目前的生态建设显然已经从人类的自发活动、区域生态位的趋适开拓和竞争平衡阶段（外在控制过程）演变为人类的内在调节阶段（王祥荣，2004），即从所谓"自发过程"上升到了"自觉过程"，而一国的立法现状最能反映事物发展（生态建设）对一国国民的紧迫程度和国民对于事物发展的整体自觉水平。就我国来说，继 1979 年颁布《中华人民共和国环境保护法（试行）》以后，又先后颁布了《中华人民共和国海洋环境保护法》《中华人民共和国大气污染防治法》《中华人民共和国水污染防治法》《中华人民共和国噪声污染防治法》及相关资源法、环保行政法规和许多部门规章及标准，基本形成了具有中国特色的环境法律法规体系[2]，使得对生态环境保护的行为有法可依。但这些法律法规基本上都是围绕"环境"的概念而展开的，即属于本书广义层面的生态建设法规，亦可称为生态环境法规。1998 年国务院颁布了《全国生态建设规划》，单独把生态建设作为一项长远性、战略性和全局性的系统工程来看待。《规划》将全国生态建设划分为黄河上中游地区、长江上中游地区、"三北"风沙综合防治区、南方丘陵红壤区、北方土石山区、东北黑土漫岗区、青藏高原冻融区、草原区等八个功能区，要求通过对重点地区和重点工程的建设，把关系全局发展的基本农田、优质草地、水源涵养林和防风固沙林建设起来，形成带网片

---

〔1〕 樊美筠. 对生态文明的全方位探索[J]. 经济社会体制比较，2014(4)：243－247.

〔2〕 欧阳志云. 中国可持续发展总纲第 11 卷：中国生态建设与可持续发展[M]. 科学出版社，2007：93.

结合、纵横交错、相互联结、结构合理的林草植被体系和水土流失防治体系，使这些区域的生态环境有较大改观，为全国生态环境的改善奠定基础。然而，与该“生态建设”的战略地位不相称的是，目前有关这些具体操作内容的专门性法规体系全部存在于环境保护法律和有关行政法规之中，如《环境保护法》《水法》《森林法》《草原法》《农业法》《野生动物保护法》等法律和规章对防治水土流失和自然保护区的规定，2002 年国务院颁布并于次年 1 月起实施的《退耕还林条例》，2002 年 1 月起实施的《中华人民共和国防沙治沙法》，1994 年的《自然保护区条例》，1991 年人大常委会通过的《水土保持法》等〔1〕，这就造成了在内涵上“生态建设”包含“环境保护”，但在立法上“生态建设”被“环境保护”包含的局面（如图 1-1）。鉴于生态建设具体操作内容在我国现阶段立法中的具体体现，本书认为，核心层面的生态建设主要涉及自然资源、农业、林业、水土保持和防沙治沙等领域，对这些领域中各种生态要素组合的立法情况也最能反映现阶段我们对于生态建设的自觉和认识水平。事实上，2009 年 6 月在新中国成立 60 年来首次中央林业工作会议上，中共中央政治局常委、国务院总理温家宝就已明确指出，林业在生态建设中具首要地位，在可持续发展中具重要地位，这充分说明，林业是生态建设核心中的核心。

本书所研究的区域生态建设以核心层面的自然资源、农林生态建设为主，在具体机理分析和模型指标选择过程中又部分地兼顾了广义层面的环境污染防治。

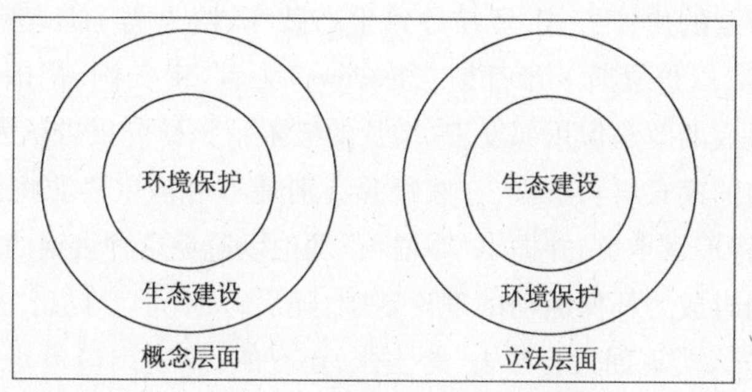

图 1-1　环境保护与生态建设关系

〔1〕 欧阳志云. 中国可持续发展总纲第 11 卷：中国生态建设与可持续发展[M]. 科学出版社，2007：104.

1.3 文献综述

根据以上对于生态建设内涵的界定,我们可从两个方面对对外贸易与生态建设的研究进行梳理:一是对外贸易与广义层面的生态建设研究;二是对外贸易与核心层面的生态建设研究。

1.3.1 对外贸易与广义层面的生态建设研究综述

前面在对"生态建设"与"环境保护"的内涵界定时指出,有关经济增长与生态环境的关系研究往往倾向于将"生态"概念"环境化",同样,在对外贸易与生态环境的关系研究中也存在类似的情形。由于目前学界对于广义生态建设中诸如生态文化、生态产业等内容与对外贸易的关系研究甚少,这里主要就广义生态建设中的环境与对外贸易的关系研究现状作一综述。自Baumol(1971),Markusen(1975)等学者发表论文以来,已有许多学者对这方面的研究给予了极大的关注,关注的领域主要集中在以下几个方面:(1)贸易自由化对环境的影响;(2)有关南北贸易关系的讨论;(3)向底线赛跑(race to bottom)与污染天堂(pollution heaven)假说;(4)环境管制与对外贸易。

1.3.1.1 贸易自由化对环境的影响

关于贸易自由化对环境的影响一直以来都是环境保护主义者与自由贸易主义者争论的议题。环境保护主义者认为,贸易自由化不利于环境保护,由于不可持续的生产方式,贸易导致生态破坏,给人类和环境带来有害影响。1972年,以丹尼斯·米都斯(Meadows)为首,由美国、德国、挪威等12国科学家组成的罗马俱乐部发表《增长的极限》,该研究报告认为,如果经济继续按目前的模式增长下去,自然资源特别是不可再生资源将面临耗竭的危险,环境将不堪重负,并提出"零增长"理论以避免这种衰退的发生。米都斯的报告当时成为环保运动的理论基础,随后,又有学者提出"环境保护第一主义"和"人类返回大自然去"等主张,还有的提出"出口量超过了一定限度会引起价格下跌,资源过度开发从而出现环境代价超过经济利益"的观点。1990年,Grossman在"库兹涅茨(Kuznets)"(1955)假说的基础上首次提出EKC曲线,进一步推动了学界对于贸易、经济增长与环境关系的研究。Daly(1993)考查了自由贸易对污染排放量的影响,认为自由贸易会加剧环境污染。Chilchilnisky(1994)认为,在私有产权没有得到明确界定的情况下，自由贸易会加速发展中国家对环境资源的破坏，从而对全球环境构成进一步威胁。Daly，Goodland（1994）和Ayres（1996）认为，贸易自由化带来的经济增长不仅不能有效地促进社会福利的改善，更不利于环境保护。Beghin（1995）通过对墨西哥的实证研究发现，墨西哥单边贸易开放引起的结构效应虽然会使生产结构向清洁生产方向调整，但规模效应的支配作用最终会使污染加剧。Jenkins（1998）研究了拉丁美洲工业化、贸易与污染的关系，发现污染的绝对水平持续增加。Cole（2000）使用NO_2，SO_2，CO，CO_2和悬浮颗粒五种空气污染指标，研究了乌拉圭回合后贸易自由化的规模效应、结构效应和技术效应对环境的影响，发现发展中国家和转型国家这五种污染物排放量增加，而发达国家的SO_2，CO及悬浮颗粒排放量减少，另外两种污染物排放量增加，等等。

另一方面，自由贸易主义者通常认为，贸易自由化有利于环境的保护。首先，自由贸易使要素收入增加从而使国民对环境的要求提高，这会有利于全球环境状况的改善；其次，贸易自由化使各贸易参与国集中精力按比较优势进行专业化生产，规模效应可促使各国以最低资源和环境投入获得最大化产出；再次，贸易自由化有利于环境产品和清洁技术的国际使用和传播。目前已有许多文献表明，贸易自由化与环境质量之间确实存在正向关系。Anderson（1992）发现自由贸易的净效应可以减少化肥和农药的使用，从而有利于环境质量的改善，同时他对世界食品和煤炭产业的研究也表明，食品、煤炭贸易自由化会减少这些产业的污染水平。Antweiler指出，贸易通过生产技术、生产规模、生产位置三个渠道影响环境，他以SO_2为指标进行的计量分析表明，贸易自由化的影响通过技术、规模和结构效应表现出来，并降低每个国家的SO_2水平，因而是有利于环境的。Alpay（1999）从各国的比较优势、产品的资源密集度及资源产权结构、环境政策等方面分析了贸易自由化的环境影响，认为贸易自由化与环境质量的关系取决于各国的要素禀赋和制度结构，但总体上贸易自由化对当地和全球的环境影响是积极的。当然，除此以外，有些研究也表明，贸易与环境之间的关系并不是那么确定。

1.3.1.2 有关南北贸易关系的讨论

Chilchilnisky在其1983的工作论文《North-South trade and basic needs》中探讨了国际市场在协调南北关系中的作用，并分析了国际市场是如何影响贸易利得的。他在分析中认为，对于南方国家来说，如果它们以专业化生产劳动密集型产品为主的话，国际市场并不一定能带动其经济的增长，劳动密集型产品或原材料的任何出口扩张，都可能以一种不利可持续发展的方式影响南方国家的国内市场和收入分配。他提供了一些对于出口导向的替代性政策以帮助南方经济体平衡国内与国际市场，这些建议对于它们的可持续发展与基本需求的满足是具有指导性作用的。Copeland 和 Taylor 于1994 年提出了南北贸易模型，他们假设存在高度发达国家和欠发达国家两种国家类型，分别代表北方和南方，存在一种连续的私人消费品，其产出是有效劳动与污染排放量的函数，不同类型国家均以征收污染税的方式对企业进行规制（北方标准高于南方标准），南北消费者在消费品和污染上具有相同的效用函数，所有国家在规模和人口密度上相同，仅人均人力资本禀赋不同，将贸易自由化的环境影响分解为规模效应、技术效应和结构效应。自由贸易过程中，首先是各国的工业布局和产业结构发生变化，由于不同类型国家的环境标准和收费水平不同，北方国家的污染产业规模逐步缩减，而南方国家的污染产业规模在扩大，所以在规模效应上，自由贸易对环境的影响是不利的。其次，贸易带来的收入增加使企业支付污染控制成本与消费者购买清洁产品的意愿程度增加，即从技术效应上看，单位产品的平均污染水平最终下降。如果贸易的唯一动机是使南北方国家征收不同的污染税，且贸易不会导致要素价格均等化，那么自由贸易会使世界总污染增加。自由贸易下不同国家间经济均衡增长产生的污染效应虽然可能被严格的环境政策所抵消，但非均衡增长导致的产业转移会通过结构效应对污染排放产生重要影响。Copeland and Taylor（1995）又考察了国民收入与贸易机会是如何相互作用来影响世界污染水平的。他们通过研究得出四个结论：（1）如果国家间的收入水平相差很大，那么自由贸易会提高世界的污染水平；（2）如果贸易使要素价格均等化，人力资本丰富的国家在贸易中受损而人力资本稀缺的国家从贸易中受益；（3）即使政府对于污染许可证的发放不作配额限制，有许可证管制的国际贸易也能降低世界污染水平；（4）国际收入转移对世界污染和福利可能没有影响；（5）任何试图通过环境管制来操纵贸易条件的行为都会使环境政策本身无效。

1.3.1.3 向底线赛跑与污染天堂假说

向底线赛跑（race to bottom）的提法来源于美国各州对于资本和就业机会的竞争问题，各州政府都担心其他地方政府通过降低环境标准来吸引投资，为避免损害，各州政府竞相降低自己的标准而使最终平均达到的标准更低，其理论基础是博弈论。Esty and Geradin（1997）用这一名词来说明贸易与环境的关系。他们指出，全球贸易自由化的最终结果是导致各竞争国纷纷降低自己的环境标准来维持本国的国际竞争力，因而出现“向底线赛跑”的现象。Conrad(1993)和Kennedy(1994)也在他们所创立的三国垄断模型中表明了这种博弈结果。模型假设两个国家只有一个垄断厂商，并出口全部产品在第三国进行古诺竞争。两国厂商的生产活动都产生污染并对本国造成损害，当两国政府只能通过征收排污税或制定排放标准来控制污染时，各自的最优策略是“环境倾销”，即在古诺-纳什均衡下，两国政府都将通过环境政策来间接补贴本国厂商，并不断降低环境标准，博弈的最终结果是三国环境均遭到破坏。但Porter(1999)等学者认为这种假说存在缺陷，不适合环境高标准以及制度较为健全的国家。Bhagwati(2002)也认为这种假说虽然理论上成立，但缺乏可靠数据的支撑。为验证这一假说的科学性，Wheeler(2001)通过选取中国、巴西、墨西哥和美国的空气质量变动进行分析发现，贸易实际上使这些国家的空气质量改善，Frankle and Rose(2002)采用包含增长方程和污染方程的联立方程对空气中的污染物质进行实证研究也发现，贸易对于减少空气中的污染物是有益的，向底线赛跑的假说并不可靠。

与此相关的是Walter and Ugelow(1979)提出的污染天堂假说(pollution heaven)。主要指发展中国家在其发展初期，出于政治或经济需要往往有意放松对环境的管制，从而在使自己生产出更多污染密集型产品的同时，也刺激了发达国家污染密集型产业向这些国家的转移，成为所谓的“污染天堂”，其理论基础大致可以理解为要素禀赋理论。根据H-O定理，各国按要素禀赋所确定的贸易模式进行专业化分工，环境要素相对丰裕的国家专业化生产并出口环境要素密集型产品如污染品，而环境要素相对稀缺的国家则专业化生产和出口非环境要素密集型产品或清洁品，由于不同国家之间的环境标准不同从而产生生产成本上的差异，在环境标准较松的国家生产的产品由于成本低而具有竞争优势，这会吸引环境标准高的国家一些污染密集型产业向该国的转移。不过尽管赫克歇尔—俄林在古典贸易理论的基础上对国际贸易的动因进行了修改，但实际上一直未将环境作为一种要素投入来考虑，我们仅从其有关原理上得出一些启发。对于“污染天堂”的假说也有一些相应的检验。Robinson(1988)研究了美国10年中进出口商品的含污量，结果显示进口商品中的污染含量增长率要高于出口产品，支持了这一假说。Mathy(2003)运用52个国家10年的面板数据，研究了造纸、化工、钢铁、有色冶金和其他非金属矿产等5个污染行业，发现除非金属矿产品外，其他4个行业均存在"污染天堂"现象。Anderson and Blackhurst(1992)的局部均衡模型也表明，在国际资本自由流动的情况下，污染密集型产业将逐渐由发达国家向发展中国家转移。不过，Wheeler(2001)，Eskeland(2003)，Harrison(2003)，Birdshall and Wheeler(1993)，Liang(2005)等的研究却不支持这一假说。

1.3.1.4　环境管制与对外贸易

20世纪70年代开始，OECD国家开始实施环境管制，由此引起了学术界对于环境政策的密切关注。Pething(1976)，Siebert(1977)，Yohe(1979)，McGuier(1982)，Palmer(1995)等从不同的角度对此进行了研究，认为严厉的环境管制会成为厂商追求利润最大化的另一种约束，最终导致出口利润下降。Simpson and Bradford(1996)则认为严厉的环境管制对不同产业的影响是不同的，很难进行精确描述。Walter(1973)对1968—1970年美国出口数据进行分析发现，环境控制成本仅占出口商品成本的1.75%，环境管制并不能对商品出口构成实质影响。Tobey(1990)利用H-O模型对23个国家的65个产业中最具污染的部门进行了分析，结果也表明环境管制对贸易格局的影响并不显著。而Low and Yeats(1992)通过对发达国家与发展中国家之间的两组贸易数据进行比较研究发现，污染产业出口随着时间的推移呈下降趋势，因而环境管制对出口是有影响的。Port and Linde(1995)却认为，如果将环境管制与出口贸易置于一个动态的分析框架，考虑环境管制变动下生产技术、产品和生产过程改善的可能性，那么环境管制虽然暂时增加了厂商面临的约束，但它同时也给了厂商改革的动力，最终不仅不会限制出口，反而会提升出口结构和增加出口。

1.3.2　对外贸易与核心层面的生态建设研究综述

前文指出，核心层面的生态建设主要包括自然资源、农业、林业、水土保持与防沙治沙等领域。有些领域如水土保持、防沙治沙等与对外贸易之间可能并没有太多的直接联系，因而学界对其关注也主要体现在两个大的方面：(1) 自然资源、对外贸易与经济增长；(2) 对外贸易与林业生态建设。

1.3.2.1　自然资源、对外贸易与经济增长

对外贸易是一国和区域经济发展的重要组成部分，而经济增长与资源约束向来是经济学的经典命题，其思想可追溯到17世纪古典经济学派对经济增长与资源、环境关系的探讨。英国经济学家威廉·配第1661年对于

“劳动是财富之父，土地是财富之母”的论断，形象地说明了土地资源在经济生产中的重要作用。托马斯·马尔萨斯(1798)指出，人口数量通常按几何级数繁衍，而食品生产受土地禀赋制约只能按算术级数增长，由于人均食品供应超出生存水平的剩余最终都将被增长的人口所消耗，所以人口的进一步增长会被饥荒、瘟疫和战争等因素所抑制，从而人均收入将长期维持在最低水平。对此，李嘉图(1817)则解释为，由于农业受土地禀赋限制而呈报酬递减，食品的边际成本从而价格必然积累性上升，从而推动工业部门名义生存工资的提高，资本利润率则因工资水平的提高逐渐下降至某一临界点，此时已无法为进一步投资提供激励，因而经济增长将在此处于停滞状态。李嘉图显然对经济增长持悲观态度，但马歇尔(1981)等新古典经济学派对此不以为然，认为人类所起的作用可以抵消这种“递减规律”的影响。Solow (1956)也并没有把自然资源纳入到其经济增长的分析框架中来，而是把长期增长的结论归因于外生的技术进步。事实上，工业化国家在19世纪表现出来的资本积累和技术进步也使李嘉图的预言并没有发生，古典经济学界也因而在很长一段时间内几乎停止了对自然资源作用的讨论。直到20世纪70年代粮食危机与能源危机爆发，主要工业发达国家普遍遭遇经济减速，这才激发了部分现代经济学家对经济增长与资源约束问题的重新关注。多数主流经济学家也认识到了这可能与能源资源价格上涨有关，但仍坚信技术能够找到任何可耗竭资源的替代品，而且80年代后资源价格的下降也使得他们在经济分析中对于自然资源的忽略无可非议。90年代出现的一系列全球性环境恶化问题使得资源与经济增长的关系重新受到重视，美国经济学家Sachs and Warner(1995)以矿产品出口占总产出比重为自然资源丰裕度指标，用20年的数据研究了世界上71个国家资源状况与经济增长的关系，发现两者之间存在负相关，即丰裕的自然资源并不是经济增长的动力源泉反而是一种累赘，形成所谓的“资源诅咒”。之后，Gylfason(2001)对22个转轨国家的自然财富和增长绩效的相关性进行了分析，也证实了这种效应的存在；Papyrakis与Gerlagh(2004)在SW模型中引入“教育变量”后，却发现这种效应消失了；Stigijns(2006)用人均土地、石油、天然气、矿产储量等代替SW的部分指标后发现，土地、石油、天然气等资源与经济增长负相关，矿物储量与经济增长有正相关迹象；等等。Krueger(1974)，Barro&Sala-i-Martin(1992)的有关理论和研究也许能为“资源诅咒”产生的原因提供一些启示：由于自然资源蕴含了大量的经济租金,导致资源产业内或围绕资源产业形成许多寻租利益集团,使制度质量弱化从而经济增长出现地区差异。此外,排挤人力资本与“荷兰病”也是资源阻滞经济增长的主要原因。

另外,Atkinson and Hamilton(2002)也从贸易与资源发展的角度,运用投入产出法对各国自然资源贸易的相互依存度进行了量化和评估。而且,他们分析了各国进口中的隐含资源流,以鉴别哪些国家是日本、美国和欧盟所特别依赖的。结果认为,发达国家在资源上依赖于发展中国家,许多发展中国家(不是全部)因真实储蓄为负而处于不可持续发展状态。但他们的研究也表示,这并不意味着发达国家应对其贸易伙伴国的不可持续行为负责,一国是否处于不可持续发展路径很大程度上取决于它们自己的政策上的缺陷。当然对伙伴国的漠不关心也是非理性的,因为资源出口国的长期福利也与进口国利益息息相关。

1.3.2.2 对外贸易与林业生态建设

林业是生态建设的主体,是改善生态环境和实现经济社会可持续发展的重要基础。2009 年,新中国成立 60 周年以来召开的第一次中央林业工作会议,明确提出从战略高度推进林业的改革与发展,温家宝总理在会上发言并在《求是》杂志上发表《高度重视林业的改革和发展》的重要文章,表明了中央对于林业可持续发展和生态建设的决心。可持续发展的概念实际上最早也是来源于林业,1713 年,一位来自德国萨克森地区的林业和矿业官员冯·卡洛维兹(von Carlowits)在其《林业经济学》一书中号召人类“顺自然而动而不违背自然”,特别是“应当引导林木的保护和培育以提供连续的、稳定的和可持续的林木利用”。这一思想被认为是可持续发展的最早渊源[1]。不过对于对外贸易与林业生态建设关系的关注还是近 20 年的事情,就其内容来看,主要表现在对外贸易与森林可持续经营、对外贸易与生态安全、碳汇贸易与气候变化、汇率投资与林产工业发展等方面。

(1) 对外贸易与森林可持续经营。在贸易与森林可持续经营的关系问题上,较早的起点应该是对热带毁林问题的探讨。20 世纪 80 年代以前,全球每年约有 7.5 百万 hm^2 的热带林被毁,到 80 年代末,这一数字发展到 15.

〔1〕[德]Peter Bartelmus. 数量生态经济学[M]. 齐建国,张友国,王红,等译. 社会科学文献出版社,2010:23.

4 百万 hm^2。为弄清热带林迅速消失的原因,有的学者对包括贸易在内的许多因素进行实证分析发现,当时的国际贸易其实并不是热带毁林率上升的直接原因,人口压力、政策误导、债务问题、贫困等才是毁林的真凶。国际社会为了打击非法毁林和保护森林在全球生态环境中的重要作用,80 年代中期先后创立了“热带林业行动计划”和国际热带木材组织,1992 年又在联合国环发大会上通过了《关于森林问题的原则声明》,并借助联合国随后成立的可持续发展委员会、政府间森林问题工作组、政府间森林问题论坛等机制对各国森林经营现状进行干预。1993 年,由 25 个国家的环保、木材、社团等成员组成的森林管理委员会(FSC)也在墨西哥瓦哈卡成立,以促进世界范围内对环境适宜、对社会有益和经济可行的森林经营。其时,国际贸易已经成为各国满足其相互需求最重要的手段和机制,森林产品以及森林生态问题也在国际贸易背景下跨越国界而具有了“全球”色彩。森林可持续经营目标的实现必然要求各国通过制度、法律、技术等方面的合作来对森林产品的生产、流通、消费及其国际交换过程加以约束或矫正,这在各国或地区的实践中主要表现为:在森林产品进出口贸易方面征收或减免关税,在森林产品生产、供应和流通过程中加强森林认证的国际推广,在森林产品的国际消费方面加强“绿色消费”观念的倡导等。有关这方面的研究涉及正反两种逻辑:一是森林产品贸易或有关森林产品贸易的制度安排对森林可持续经营的影响;二是森林可持续经营机制对森林产品贸易的影响。

① 森林产品贸易对森林可持续经营的影响。Brook(2003)运用全球森林产品模型(GFPM)以及 CGTM 模型分析了亚太经合组织关于森林产品关税自由化提议(ATL)的环境效应,认为 ATL 对木材采伐的影响因国家和区域而不同,如北欧、大洋洲的澳大利亚和新西兰、南美的智利、亚洲的印尼和马来西亚等国的木材生产和出口会增加,美国的木材出口会减少但木材加工品出口会增加。因此,ATL 尽管会改变一些国家对木材的采伐,但对整个全球来说净效应较小。这实际上从某种意义上也支持了森林产品贸易自由化政策对森林可持续经营影响甚微的观点。Shimamoto(2004)以东南亚的菲律宾、印尼和泰国 3 个国家为样本分析了自由贸易与森林可持续经营的关系,认为“在政府有足够的能力管理好森林的前提下,自由贸易将有利于森林可持续经营”的逻辑是缺乏说服力的。对于像菲律宾和泰国这些原始森林已经大面积减少的木材进口国来说,提高进口关税,进行贸易保护才有利于森林可持续经营,而印尼由于仍保留有大片的原始次生林,且林产品

具出口竞争优势，国际市场的需求才是损害其森林可持续性的重要原因，为了保持森林的可持续经营，仍需进行贸易保护，但主要是提高出口关税。

值得一提的是，随着产业结构的升级和国际竞争力的提高，中国近些年来已经发展成为世界林产品生产、加工、消费和进出口大国，因而这方面矛头指向中国的研究不在少数。Sun(2004)从产品部门和进口港两个方面分析了中国林产品的进口趋势，认为中国由于越来越多地自己对林产品进行生产与加工，使得原木、木材、纸浆等产品从沿海及邻近俄罗斯的部分内陆港进口迅速增长，对一些非政府组织和政府组织在阻止非法木材贸易和建立有效森林管理机构方面的努力构成挑战。Katsigris(2004)和Bun(2006)等通过研究指出，中国有超过70%的木材进口来自亚太地区和国家；除俄罗斯以外，中国亚太地区主要供应国的天然林资源将在20年内耗竭。Dieter(2009)的最新研究也表明，国际贸易增加了全球各国非法木材的国内供给并导致世界森林资源减少，而在对非法木材的进口和消费上，中国居于领先地位……当然，国内学者如田明华、赵晓妮(2006)则对国际上认为中国大量进口木材而“威胁世界森林”的指责进行了反驳等。

② 森林可持续经营机制对森林产品贸易的影响。森林认证是目前国际林业发展过程中所拓展出来的一种重要的可持续经营机制。Haener和Luckert(1998)研究了该种机制的经济效应和福利含义，认为森林认证使成本上升，森林产品贸易模式也会受到影响：一些国家可能发现向环境不太敏感的市场出口比较有利，因而不愿对它们的木材进行认证以招致额外的负担。但对于认证成本相对较低国家的生产商来说，这无疑留给了他们向环境敏感型国家出口与开拓新市场的机会。Sikod(1996)也认为，如果进口木材的每个国家都有自己独特的认证要求，将使试图进入这个国家的出口商成本负担增加，因而有些国家可能会转而专攻某几个市场。Gan(2005)用GTAP模型评估了森林认证对林产品的产出、价格与贸易的影响，其结论是：1）森林认证对于贸易与价格的影响要大于对产出的影响；2）就全球总体而言，森林认证并不会显著地引起木质林产品与非木质林产品之间的相互替代；3）区域性森林认证不利于控制热带毁林，但全球性认证体系及其对林地用途转换进行严格限制的要求能有效保护世界森林特别是热带林。另外，我国学者钱军、刘燕等也从理论的角度对其进行了深入的探讨和分析。

（2）森林产品贸易与生态安全。目前对于森林产品贸易与生态安全问题的研究主要集中于两方面:一是动物产品贸易与疾病传播;二是动植物产品贸易与生物多样性、生物入侵。

① 动物产品合法贸易、非法贸易及其疾病传播。动植物产品贸易的蓬勃发展主要是由于食用、穿带、装饰、宠物、药用等需求而引起的(Karesh,et,al.2005)。1990—1994 年间,濒危野生动植物种国际贸易公约(CITEs)清单中的野生动物合法贸易就涉及 180 万只鹦鹉,14 万只猴子、猩猩和其他灵长类动物,22.8 万只巨蜥。另外据国际刑警组织估计,全球每年非法野生动物贸易涉案金额高达 6.2 亿美元,野生动物贸易俨然已经成为世界上最赚钱的谋杀活动。Milner-Gulland 和 Bennett(2003),Peres(2001),Daszak(2000)等认为,丛林肉(Bushmeat)贸易对生物多样性有重要影响,不仅影响到生态系统的完整性,而且将人类置于流行性传染病暴发的危险之中。Pearl(2004)认为,对外来动物的购买和消费不仅会对本地种群和个体动物造成潜在的毁灭性打击,而且也将使人类和国内动物面临疾病风险。Marano 等(2007)分析了全球化背景下动物贸易的原因及其对传染病生态的影响,认为除了展出、教育、科研、食品、迁徙等原因以外,旺盛的商业宠物需求也使得动物贸易不断增加,特别是绝大多数动物在入境前后并未进行人畜共患疾病的排查,使人类健康面临挑战。文中批评了中国灭狗以控制狂犬病和泰国灭鹳以控制禽流感的不当做法。她呼吁有关政府、医药卫生部门、野生动物协会和私人企业等联合起来,减少对外来动物的需求与供给,减轻动物跨境转移给全球传染病生态造成的影响。Rosen 和 Smith(2010)对国际非法野生物动物贸易的数据进行了总结。他们将 1996 年 7 月到 2008 年 12 月间野生动植物贸易监管组织编制的扣押记录整理成册,发现被扣押的野生动物来自 101 个不同的国家,尤其是南亚和东南亚,扣押物种有 76% 属于 CITEs 附录 1 和附录 2 清单。参与贸易的物种类群分布中,哺乳动物及其衍生物品占总贸易量的 51%(主要是虎豹皮毛和象牙等),鲜活贸易品的 69% 都是爬行类动物(主要是海龟和龟类)。研究还发现,走私者以各种方式隐藏其非法物品,包括使用假的或无效的 CITEs 许可证,将清单中的濒危物种藏在看起来相似但实际上不属于濒危物种清单的动物中鱼目混珠,对野外抓捕的动物以人工繁育的名义报关,将走私品藏于掏空的书籍、电脑硬件、假肢、精心设计的马甲或内裤口袋中,使运输途中的活动物生存状况非常恶劣并大量死亡。他

们认为,这种非法贸易及其藏匿和运输行为本身也使全球处于突发传染性疾病的危险之中。因为国际野生物贸易组织(TRAFFIC)公布的许多案例表明,病原的多样性与缉获的非法运输有关。他们建议在地方层面要加强对消费者关于非法贸易的教育和减少需求,在地区和国家层面寻求各国的执法合作以减弱贸易的驱动因素,在过境口岸加强对官员的深度训练,使他们加强特种犬在野生动物走私方面的捕获能力,在国际层面要加强政府间合作和信息共享,当然另外还有 DNA 法医鉴定技术的应用等。

McCusker(2006)以及 Dinerstein 等(2007)认为,全球偏远地区的偷猎行为、基础设施不完善、官员腐败、跨国犯罪网络、野生动物法执法人员的短缺可能也是为数众多的非法贸易得以侥幸成功的部分原因。Swift 等(2004)认为野生动物贸易对公共健康构成严重威胁。他们考虑了猎杀物种多样性的增加对诸如 SARS 等全球性流行病发生概率的影响。通过数学概率模型,他们证明了在人们暴露于因野生动物贸易而大量增加的新型病原且易感人数众多的情况下,病原体在人口中启动疫情的概率是大幅增加的。研究还认为,传统猎人或职业性暴露于动物的人群(如屠夫、厨师等)会最先接触到这些病原体或相近病原体并产生抗体,不会成为传染病暴发的主要原因。随着野生动物贸易的数量和多样性增加,城市居住人口接触被感染动物的概率增加,因而病毒从被感染动物传至城市易感人口的风险也增加。一旦这种传播发生,城市流行病爆发的概率远大于农村,因为城市人口集中且免疫水平较低。

② 动植物产品贸易与生物多样性、生物入侵。在国际贸易与生物多样性问题上,英国约克大学的 Barbie(2000)指出,全球生物多样性损失的国际市场失灵问题可以通过一定的机制来加以缓解,比如说进行贸易干预或创造一些全新的国际市场和机构,来帮助(提供生物多样性全球价值的)母国(通常是落后国家)对其生物多样性保护行为所产生的全球环境效益进行价值补偿等。他同时也认为,在理论上,母国与(接受生物多样性全球价值的)东道国(通常是工业发达国家)是可能达成一种所谓"贸易利益换取自然利益"的互惠贸易协议的,即母国以更多的生物多样性保护行为来换取对东道国出口市场的更多准入。但是,当母国生物多样性的威胁主要来自栖息地保护时,这种互惠贸易机制就很难达成。而且即使是威胁来自于过度开发,东道国也有足够的动机去对母国进行单边贸易干预,以实现更好的生物多

样性保护目标。

Cowie(2001)研究了太平洋岛屿上无脊椎动物的入侵及其对本土特有物种的取代情况,认为太平洋蜗牛种群的急剧下降与园艺贸易有关,同外来种的竞争和捕食关系是本地原生类群损失的重要原因。Lobos 和 Jaksic(2005)研究智利的有关非洲爪蟾的现有数据发现,入侵覆盖智利的 4 个地区,且主要集中在池塘、水坝和灌溉沟渠等人工水体而不是自然泻湖和河流之中。目前在智利的低纬度地区和高纬度地区均有非洲爪蟾分布,它们通过灌溉渠道或路地迁移在智利的农业中心区独立传播,并正与本地种形成竞食、捕食等关系。他建议出于谨慎考虑,禁止智利对于非洲爪蟾的宠物贸易。Rixon 等(2005)对市场上售卖的活鱼、软体动物、宠物和水族馆的水生植物的耐热性、入侵史、繁殖体负载等信息进行了观察,以评估远洋轮船排出的压舱水和水族馆或食品微生物对劳伦湖带来的外来种入侵风险。结论认为,水族馆业和活鱼市场的一些观赏鱼、水生植物和亚洲鲤鱼等是劳伦湖面临外来种入侵的潜在危险,且目前并无有效的规范机制来控制这种风险。Bertolino 和 Genovesi(2007)研究了由于耕种或国际放生以取皮毛而进口到欧洲的海狸鼠、美国水貂、加拿大河狸等入侵状况,认为其通过消除当地优势种、破坏已经建立的种群对未来引种的保护形成挑战。Kinzig 和 Perrings(2010)指出,沿着已有的贸易通道或新市场的开放,国际贸易量的增加导致了进口国物种重复引入的频率加剧。除此以外,我国学者莫莎、赵宇翔、俞红、张从等也对贸易与生态安全问题进行了较为详细的探讨。

(3) 森林碳汇贸易与气候变化。自 20 世纪 80 年代以来,全球气候变暖、臭氧层严重破坏等问题引起世人的广泛关注。Thomas(2000)认为,在工业革命以前,气候由太阳辐射和火山爆发等自然因子所控制,但工业革命以后,人类排放的温室气体是气候变化的主要原因。为防止气候的进一步恶化,国际社会于 1992 年在联合国总部通过了《联合国气候变化框架公约》(UNFCCC),提出“要将大气中温室气体的浓度稳定在防止气候系统受到危险的人为干扰水平上”的最终目标。1997 年 12 月,UNFCCC 第 3 次缔约方会议通过的《京都议定书》作为定量减排的法律性框架,要求附件 1 国家减少对 6 种温室气体特别是二氧化碳的排放,并规定了减排限额和实现减排目标的 3 种机制,从而使森林碳汇贸易成为可能。森林碳汇实际上是森林所提供的一种生态服务产品,对于这种产品的交易,许多国家内部的特定区域和流域其实早有探索，但真正意义上国与国之间的森林碳汇交易还是在《京都议定书》3 种减排机制的安排下创造出来的。其中的联合履约(JI)和清洁发展机制(CDM)规定了基于“项目”合作的交易方式，使得经济而高效的林业碳汇项目能借助这个平台，在帮助发展中国家获取可持续发展资金的同时又协助发达国家完成减排义务，从而获得迅速发展；而排放贸易(ET)则规定了附件 1 国家之间基于“配额”的交易方式，这虽然与林业碳汇项目并没有太多的直接联系，但从其动机来看也是与维护森林碳汇功能直接或间接相关的。

目前在对整个广义的森林碳汇贸易与气候关系问题上，国内外学者主要是从案例层面或可持续发展的角度来对森林碳汇贸易机制的效果进行研究。冯相昭(2010)开发了用于评价中国 CDM 项目对可持续发展影响的方法学(MATA-CDM-CHINA)。他基于多属性效用理论构建了包括目标层、系统层、变量层、要素层 4 个层次的可持续发展评价指标体系，就已注册的 CDM 项目邯钢燃气—蒸气联合循环发电(CCPP)项目对可持续发展的影响进行了评价。结果显示，该项目的可持续发展影响度为 0.442 9，即该项目促进了可持续发展。王灿(2008)用一个全球碳排放贸易局部均衡模型(TRCW)研究了 CDM 的市场潜力和结构，并讨论了 CDM 对于全球温室气体减排的贡献。计算结果显示，如果只有 JI 和 ET 而没有 CDM，附件 1 国家的总履约成本将比目前高出 67%，中国的 CDM 市场使附件 1 国家在第一承诺期的履约成本降低 23%。

在对专门的林业碳汇贸易与气候变化的关系问题上，有的是对这种项目本身的风险进行分析，有的是就单个案例对气候和可持续发展的影响展开讨论。Galik(2009)探讨了在应对气候变化中的林业碳补偿项目隐藏的风险。他指出，对温室气体减排方案来说，林业碳补偿项目能提供低成本的减排机会，但在制定气候政策时，林业碳补偿项目却存在逆转的风险，即由于风暴、火灾、病虫害、土地使用方式或其他原因，使得这些碳被有意或无意地释放回大气中。他考察了可能影响这种逆转风险的 3 个因素，即自然干扰(如风暴、火灾、病虫害)、气候变化和土地所有者行为，认为就单个项目来看，可以使用诸如控制森林结构、林龄、林分等森林管理战略来影响碳吸收和逆转风险。由于一些管理战略具有使风险最大化的潜在可能性或者是以其他方面的代价来最大化碳目标，政策制定者必须确保林业补偿方案不是仅仅提供激励来最大化碳储存。Jindal(2008)对非洲 14 个国家的 23 个林业碳汇项目进行了综合研究,认为项目尽管能增加当地收入,改善自然资源,但草地转变为林地可能会损害当地的生态系统。Lasco 等(2007)研究了菲律宾马加特流域上游开展林业碳汇项目的潜力,考虑了该项目 3 个主要的发展方面,即森林保护、林木种植、农场农林业,认为 30 年后,流域可获得 1 950 万 t 的净碳收益,但投入成本为 3 450 万美元。他也考虑了基准线的设定与项目漏出情景 2 种情形,认为大多数碳漏出发生在项目投入的前 10 年,在通过历史的情景中,漏出的碳损失将达 370 万 t;在通过增强的情景中,漏出的碳损失将达 810 万 t。Chakraborty(2010)分析了印度哈里亚纳邦的小额林业碳汇项目。该项目年限为 20 年,预计能吸收 234 584 t 碳,平均年吸收量为 11 729 t,预计在项目执行期内的总碳储量为 385 253. 1 t,交易的基准线为 7 920. 6 t。他分析了该项目开发活动中的问题、挑战及其经验教训,并相信该项目可以帮助印度的干旱地区减轻贫困、恢复退化土地,最终为缓解气候变化做出贡献。

(4) 外商投资与林业生态建设。Marchak(1991)全面概括了 20 世纪 70 年代以来全球林产工业的布局变化和结构调整情况,认为这段时期各国林产工业企业的兼并、重组与对外投融资活动使得全球软硬木种植结构与地区分布发生变化,并对生物栖息地和本土物种构成威胁,森林生态环境遭到破坏。Zhang(1996)虽然没有直接研究外商投资与林业生态建设的关系,但通过对 1980—1994 年间美国林产工业的外商直接投资与对外直接投资状况和趋势进行深入分析得出一些启示:林业生态建设可能会对林产工业吸引外商投资产生负面影响,因为濒危物种保护清单中的北美斑点猫头鹰栖息地受到威胁问题就曾使得许多外资不得不转向其他国家。国际环境发展机构的 Grieg-Gran, Westbrook, Mansley, et al(1998)以马来西亚林产工业部门为例探讨了外国证券投资与可持续发展的关系问题。他们从许多公司报告、经纪人部门审查、基金经理报告以及彭博社、吉隆坡证交所等机构收集了大量数据,并对 10 位投资于林产工业部门的基金经理人士和分析人士进行了采访,发现在欧洲、北美及一些亚洲国家的投资和单位信托基金仅占马来西亚林产工业上市公司市场资本的 3%,但他们对部分公司的控股比例还是非常高的。研究认为,尽管过去十几年里有大量的基金是为了迎合投资者对于社会和环境问题的关注而设立,并且这些基金数量还在迅速增加,但它们仍只占总投资的很小一部分,因此,林业部门外国证券投资的显著增加并未使社会注意到这些行为对于环境的影响。热带林产工业部门中的一些私人企业特别是上市公司因为种种不端行为而广遭批评甚至被国外政府停牌。由于有的公司机构持股比例很高，这些机构投资者能保证这些公司接受外部审计的可能性降到最低限度，这就使得外界对于他们森林经营方式的批评变得无效。因而认为要使外国证券投资对林业生态建设发挥正面作用，还需要正确的干预处理。Hecht and Saatchi(2007)将国外侨汇视为一种“国外”资本对本国的回流。他们以萨尔瓦多为例研究了全球化对中美洲森林恢复的影响，认为内战、屠杀与暴力恐怖使得萨尔瓦多城市人口纷纷移民美国等地，由此引起的种植与放牧业的收缩又导致农村人口外流和大量的牧场、农田闲置，再加上战争本身也将森林作为战略基地(如森林中藏着医院、哨所、粮储)，从而使森林遭到一定程度破坏。但是，占该国人口总数1/6的在外务工人员每年把相当于全国外汇收入66%的“外资流”汇回本国，对缓减贫困和森林恢复起着重要作用。他们通过卫星影像和遥感数据对人口、侨汇以及森林恢复之间的关系进行了分析，发现森林恢复与人口密度关系不明显，但与国外“侨汇资金回流”有显著的正向关系。Haltia and Keipi(1997)研究了拉丁美洲的森林投融资激励机制，并以各种水平的折扣净现值对投资于森林与投资于农业放养的盈利能力进行了比较，认为在巴西，森林尤其是投资巨桉的利益要远大于放养，但投资火炬松的利益只有在利率低于12%时才优于放养；智利的森林在任何折扣水平下都会带来更高的回报；而哥斯达黎加，在低于12%的折扣水平时投资人工林是有利可图的。他们由此认为，在决策不被当地欠完善的资本市场扭曲的情况下，理性的投资者都应投资林业而不是放养，因为，欠完善市场下的信用限制可能会使林业的地位减弱。所以建议通过消除扭曲而不是直接提供货币补贴来刺激包括外资在内的投资。

1.4 研究评价

通过以上对于有关概念内涵的界定，对于对外贸易与广义层面生态建设、核心层面生态建设关系的梳理，我们可以看出，目前国内外研究有以下特点：

(1) 大多学者特别是经济学领域的学者倾向于将生态建设等同于环境保护，因此，在对外贸易与广义生态建设的关系范畴上，很多文献表现出很强的“环境学科”特点，强调以人为价值主体而对自然环境为对立的客体，研究内容上主要借助一些类似“工业三废排放”的环境指标来关注环境与贸易的关系、自由贸易对环境的影响、环境规制对贸易的影响，以及贸易与环境的协调等问题。在这些研究中，虽然也不乏理论层面的深入探讨和应用层面的实证检验，但总体来看，其中并没有太多的生态学机理，这值得我们进一步挖掘。

（2）在对外贸易与核心层面生态建设的关系范畴上，国内研究大多倾向于对两者宏观关系作简要的定性描述，缺少深入的理论分析和案例探讨。与此相比，国外的研究相对要细腻和细致得多，他们已经开始从理论探讨转入到过程分析阶段，即从对外贸易或生态建设过程中各个微小的侧面入手来展开研究，如远洋运输中的生物入侵风险评估、贸易港口的选择与森林生态安全的关系等[1]。当然也有的是为了避开经济学或生态学的一些理论偏颇，借助于纯数理的方式和技术，来对两者之中的有关因子进行观测和检验，如脉冲分析技术在该领域的应用等。从当前的趋势来看，后面两种研究思路值得我们去仿效和借鉴。

（3）无论是对于哪个范畴的讨论，它们基本上都是立足于“贸易”来研究“生态或环境”，很少学者有立足于“生态或环境”来研究“贸易”，这就决定了他们在研究方法上具有某种经济偏向性，不能兼顾环境主义者对于环境商品和服务的不同评价要求。因为，贸易从目前来看是典型的经济学概念，完全立足于“贸易”来研究“生态环境”则意味着在价值视角上是将生态环境问题视为经济增长的目标而不是相反，在对环境商品与服务进行评价时也往往是基于个人偏好来对其进行“货币定价”，这与环境主义者视经济增长为环境问题的罪魁祸首，并根据物质（非货币）规范和标准对环境商品进行集体评价的思路是根本冲突的（bartelmus，2010），因此，以后的研究中有必要对两种思路进行折中处理。

（4）在有关作用机理分析或实证检验过程中，绝大多数研究主要是围绕贸易与“生态”（或贸易与“环境”）的关系而展开的，并没有围绕贸易与“生态建设”（或贸易与“环境保护”）来展开（当然，部分对于环境规制与贸易的关系研究体现了这一点，因为环境规制也是生态建设的一部分）。无论是“建设”还是“保护”，从字面来看都有积极自觉的一面，这与自发、被动的

〔1〕 Sun, X. Katsigris, E. White, A. Meeting China's Demand for Forest Products: An Overview of Import Trends, Ports of Entry, and Supplying Countries, with Emphasis on the Asia-Pacific Region, International Forestry Review, 2004, 6(3-4): 227-236.

"生态"或"环境"还是有一定区别的,因此,可从环境"保护"或生态"建设"的高度来做文章。

1.5 研究范围

本研究所指的区域生态建设以核心层面的自然资源、农林生态建设为主,在具体机理分析和模型指标选择过程中又部分地兼顾了广义层面的环境污染防治。根据前人的研究特点和不足,本研究将研究范围确定为:

(1) 分析对外贸易与区域生态建设的耦合机理和途径。第三章第一节中基于广义生态建设内涵分析主流贸易因子对生态建设的影响;第二节和第三节兼顾广义和核心层面的内涵,就进口贸易、出口贸易对区域生态建设的影响进行分析(其中核心层面的分析为本研究的创新);第四节重点基于核心层面内涵,并从"生态建设"(而不是"生态"本身)的角度,就区域生态建设对贸易的影响进行分析(也是本研究的主要创新)。

(2) 探讨对外贸易与区域生态建设的量化评估方法。第四章第一节兼顾广义与核心两个层面的内涵,探讨评价区域对外贸易与生态建设协调程度(本研究将其理解为生态贸易水平)的方法——P—S—R 框架;第二节探讨如何对经济学家与环境主义者的思路进行折中,来评估对外贸易给生态建设带来的影响,这一节中对生态足迹法的改进主要是基于核心层面生态建设内涵,并倾向于"弱人类中心主义"视角;第三节基于核心内涵探讨区域生态"建设"对于贸易影响的评价方法——引力模型扩展。

(3) 用以上方法分别对市域、省域和国家尺度的有关案例进行研究。

1.6 研究方法、结构和技术线路

1.6.1 方法

本研究将经济学、生态学、循环经济学、系统分析技术等方法结合起来对对外贸易与区域生态建设进行研究,其中既有定性的分析,也有定量的考证。具体在第三章探讨对外贸易对区域生态建设的影响时主要是从经济学、生态学、保护生物学、循环经济学、环境工程学等理论方面进行定性分析,在探讨区域生态建设对对外贸易的影响时主要运用经济学和生态学中的工具进行定性分析。在案例研究过程中,采用的是生态足迹法、系统分析技术中的 AHP 法和经济学中的计量技术对其进行实证研究。

1.6.2 结构

本书共分六章。

第一章为绪论。提出问题，对相关概念内涵进行界定，然后根据概念内涵的界定做文献综述并进行归纳和评价，确定本研究的研究范围、方法、技术线路，同时指出可能的创新和不足。

第二章为对外贸易与区域生态建设的相关理论基础。对包括贸易可持续发展理论、生态经济学、循环经济学、保护生物学在内的有关理论作简要介绍。

第三章为对外贸易与区域生态建设的作用途径和机理。分别从正向逻辑与反向逻辑进行分析。正向逻辑包括贸易主流因子、进口贸易、出口贸易对区域生态建设的影响；反向逻辑包括资源保护、环境经济政策、国际合作等区域生态建设措施对于对外贸易的影响。

第四章为对外贸易与区域生态建设的量化评估。包括对于区域生态贸易水平的评估——PSR 框架；对于贸易中自然资本跨国流动的评估——生态足迹法；区域生态建设对于贸易影响的评估——引力模型法。

第五章为案例研究。运用上述三种方法分别对市域尺度、省域尺度和国家尺度的案例进行研究。

第六章为结论与展望。

1.6.3 技术线路

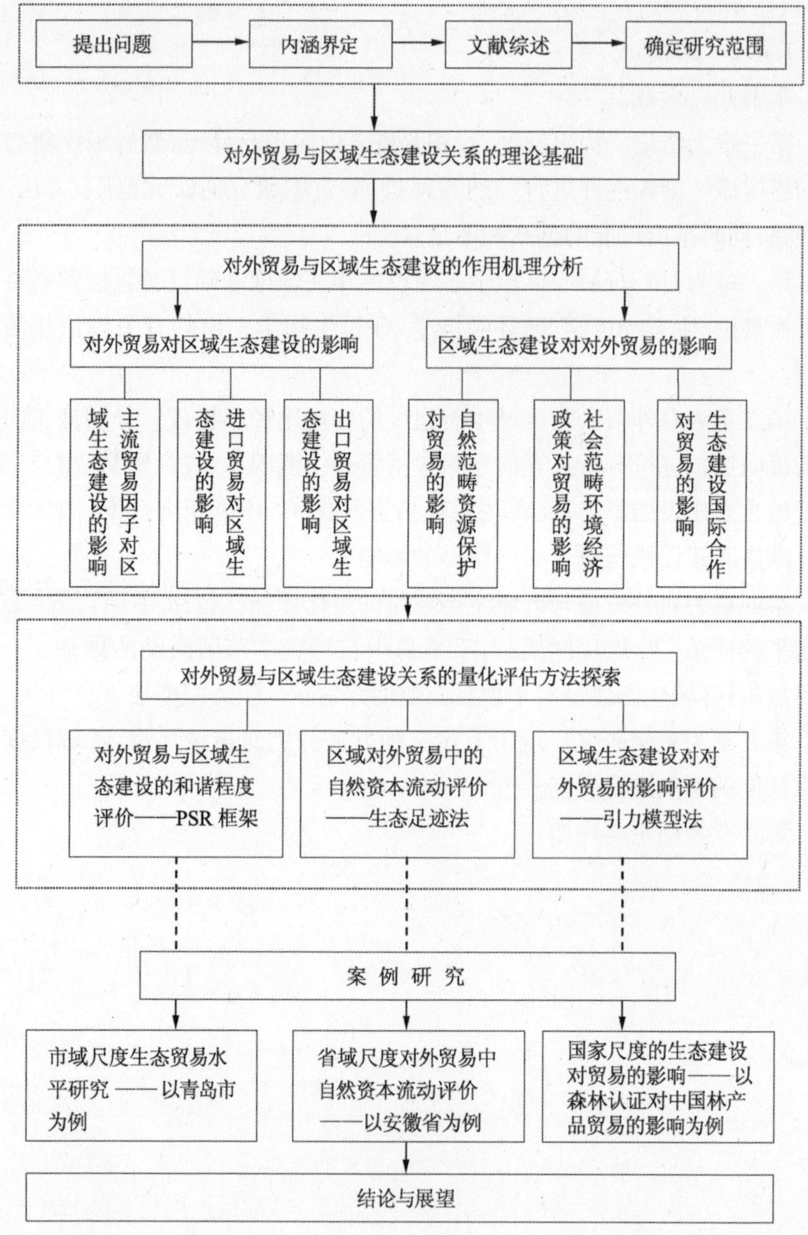

提出问题
内涵界定
文献综述
确定研究范围
对外贸易与区域生态建设关系的理论基础
对外贸易与区域生态建设的作用机理分析
对外贸易对区域生态建设的影响
区域生态建设对对外贸易的影响
主流贸易因子对区域生态建设的影响
进口贸易对区域生态建设的影响
出口贸易对区域生态建设的影响
自然范畴资源保护对贸易的影响
社会范畴环境经济政策对贸易的影响
生态建设国际合作对贸易的影响
对外贸易与区域生态建设关系的量化评估方法探索
对外贸易与区域生态建设的和谐程度评价——PSR 框架
区域对外贸易中的自然资本流动评价——生态足迹法
区域生态建设对对外贸易的影响评价——引力模型法
案 例 研 究
市域尺度生态贸易水平研究——以青岛市为例
省域尺度对外贸易中自然资本流动评价——以安徽省为例
国家尺度的生态建设对贸易的影响——以森林认证对中国林产品贸易的影响为例
结论与展望

1.7 可能的创新

本研究的创新之处在于:

(1) 尝试着把生态建设从广义与核心两个层面分开。广义层面的生态建设划分是基于对“生态建设”内涵的理解,涉及社会范畴的环境保护、生态产业与生态制度等内容;核心层面的生态建设划分是基于国家目前的立法现状,主要涵盖自然范畴的资源保护、农林生态建设、水土保持和防沙治沙等内容,这体现了研究视角的创新。

(2) 在承认贸易与环境关系主流分析思路(环境经济学视角)的基础上,从生态经济学、循环经济学、生态学、保护生物学、环境化学等方面较为细致地挖掘了对外贸易与生态建设之间的有关传导机制,使其理论上更为充实,这体现了本研究的理论创新。

(3) 在评价方法上,不仅考虑了经济学者的要求,而且兼顾了“偏绿”色彩的生态经济学或环境主义者的不同要求,先后采用了系统分析技术、生态学和经济学等不同评估手段。具体为:在评估区域生态贸易水平时,将 PSR 框架与系统分析技术 AHP 法结合;在评估对外贸易对生态建设的影响上,将生态足迹法与经济货币分析法两种技术相结合,构建了生态换汇成本模型、生态节余模型、生态贸易条件模型;在评价区域生态建设对贸易的影响时,将物理学的引力模型引入,并结合经济学、国际贸易学、林业经济学等有关理论对模型进行扩展,最后借计量经济手段对面板数据进行分析,这体现了本研究的应用创新。

1.8 研究目的

通过本研究,一方面希望可以引起各界对于贸易可持续发展及其在生态建设中地位的广泛关注,起到抛砖引玉的作用;另一方面,也希望能从一些有别于传统视角的方面来对对外贸易与区域生态建设的关系进行深入挖掘,以丰富两者关系的理论内涵;第三,希望通过探索对外贸易与区域生态建设关系的量化评估方法,为相关研究提供参考和借鉴。

第二章

对外贸易与区域生态建设的有关理论

2.1 贸易可持续发展理论

2.1.1 贸易可持续发展观的思想渊源

贸易可持续发展观的提出主要源于国际贸易领域中人文贸易主义价值观的兴起(周念利,2007)。人文主义(Humanism)开始于文艺复兴时期,主要被用来描述14到16世纪间较中世纪比较先进的思想。人文主义主张以人为中心,肯定人是生活的创造者和主人,强调人的个性自由和人身自由,反对以神为中心的封建教义,赞扬人的价值和尊严,重视个人才能和奋斗,提倡理性,反对蒙昧主义。人文主义把个人确立为价值的原点,认为人在一切事物中居于统治地位,是一切事物的衡量尺度。在这种传统人文主义思想的影响下,从托马斯·孟的重商主义到亚当·斯密的绝对利益论再到李嘉图的相对利益说以及赫克歇尔—俄林的要素禀赋理论,几乎全都是以人类对物质财富和经济利益的最大限度占有为研究出发点,很少顾及自然资源、生态环境和人类社会的承受能力。然而主体性的过分膨胀除了导致个人发展与社会发展的脱节以外,还会导致人类发展与自然发展的对立(散长剑,2005)。工业革命以来,人类在充分享受经济贸易发展所带来的满足的同时,也付出了沉重的代价。煤炭资源的广泛使用导致史上最严重的空气污染,棉纺、化学印染业的扩张及其业主对于环境问题的漠视导致河流污染,钢铁业的突飞猛进导致森林资源的大肆砍伐和自然环境的破坏,新兴工业城市的出现和人口大量聚集使得城市环境恶化,生态和环境恶化又直接导致疾病流行……正如英国著名作家狄更斯所说:那是最好的年代,也是最糟的年代;那是光明的时节,也是黑暗的时节;那是希望的春季,也是悲伤的冬日。如果这种现状再不打破,人类将面临灾难性的后果。面对传统人文主义影响下的工业文明的种种弊端，现代人文主义在意识形态上发生了较大转折，从过分重视主体能动性转变为开始重视主体的现实生存环境。这种意识形态反映在国际贸易领域便形成了所谓的人文贸易主义价值观，它要求贸易活动要以人的全面发展为宗旨，保证人类社会与自然环境协调发展。

2.1.2 贸易可持续发展观的最新动态

20世纪50年代末60年代初，美国海洋生物学家Rachel Karson在研究了杀虫剂使用带来的危害之后发表了名为《寂静的春天》的环境著作，标志着人类对自己传统行为与观念开始了新的反思。1968年，以Meadows为代表的罗马俱乐部成员发表了《增长的极限》一文，指出人口增长、粮食生产、工业发展、资源消耗以及环境污染这五类基本因素的运行呈指数化增长，地球的支撑能力将达到极限，全球经济也将会因粮食短缺和环境污染而陷入衰退，避免这种情况发生的最佳途径是限制增长，即零增长。同年，两个区域性组织在环境领域迈出了重要步伐：欧洲理事会通过了最早的环境法律文件《控制大气污染宣言》《欧洲水宪章》，非洲国家元首和政府签订了《非洲保护自然界和自然资源公约》。这些法律文件中的一些原则今天已被普遍接受，特别是非洲公约，因其全面涉及对土壤、水、动植物资源及环境的保护和利用等问题而成为一个典范。联合国也在同年通过2398-XXXⅢ号决议，决定召开关于"人类环境"的世界大会，从而在国际范围内产生巨大影响，这一举措几乎使所有的国际间政府组织和非政府组织意识到了环境问题的严峻性，并为"人类环境"会议的召开做了大量的努力和准备。1972年，联合国人类环境会议在瑞典的斯德哥尔摩如期召开，会议通过了《人类环境宣言》，明确提出保护和改善人类环境是关系到全世界人民的幸福和经济发展的重要问题，要求在决定世界各国行动时要更加谨慎地研究行为的环境后果[1]。1975年扎伊尔向联合国提议，由联大宣布《世界自然宪章》，指出："人类是自然的一部分，文明起源于自然，每种生命形式都是独立的，无论对人类的价值如何，都应得到尊重，由于人类能够改变自然，耗尽自然资源，人类必须维持大自然的平衡和质量，并养护自然资源。"[2]此外，在1968—1991年这段时期，由于国际环境意识和法规的蓬勃发展，还有许多国际性的环境法律文件都体现了跨部门、跨领域的环境保护问题。如1973年

---

〔1〕 http://www.njdx.gov.cn/wsdx/fudao/book09/book09cankao04.htm.rtf

〔2〕 许诏智.自由贸易与可持续发展[D].中国政法大学博士学位论文，2006.

在美国首都华盛顿签署的《濒危野生动植物种国际贸易公约》(Convention on International Trade in Endangered Species of Wild Fauna and Flora)呼吁各缔约国对某些物种的贸易形式加以限制以防止国际贸易对野生动植物资源的破坏;《保护臭氧层维也纳公约》(1985)、《关于消耗臭氧层物质的蒙特利尔议定书》(1987,1990)要求各国对于经济、生活、生产贸易等人类活动采取管制性的预防措施以抑制全球排放对于臭氧层物质的损害;《控制危险废物越境转移及其处置巴塞尔公约》(1989 年)要求各缔约国减少和管制有害废物的生产和跨境转移;经 1967 年、1979 年及 1983 年〔只有第 1(a)条〕修订的 1956 年《亚洲和太平洋地区植物保护协定》要求通过国际合作,防止在亚洲及太平洋地区引进及扩散破坏力强的植物病害;《防止倾倒废物及其他物质污染海洋的公约》(1972)要求控制越洋运输船只倾倒废物而造成海洋环境污染等。

真正意义上的贸易可持续发展观与新人文主义贸易观是随着《马拉喀什协定》开始的。1994 年《建立世界贸易组织马拉喀什协定》开篇就指出:"本协定各参加方,认识到在处理它们在贸易和经济领域的关系时,应以提高生活水平、保证充分就业、保证实际收入和有效需求的大幅度增长以及扩大货物和服务的生产和贸易为目的,同时应依照可持续发展的目标,考虑对世界资源的最合理利用,寻求既保护和维护环境,又以与它们各自在不同经济发展水平的需要和关注相一致的方式,加强为此采取的措施。"〔1〕由此可见,WTO 框架下的国际贸易价值观已经不同于传统的人文贸易价值观,由过分重视主体能动性转变为注重主体的生存环境,及其与主体能动性的协调发展。WTO 所管辖的许多文件如《关税与贸易总协定》《实施动植物卫生检疫措施协定》《服务贸易总协定》,另外还有国际劳工标准 SA8000 等全都体现了对主体健康与生存环境的关注。有的学者也称其后的贸易价值观念为"WTO 人文贸易观"(袁永友,2005)。

2.1.3 贸易可持续发展的内涵

要理解贸易可持续发展的内涵,首先得弄清"可持续发展"的定义和内涵。根据布伦特兰的报告《我们共同的未来》以及联合国环发会的《东京宣言》,可持续发展是指"满足当代人需要又不对后代人满足其需要的能力构成危害的发展"。当然,还存在许多种不同的定义,如世界自然保护同盟、联

---

〔1〕 易瑾超. 中国对外贸易的可持续发展研究[D]. 武汉大学博士学位论文,2005.

合国环境规划署及世界野生动物基金会（1991）在《保护地球——可持续生存战略》中将其定义为“在支持的生态系统的承载能力内改善人类的生活质量”，英国环境经济学家皮尔斯和沃福得（1993）在《世界无尽头》一书中将其定义为“能够保证当代人福利增加的同时，也不会使后代人的福利减少”，蔡守秋（2003）将其定义为“不断提高人群生活质量和环境承载力的、满足当代人需求又不损害子孙后代满足其需求能力的、满足一个地区或一个国家的人群需求又不损害其他地区或别的国家的人群满足其需求能力的发展”，等等。总之，可持续发展至少包含需求与约束两层含义，即人类在通过各种活动满足自己眼前利益的同时，必须约束自己的种种行为以保护后代人的利益，当然这里的“约束”也可指活动主体可能由于技术、认知水平问题而受到环境的限制。

学界对于“可持续发展”存在“生态可持续发展”与“经济可持续发展”之争。前者是环境主义者的观点，认为经济活动是导致生态环境问题的元凶，遵循“强”可持续性标准，追求种间的绝对平衡。后者是经济学家的观点，将环境问题视为经济增长的目标而不是相反，遵循“弱”可持续性标准，认为技术进步能部分地实现其他资本对自然资本的替代。尽管如此，我们仍可从广义上将贸易可持续发展的内涵理解为：

（1）贸易可持续发展应能促进全球范围内的生态环境保护和自然资源的可持续利用。通过国际间的资源调节，可以改善自然资源利用率，并帮助一些国家改善资源和能源结构；通过国际间的技术交流和转让，可以改善不发达国家的环境保护工作，从而有助于改善全球的生态环境[1]。

（2）贸易可持续发展应实现贸易规模的持续增长，无论从数量、金额或其他可能的尺度上。历史上从来没有哪一个时代能像今天一样使国与国之间如此紧密地联系在一起，实现这种联系的最重要机制就是国际间的贸易往来。国际贸易往来除了使国与国之间互通有无以外，关键还在于能增加就业、提高世界福利水平、缩小地区差距、促进资源在全球范围内的优化合理配置。因此，实现贸易规模的持续增长应该是实现贸易可持续发展的途径之一。

（3）贸易可持续发展应实现贸易竞争优势的可持续获取。如何将贸易优势转化为竞争优势是当前许多国家面临的难题。有些国家具有丰富的自然资源和廉价的劳动力，但在按分工模式参与国际贸易时并不具备显赫的

〔1〕 http://www.njdx.gov.cn/wsdx/fudao/book09/book09cankao04.htm.rtf

竞争优势,因为竞争优势往往由许多内容构成,包括人力资源和自然资源等生产要素、国内外市场的需求潜力、相关产业的支持、企业的组织结构及竞争战略和政策安排等。许多国家仅制度安排这一项就使企业发展所赖以存在的支持性产业投资者望而却步,或使寻租活动盛行、交易成本增加等,况且,竞争优势的获取还有许多其他的制约因素。因此,实现贸易竞争优势的可持续获取能力是贸易可持续发展的重要内容。

(4) 贸易可持续发展应实现贸易过程中人与自然的和谐发展。贸易是人类有意识的商品交换活动,而这些商品也正是因为其自然属性而具有一定的使用价值,即任何商品的生产都需直接或间接地源于对自然界的获取。这就存在一个矛盾,人类希望通过贸易交换活动获得商品的价值(当然也可能是使用价值),但为了获得价值他必须让渡使用价值,从而不可避免地造成对自然的损耗和破坏。如何协调贸易过程中人与自然的和谐发展同样是贸易可持续发展的核心议题。

2.1.4 贸易可持续发展评价

要将贸易可持续发展的评价最终转化为政府的决策就必须对这种评价进行量化,因此目前许多学者都致力于贸易可持续发展指标体系的构建及其研究方法的创新。杨红强、聂影(2004)从贸易的结构效应、技术效应、规模效应、收入效应、环境监督效应以及环境要素禀赋的贸易效应等正反两个方面论证了贸易自由化与环境保护的相互关系,认为外贸可持续发展评价指标应包括对外贸易规模总量、服务/货物贸易总量比例、贸易收益增率比例、对外贸易经济效益、对外贸易技术效益、对外贸易生态效益、对外贸易资源效益等七个方面内容,他们重点构建了对外贸易生态效益评价指标和对外贸易资源效益评价指标。具体构建方式为:

$$\text{进出口生态效益} = \text{绿色贸易额}(\text{绿色进口额} + \text{绿色出口额})/\text{对外贸易总额} \tag{2.1}$$

$$\text{进口生态效益} = \text{绿色进口额}/\text{进口总额} \tag{2.2}$$

$$\text{出口生态效益} = \text{绿色出口额}/\text{出口总额} \tag{2.3}$$

$$\text{进出口资源效益} = \text{出口资源量}[(\text{单位出口耗材量} + \text{单位出口能耗}) \times \text{出口额}]/\text{进口资源量}[(\text{单位进口耗材量} + \text{单位进口能耗}) \times \text{进口额}] \tag{2.4}$$

$$\text{进口资源效益} = \text{进口资源量}[(\text{单位进口耗材量} + \text{单位进口能耗}) \times \text{进口额}]/\text{进口总额} \tag{2.5}$$

$$出口资源效益 = 出口资源量[(单位出口耗材量 + 单位出口能耗) \times 出口额]/出口总额 \quad (2.6)$$

前三个指标中,整体指标比值越大说明对外贸易对环境和生态负面影响越小,对外贸易激励环境和生态的协调发展,对外贸易可持续发展呈良性趋势;反之则负面影响越大,对外贸易可持续发展状况呈恶化趋势。企业及政府应根据监测指标及时调整进出口商品结构,防止对外贸易对生态环境的负面影响扩大。后三个指标中,整体比值与资源消耗成负相关,比值越大,资源利用率越低,外贸可持续发展恶化;反之,资源利用开发率越高,外贸可持续发展呈良性趋势。

蒲艳萍、王玲(2007)在评估我国对外贸易可持续发展能力时,将我国对外贸易可持续发展指标体系分解为环境可持续性、经济可持续性和社会可持续性三个子系统。环境可持续性子系统由生态效益与资源效益 2 个二级指标以及进出口贸易的废水、废气、废渣净排放量,初级产品效益度,进出口能源密度等 5 个三级指标构成;经济可持续性子系统由贸易规模、贸易结构、贸易效益、产业结构、经济效益等 5 个二级指标和包括进出口额、外商直接投资额在内的 24 个三级指标构成;社会可持续性子系统由社会效益这 1 个二级指标和外贸易行业就业人数、纳税增长率、海关税收增长率等 3 个三级指标构成。然后,运用层次分析法计算各评价指标的权重,最后通过构建对外贸易可持续发展能力水平指数、可持续发展指数、可持续发展协调指数来对我国对外贸易可持续发展能力进行综合评估。

李明生、何天祥(2005)设计了包括 7 个二级指标和 26 个三级指标的评价指标体系对湖南省对外贸易可持续发展状况进行了实证研究;谷志红等(2005)设计了 3 个二级指标和 27 个三级指标对我国对外贸易可持续发展能力进行了评价。

李凯杰、曲如晓(2012)设计了包含经济效益、生态效益、社会效益等 3 个二级指标和贸易规模指数、贸易结构指数、贸易竞争指数、贸易环境效益、贸易资源效益、贸易部门工资、贸易部门就业等 7 个三级指标在内的对外贸易可持续发展评价指标体系,对 1993—2009 年间中国的对外贸易可持续发展情况进行了分析。

当然,除此以外,部分学者则重点深入研究了出口贸易的可持续水平。如周茂荣、周念利(2005)从出口的社会经济效益与出口的生态效益两方面,设计了出口规模效益、出口经济效益、出口技术效益、出口综合竞争力、出口资源效益、出口环境效益等6个二级指标和包括出口绝对规模、相对规模及出口依存度在内的13个三级指标,并利用灰色关联分析法建立了出口贸易可持续发展水平时序评价模型,对中国1985—2003年的出口贸易可持续发展综合水平进行了考察;周正祥等(2013)则从经济、社会和环境三个方面探讨了2002—2011年间中国的出口贸易可持续发展状况。

总之,贸易可持续发展是一个较新较热的研究领域,无论是在其内涵还是具体的评价手段方面都在不断被学界赋予新的内容。在贸易可持续发展理论下处理对外贸易与区域生态建设的关系就是要在承认贸易规模持续增长、贸易竞争优势可持续获取的情况下,不仅要满足当代人、本区域发展的要求,而且要保证后代人、其他区域发展的要求,要充分运用定性和定量的手段、人文领域与自然领域的方法,来实现贸易过程中人与自然的和谐发展。

2.2 生态经济理论

生态经济学是介于生态学与经济学之间的一门学科,是沟通社会科学与自然科学的一座桥梁。Haeckel(1898)第一次指明了这两种学科之间的潜在关系,认为"经济学是管理稀缺资源的艺术,生态学是自然界的经济学",从而使这门学科开始萌芽。随着生态环境问题的日益恶化,生态经济学开始受到各界的广泛重视。国内大多数学者在讨论生态经济学时,往往将其误认为是主流经济理论和方法在环境领域的应用,但实际上,生态经济学在研究视角和范式上与主流经济学存在着根本的不同。

2.2.1 生态经济学对于系统的价值观

生态经济学理论是在环境主义者与传统经济学家之间长期争论中发展起来的。生态经济学家认为,经济系统只是生态系统中的一个开放的子系统,它需要与生态系统中的其他部分进行物质、能量的交换。而生态系统是一个封闭系统,其规模大小构成了经济系统增长的生态门槛,经济系统的不断增长是导致整个生态系统和环境恶化的根本原因,正如"生态"经济学家方特维兹和雷维兹(Funtowicz and Ravetz,1991)所指出的,"经济增长造成的潜在的不可逆转的环境影响和外部性使主流经济学无关紧要"。Daly(1996)也认为,"如果不堪人类及其所携带的有用和无用的东西的重负,这艘行星船将会沉没"。尽管古典经济学派在创立经济学之初也部分地表示经济增长要依赖于生态系统而存在,但20世纪的新古典经济学派则否认这种对于生态系统与经济系统关系的看法。他们完全地把经济系统当成了游离于生态系统以外的孤立系统(诸大建,2009),逻辑上认为经济增长并不存在物理极限和生态机会成本,生态环境只是经济增长的目的而不是原因。

即使在生态经济学界,对于系统也存在不同的看法,有的将生态系统与经济系统视为两个并列的系统,有的认为经济系统本身只是生态系统的一个子系统。前一种观点认为,生态经济系统是一切经济活动的载体,生态经济系统由生态系统与经济系统组合而成。生态系统又分为两大部分和四项基本成分(A. G. Tansley,1935)。"两大部分"是指由植物、动物、微生物等生命有机体集合而成的"生命系统"和由光、热、水、气、土及各种有机、无机元素集合而成的"非生物环境系统","四项基本成分"是指非生物环境、生产者、消费者和还原者。当生态系统遇到外界压力和冲击时,它会通过自身的调节功能保持其相对稳定性,但外界压力超越了其调节能力阈限值就会引起系统的生态平衡失调,造成结构和功能的破坏,甚至是系统的整体崩溃。经济系统是生产力系统和生产关系系统在一定地理环境和经济社会制度下相互作用的组合,而这种相互作用又是在社会再生产过程中的生产、分配、交换和消费的循环运动中进行的。在生态经济系统这一复合系统中,经济系统的运行是主导、是目的,生态系统的运行是基础、是保证。当然,这种观点也认为,生态子系统与经济子系统的运行方向和要求具有矛盾统一性。一方面,经济系统运行的内在要求是实现对生态系统的"最大利用",这与生态系统对自身的"最大保护"要求相矛盾;另一方面,从长远来看,人类对生态系统不仅要求目前能利用,而且要求长期能利用,进行生态保护,这又使经济系统与生态系统具有统一性(王松霈,2000)。后一种观点认为,社会经济系统是整个生态系统的一部分,生态系统决定了社会发展的最大限度。距离这个限度越近,经济发展的余地就越小。尽管他们也认为,这个限度并不是一成不变的,而是根据人类技术水平状况发生变化,但整体观点是,生态环境为经济社会发展提供了一个框架,人类社会应在这个框架中采用最有效的方式来管理资源,使有限资源能够得到有效利用。从目前的文献和理论趋势来看,大多数学者采用的是后一种视角。

2.2.2 生态经济学对于可持续发展的理解

可持续发展的概念对于大多数学者来说显然已经非常熟悉,即"既满足当代人的需求,又不损害子孙后代满足其需求能力的发展"。但在这个概念中,所谓子孙后代的"未来需求"是什么?应该如何去满足这种需求?我们并不是很清楚。理论上来说，要满足某种需求，必须占有一定的资本，因为资本是用来生产有价值的物品和服务并满足各种需求的物质手段，包括自然资本（石油、矿产、树木等）和人造资本（机器、厂房、道路等）两种基本形式，另外还有人力资本和社会资本等。因此，可持续发展要解决“满足当代人需求的同时又不损害子孙后代满足其需求的能力”，就必须考虑“留给子孙后代多大的总资本存量，以满足其‘未来需求’”的问题。在这一点上，经济学所遵循的是一种弱可持续性标准（weak sustainability），即追求总资本存量（包括自然资本和人造资本等）不随时间而下降，在世代之间保持总量不减的状态。因为经济学认为，资本存量的不同要素之间可以相互替代，关键是，人造资本可以替代日益减少的自然资本，这种替代性能够使可持续发展中的“未来需求”得到满足。但以 Pearce 为代表的生态经济学派并不这样认为。他们对资本的概念进行了细分，把给经济过程提供有价值的非替代性环境服务的资本同其余资本区分开来，将其作为关键自然资本，并进而认为，要满足“未来需求”和实现可持续发展，就得保证自然资本特别是关键自然资本存量不随时间而下降，在世代之间得以保持或增加，这就是所谓的强可持续性标准（strong sustainability）。因为，强可持续发展认为，并不是所有自然资本都是可以用人造资本来代替的，如生态系统中的生物多样性对于生物的生存是必需的，人类无法复制（徐中民，2003）。

2.2.3 生态经济学的任务和研究重心

所谓生态经济学的研究重心通常也是与主流经济学相对而言的。主流经济学一般将自然界中的物品分为“自然物品”和“经济物品”两大类，自然物品包括阳光、空气、水等，它们由于并不“稀缺”而没有价值，经济物品因为其“稀缺性”而被赋予了一定价值。与此相近的概念是自然资本与人造资本。经济学同样认为自然资本并不稀缺而人造资本具有“稀缺性”，因此重点研究在各种理想市场假设下对“稀缺”人造资本的配置问题。这种观点对于资本主义发达国家在工业革命时期所经历的经济增长局面来说是合乎逻辑的，然而，所谓“稀缺”与“不稀缺”的概念具有相对性，它会随着历史的推移而发生变化。产业革命时期资本主义世界的经济高速增长虽然在一定程度上缓解了人造资本的“稀缺性”，但却带来了全球范围内自然资本的短缺，正如戴利所说的，“我们已经由自然资本丰裕的‘空的世界’进入到了生态环境约束的‘满的世界’”。在这种情况下，自然资本的传统地位发生了根本变化，由过去的“非稀缺”资本变为“稀缺”资本，而且这种变化随着传统经济增长模式的发展而不断加剧。作为一门顺应时代要求而不断崛起的学科，生态经济学的任务和重心就是要解决这种“新”的“稀缺”资本的配置问题，并兼顾传统增长模式下的不同目标，追求在生态系统非退化条件下提高社会福利和生活质量，即所谓从物质扩张下的经济增长走向物质稳定状态下的人类发展。

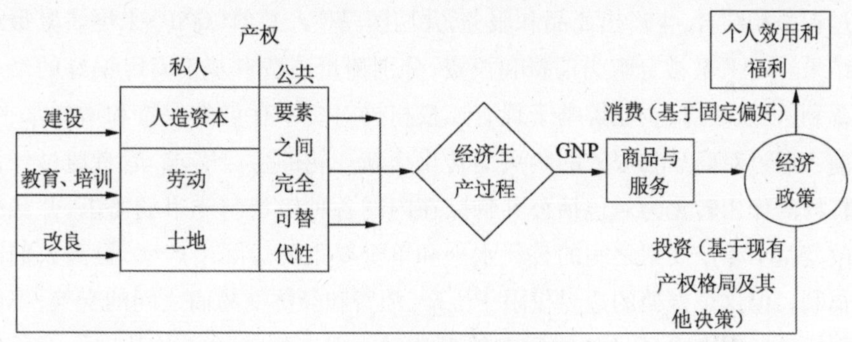

(a) 常规经济模型

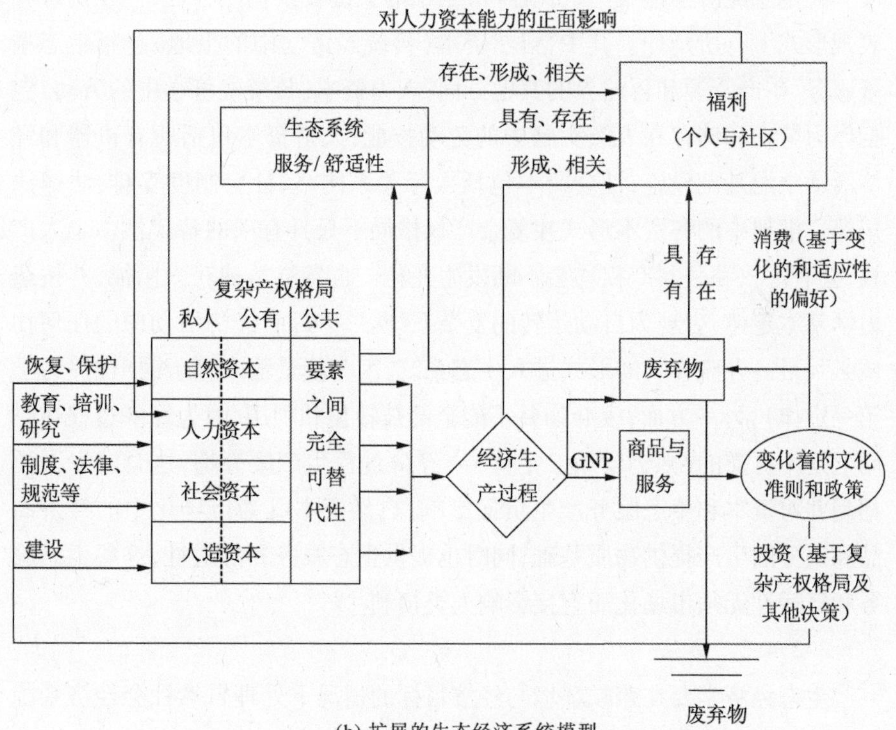

(b) 扩展的生态经济系统模型

图 2-1　常规经济模型与扩展的生态经济系统模型

注：资料来源参见徐中民等(2003).

2.2.4 分析概念框架与方法

2.2.4.1 框架

图2-1(a)与图2-1(b)分别代表经济学分析概念框架和生态经济学分析概念框架。图2-1(a)中,生产的基本要素包括土地、劳动和资本,在经济过程中相结合,生产出商品和服务,并用国民生产总值(GNP)来度量其最终结果。GNP又被分解为消费和投资,分别衡量消费者基于固定偏好的个人福利,以及政府、企业等基于现有产权格局对资本存量的保持和增加水平。前者通过对商品和服务的购买而转化为新一轮的生产需求,后者通过经济杠杆的作用转化为对包括公共物品在内的各种市场与非市场需求,并最终改变基本生产要素之间的替代水平和单个要素的边际生产率,提高人们的福利。但这个框架的边界仅限于生产、消费和经济交易商之间的交换,不能很好地说明来自环境的物质和能量流动。生态经济学在此基础上有所扩展。在生态经济学框架中,传统经济学中的关键要素仍然存在,但在内容和表现形式上有所延伸。其中,自然资本(传统经济学中的土地)包括生态系统服务、矿产资源和自然界的其他方面;人力资本(传统经济学中的劳动)包括体力劳动和储存在人类头脑中的劳动技能;人造资本包括所有机器和经济活动中的基础设施;社会资本包括人际关系网络、社会制度安排、法律法规等。框架中的各资本形式在复杂产权格局下只具有限的替代性。个人产权、公有产权和公共产权均会不断发生变化。自然资本捕获太阳能,并按热力学基本定律,表现为自动运转的复杂系统。一方面,经济活动中的任何物质必须最终以废弃物的形式进入生态系统,因为能量输入等于输出(热力学第一定律);另一方面,废弃物并不能全部被转化和利用,因为经济过程在时间上是不可逆的(热力学第二定律)。经济过程生产废弃物,这会减少人类福利并对资本和生态服务产生负面影响;自然资本既为市场化中的经济商品和服务的生产提供物质基础,同时也提供生态服务和舒适性,这些生态服务和舒适性无须市场化而直接影响人类福利[1]。

2.2.4.2 方法

生态经济学要在兼顾环境与经济目标的情况下处理自然社会经济系统的可持续发展问题,因此,其方法也与主流经济学或相关分支学科有一定的

---

〔1〕 徐中民,张志强,程国栋. 生态经济学理论、方法与应用[M]. 黄河水利出版社,2003:17-18.

区别,例如环境经济学。环境经济学虽然关注环境问题,但它仍属主流经济学的一部分,因为它只是试图通过环境成本内部化来弥补市场失灵,把资源与环境问题当成一种市场的外部性并纳入其市场货币交换体系中进行处理,期望市场能给曾经是免费供应的环境服务的稀缺性一个货币化价值,这种方法可归结为基于个人偏好对环境商品和服务进行货币定价。而生态经济学并不赞成这种思路,因为在它看来,经济活动是环境退化的主要原因,"经济交换体系是一个黑匣子,消耗掉了有限的自然资源,并将其中不能消化的部分当成废物吐回自然界,对自然的占用已经到了破坏其至关重要的生命支撑功能的水平"。所以,在生态经济学看来,环境影响已不再是优化资源配置的问题而是一个"规模"问题,这就要求压缩"经济相对于生态系统的物理规模"(Daly,1996),一开始就通过压缩从环境到经济系统的基本物质流来防止或最小化环境影响,因而应该根据物质(非货币)规范和标准对环境商品与服务进行集体评价[1]。

生态经济研究方法主要建立在生态经济系统理论基础上,从复杂巨系统的角度来探讨经济系统与生态系统之间的关系。就国内外目前的研究趋势来看,热点内容多集中于自然资源与环境经济价值的评估、可持续发展的定量评估以及环境经济账户体系的建立等方面,具体方法的使用上既有生态、经济或环境领域主流的研究方法,也有基于系统论的指标体系评价法等。

(1) 环境经济价值评估。这方面主要有直接测度法和间接测度法两大类,用于评估经济活动的环境恶化成本。

直接测度法是针对被影响的环境服务(如森林景观)向不同群体提出问题并获得其估计值。目前使用最多和最典型的就是意愿调查评估法(CVM),即通过调查人们对环境商品或服务的支付意愿来估计环境经济价值。该方法通常先给被调查者一个提供某种环境服务的假设描述,然后询问被调查者在特定条件下如果有机会获得这种服务将如何为其定价。以其所愿意支付的价格作为环境经济价值的估计。

间接测度法是通过观察人们的市场交易行为而获得环境效益或成本的估计值。主要有生产率下降法、人类健康受损法、数学模型法、维护成本法

〔1〕[德]Peter Bartelmus. 数量生态经济学. 齐建国,张友国,王红,等译. 社会科学文献出版社,2010:29-32.

等。生产率下降法主要是对经济活动导致环境要素的生产率降低程度进行市场价值评估;人类健康受损法主要针对经济活动引起的人类发病率或死亡率上升的情况进行评估,在操作上通常采用如下方法计算:

$$L = L_1 + L_2 = L_1 + L_{21} + L_{22} + L_{23} \tag{2.7}$$

L 是环境污染对人体健康损害的经济损失;L_1 是治疗因污染而患病的支出;L_2 是污染引起劳动生产率下降造成的经济损失;L_{21} 是因污染而引起患病的劳动力患病期间的收入损失;L_{22} 是因污染而引起患病,出院后致残和提前退休而损失的收入;L_{23} 是因污染而过早死亡的收入减少额,该部分可用公式

$$V_x = \sum_{n=x}^{\infty} \frac{(P_x^n)_1 (P_x^n)_2 (P_x^n)_3 Y_n}{(1+r)^{n-x}} \tag{2.8}$$

来衡量。其中,V_x 为年龄为 x 的人未来收入现值;$(P_x^n)_1$ 为年龄为 x 的人活到年龄 n 的概率;$(P_x^n)_2$ 为年龄为 x 的人活到年龄 n 且有劳动能力的概率;$(P_x^n)_3$ 为年龄为 x 的人活到年龄 n 且有劳动能力,同时又被雇佣的概率;Y_n 为年龄为 x 的人活到年龄 n 时的平均收入;r 为贴现率。当然,在健康受损法的评估方面,也存在关于劳动力丧失对于 *GDP* 影响的争论[1]。除此以外,数学模型法与维护成本法也是环境经济价值评估常用的方法。

(2) 可持续发展定量评估及环境经济体系账户的建立。在可持续发展的量化评估及账户体系建立方面,许多国家、机构和学者进行过不懈的努力,并取得了颇丰的成果和实际评估经验。在他们所提出的方法中,既有单一指标的测度,也有指标体系的评估;既有实物测度法,也有货币化测度法。单一指标有联合国开发计划署(the U. N. Development Programme, UNDP)的人文发展指数(HDI)、美国宾夕法尼亚大学 Richard Jestes 提出的社会进步指数(ISP)、美国海外开发委员会提出的物质生活质量指数(PQLI)等;指标体系有联合国统计局彼得·巴特尔穆斯 1994 年对联合国的"环境统计开发框架(FDES)"修改后形成的可持续发展指标体系 FISD 框架(Framework for Indicators of Sustainable Development)、1996 年联合国可持续发展委员会(UNCSD)与联合国政策协调与可持续发展部(DPCSD)在"经济、社会、环境和机构四大系统"概念模型基础上结合《21 世纪议程》各章节内容提出的 DSR 模式可持续发展指标体系、经合组织在联合国统计署的环境统计开发

〔1〕 韩英.可持续发展的理论与测度方法.中国建筑工业出版社,2007:147.

框架(FDES)下将信息类别重新分类后形成的环境指标压力—状态—响应(PSR)框架等;实物测度法中较有影响力的是美国生态学家 Odum 提出的能值分析法和加拿大生态经济学家 William E Rees 及其学生 Mathis Wackernagel 提出的生态足迹法等;货币测度法中有真实储蓄指标、国家财富指标和 EPD(环境因素调整后的国内产值)等。

如:世界银行 1997 年在其《环境进展的监测》中所提出的国家财富指标明确指出,一国的国家财富由人造资本、自然资本、人力资本和社会资本四部分组成。测算时将四个部分分别计算后加总。对于人造资本,以永续盘存模型直接估算期末存量价值;对于自然资本的测算应用以世界市场价格为基础的资源经济租金概念,假设年租金不变,按相应资产存在年限将各期租金折算为现值并加总;人力资本与社会资本放在一起,采用未来收益现值法通过计算一定假设条件下人们预期收入现值扣除土地与人造资本后的剩余项获得。

又如:William E Rees 及其学生 Mathis Wackernagel 1992 年在《我们的足迹——减轻人类对地球的冲击》一书中提出的生态足迹法指出,任何已知人口(某个人、城市或国家)的生态足迹(或生态脚印)是生产这些人口所需消费的所有物质和能量,以及吸纳这些人口产生的废弃物所需要的生物生产性土地面积。如果地球所提供的土地面积容不下这个“脚印”,人类就难以永久维持下去。他们将地球表面的生物生产性土地面积划分为耕地、草地、林地、水域、建筑用地和化石燃料用地 6 大类,构建生态足迹与生态承载力两个理论核心指标:

$$\begin{aligned} EF &= N \times ef = N \times r_j \sum A_i \\ &= N \times r_j \sum (P_i + I_i - E_i)/(Y_i \times N) \end{aligned} \tag{2.9}$$

$$EC = N \times ec = N \times r_j \sum (A_i \times y_j) \quad (i = 1, \cdots, n; j = 1, \cdots, 6) \tag{2.10}$$

式中, EF 为总生态足迹; N 为人口数;ef 为人均生态足迹;ec 为人均生态承载力;r_j 为均衡因子;P_i 为资源生产量;E_i 为资源出口量;I_i 为资源进口量;Y_i 为第 i 种消费商品的全球平均产量;A_i 为第 i 种消费项目折算的人均占有生物生产面积;y_j 为产量因子;i 为消费商品的类别;j 为 6 类生物生产性土地类型。6 类生物生产型土地的全球均衡因子分别为:林地和化石能源用地为 1.1,耕地和建筑用地为 2.8,草地为 2.5,水域为 0.2。将两式进行比较,如果 $EF < EC$ 则为生态盈余,表明区域人类活动对自然生态系统的压力在区域生态承载力的范围内;如果 $EF > EC$ 则为生态赤字,表明区域生态足迹需求超过了区域生态系统的承受能力,其发展模式是不可持续的。

生态经济系统理论要求我们在处理对外贸易与区域生态建设的关系时,不能局限于眼前利益,搞单项突进(如只注意贸易中的污染治理、环境保护等问题),还应着眼于长远利益,综合推进,对整个贸易产业结构、能源结构和技术结构进行升级换代等。

2.3 循环经济理论

尽管循环经济理论体系的构成目前正在探索当中,但学界基本认为,循环经济在本质上属于生态经济,它关注通过何种渠道来实现对有限资源和能量的高效利用,以保证人类福利水平的提高(诸大建,2008)。与生态经济学基于生态阈值来探讨经济系统与生态系统作用关系略微不同的是,循环经济更为具体地从资源集约利用、生态循环利用以及环境污染最小化这三个角度来关注经济运行过程中资源效率、环境效率和生态效率的统一,要求把经济活动组织成一个"资源→产品→再生资源"的闭环式发展过程。当然,这种要求主要是从产品的生产技术范式角度来提出的[1],而且也是一种理想状态,现实经济运行过程中,更多的是开路式发展过程。

2.3.1 循环经济中的产品循环运动

在理想状态下,闭路的产品循环运动表现为:自然中的环境要素通过一定的技术被分配到不同的产品中(如图 2-2),产品要不就放弃产品功能供产品生产使用,要不就作为最终品供生活使用,最后以不同的速率退化为环境要素和少量微不足道的负产品,其中退化而来的环境要素在改进后的新的更高技术水平下与原自然环境要素一起重新开始新的产品循环。这里关键是,在很多条件下,这种闭合循环无法在真正意义上实现。以产品使用后退化而来的环境要素为例,它一方面非常分散,另一方面要想再次利用则需要更高的技术;而作为产品的生产主体企业来说,一方面其生产过程是集中

---

〔1〕 注:黄贤金、钟太洋(2005)在《循环经济学:学科特征与趋势展望》一文中将循环经济定义归纳为三类:一类是从人与自然的关系角度定义,主张人类的经济活动要遵从自然生态规律,维持生态平衡;第二类是从生态的技术范式角度定义,主张清洁生产和环境保护;第三类是从其他方面定义,认为循环经济是一种新的经济形态。

的，另一方面提高技术水平需要吸纳更多的资金，在无干预的市场经济下，企业是没有足够的动力和能力去完成产品闭路循环运动的。

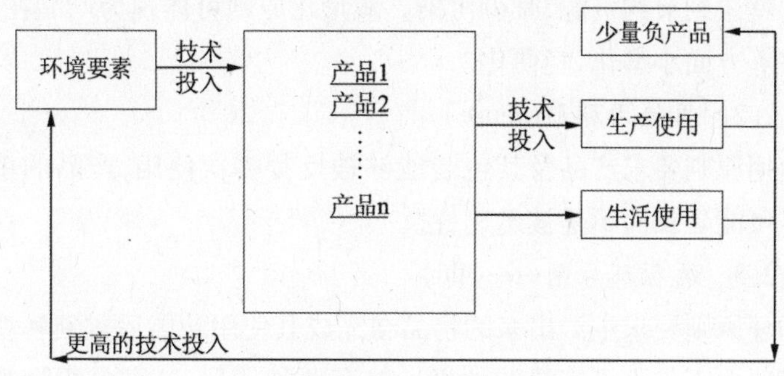

图 2-2 闭路的产品循环运动

更为现实的是另一种开路的产品循环运动：环境要素转化为产品，产品在被使用后退化为可利用的环境要素再次参与产品循环。这个框架表面上看起来与闭路的产品循环运动相似，但实际上有很大的区别。开路产品循环运动在产品使用过程中会产生负产品和不能再次使用的环境要素并破坏环境和人体健康。而且在开路的产品循环运动过程中，产品的连续生产就意味着相关环境要素的连续减少，即便是连续生产过程中产量保持不变也是如此。相反，闭路的产品循环运动中环境要素可以循环使用，不会破坏环境，而且在产量保持稳定的情况下，连续生产过程不会减少环境要素。即使产量有一定增加，技术水平的提高也会使环境要素保持平衡。例如，通过提高单位要素的产出效率来增加总产量（谭根林，2006）。

总之，闭路的产品循环运动是一种理想化状态，只要有一个开口，它就成了开路产品循环运动。但沉迷于思考我们所要构建的产品循环究竟是一种闭路循环还是开路循环已经没有太多意义，问题的关键在于，为了尽可能完善这种循环过程并朝理想化目标前进，我们能有何作为。

2.3.2 循环经济的"3R"原则

循环经济要充分考虑自然生态系统的承载能力，尽可能节约自然资源和提高自然资源的使用效率，这从生产技术的角度来看，要求在生产过程中，无论是材料选取、工艺设计还是废弃物处理，都要实行清洁生产，实行3R 原则（单胜道，2005）。

2.3.2.1　减量化原则(reduce)

减量化原则要求用较少的原料投入完成预期的生产或使用目的,从而在源头上就做到节约资源,减少污染。减量化原则可体现为产品在体积、重量或包装等方面小型化、轻便化。

2.3.2.2　再使用原则(reuse)

再使用原则要求产品及其包装能够被反复多次使用,产品的单次使用寿命应尽可能延长而不是被迅速替换。

2.3.2.3　再循环原则(recycle)

再循环原则要求生产出来的物品在完成其使用功能后重新转变成可以利用的资源而不是不可恢复的垃圾。这有两种情形,一种是废物被循环用来产生同种类型的新产品,即原级再循环;另一种是将废物资源转化为其他产品的原料,即次级再循环。节材效率高的原级再循环是循环经济追求的理想目标。

除了对于生产中3R原则方面所达成的共识以外,学界也对于循环经济的理论和实践方面进行了广泛的探索,这主要集中为:对循环利用效率与资源利用效率关系的技术分析(陆钟武,2004),对于区域循环系统构建实践的探索(如城市或省区大循环、生态工业园区中循环、企业小循环)、对区域循环经济实现模式的探索(如生态农业园模式、产业间多级生态链联结模式、商业化回收模式等)、对循环经济过程的分析等。对循环经济的研究与分析方法大多与生态经济学的研究方法类似,包括生态学、环境科学、环境经济学中的一些主流分析工具及系统分析法等。

最后,循环经济的核心在于"主动"地减少废弃物,以期把废弃物排放限制在环境自净能力阈值之内,真正实现节约资源和改善环境的目的。这一点与生态建设中"建设"的主动含义不谋而合。"对外贸易与生态环境"更多的是被动地关注贸易发展带来的资源消耗或环境破坏,或关注资源环境要素对于贸易生产的基础性作用;但"对外贸易与生态建设"则更是从"自觉"保护生态环境对贸易的影响,或者对外贸易对生态的"自觉"保护形成何种挑战入手。循环经济要求我们处理对外贸易与区域生态建设关系时,要把经济贸易发展、社会进步、环境保护三者有机结合起来,通过物质流、能量流、信息流等循环传递、多级利用,在企业之间(小循环)、园区之间(中循环)、区域之间(大循环)形成共生互动的循环产业,实现贸易的生态化。

2.4 系统科学理论

系统科学是在自然科学、数学科学、社会科学三大基础科学之外形成的一个新的学科，它融会贯通了两方面的内容：一是从工程实践中提出来的技术科学，即运筹学、控制论和信息论；二是来自数学和自然科学的系统理论成果，如一般系统理论、耗散结构、协同论等。

系统科学体系分为三个层次，作为第一层次的基础科学（系统学）主要研究系统的普遍属性、运动规律、系统间复杂关系的形成法则、系统结构和功能的关系、系统有序结构的形成规律、系统仿真的基本原理等；作为第二层次的技术科学主要研究系统共性问题的技术理论，如运筹学中的线性规划、非线性规划、决策论、对策论、排队论等；作为第三层次的工程技术是直接改造客观世界的科学，包括工程系统工程、科研系统工程、企业系统工程、信息系统工程、军事系统工程等十四个类别〔1〕。

表 2-1 各门系统工程和它的特有学科基础

系统工程的专业	专业的特有学科基础
工程系统工程	工程设计
科研系统工程	科学学
企业系统工程	生产力经济学
信息系统工程	信息学、情报学
军事系统工程	军事科学
经济系统工程	政治经济学
环境系统工程	环境科学
教育系统工程	教育学
社会（系统）工程	社会学、未来学
计量系统工程	计量学
标准系统工程	标准学
农业系统工程	农事学
行政系统工程	行政学
法治系统工程	法学

注：资料来源参见：系统工程论文集. 科学出版社，1981.

〔1〕 钱学森. 大力发展系统工程，尽早建立系统科学的体系[N]. 光明日报，1979－11－10.

系统科学理论把所要研究和所要处理的对象，都看作是一个作为整体的系统，然后分析这个系统的结构和功能，进而研究系统、要素、环境三者的相互关系和变动中存在的规律性，并用优化系统观点来对待问题。以系统科学理论的观点看来，世界上的任何事物都可以被看成是一个系统，系统也是普遍存在的，大至渺茫的宇宙，小至微观的原子，一粒种子、一群飞鸟、一台机器、一栋厂房、一个学校……都是系统，整个世界就是系统的集合。系统科学理论不仅在于认识系统的特点和规律，更重要的还在于利用这些特点和规律去控制、管理、改造或创造一系统，使它的存在与发展合乎人的目的需要。也就是说，研究系统的目的在于调整系统结构与各要素的关系，使系统达到优化。[1] 系统科学理论可以归结为以下几个原理：

(1) 整体原理。即任何系统只有通过相互联系形成整体结构才能发挥整体功能。任何系统的整体功能并不是各部分功能的简单叠加，而是在各部分功能总和的基础上，再加上各部分相互联系形成结构所产生的功能的总和。因此，整体大于部分之和，即 $F_S > \sum F_i, i = 1,2,3,\cdots,n$。整体功能并不是各部分要素所单独具有的，所以，相对于各个部分来说，整体功能的产生不仅是一种量的增加，更是一种质的改变。整体原理要求人们观察问题时从全局的观点出发，不仅要关注系统各部分的功能，更重要的是关注各部分相互联系形成结构的功能。

(2) 反馈原理。反馈就是由控制系统把信息输送出去作用于被控系统，然后把其作用结果返送回来，并对信息的再输入发生影响的过程。从信息的输入到信息的输出，再反馈到信息的输入，构成了一个闭合的回路。任何系统只有通过反馈信息，才能实现有效控制，从而达到预期目的。如果反馈信号是增强系统输入效应的，它就是正反馈，将使系统趋于不稳定状态；如果反馈信号是减弱系统输入效应的，它就是负反馈，将使系统趋于稳定状态。我们可以利用正反馈来提高系统的灵敏度，也可以用负反馈来增加系统的稳定性（牛桂敏，2008）。

(3) 有序性原理。信息量走向增加或熵走向减少，组织化走向增加或混乱度走向减少即为有序。

只有开放、有涨落、远离平衡态的系统才有可能走向有序，没有开放、没有涨落、处于平衡态的系统要走向有序是不可能的。系统内部按一定的规

---

〔1〕 http://www.wyzxsx.com/Article/Class22/201101/206704.html

律运行,各要素在系统中的位置,以及它们之间的联系有一定的排列和秩序,从而使系统保持结构的稳定性。

有序原理要求重视系统内各要素的合理组织,重视系统的有序程度,发挥系统可能的功能。

此外,系统本身还具有层次性、开放性、适应性、目的性等特点。系统具有纵向上的等级性和横向上的多侧面性,低一级的系统结构是高一级系统结构的有机组成部分,平行的若干个侧面相互联系又各自独立;系统不断与外界环境进行物质、能量和信息交换,从量变走向质变从而向上发展;系统能够自动调节自身的组织、活动,以此来协调它与环境的关系;系统在与环境的相互作用中,在一定范围内,其发展变化不受或少受条件变化或途经经历的影响,坚持表现出某种趋向预先确定的状态的特性。

运用系统科学理论来指导对外贸易与区域生态建设,就是要求将区域内的经济贸易与生态、社会视为一个巨系统,从整体的观点出发,统筹兼顾,提出具体可行的意见和方案,实现经济贸易与生态、社会的整体最优化。

2.5 保护生物学理论

保护生物学是伴随着生物多样性锐减、全球环境质量下降和人们的自然资源保护意识的提高而出现的一门新学科。它涉及生态学、遗传学、生物进化论的有关理论、方法,还探讨生物多样性的形成机制、保护理论和保护措施。虽然许多学者对于保护生物学的概念有不同的表述(肃雷,1985;蒋志刚,1997),但总的来说不外乎三个方面内容:首先,保护生物学的保护对象是生物;其次,保护生物学区别于普通生物学,它研究人类活动与生物多样性之间的关系,含有人文科学的成分;再次,保护生物学的目的是保护生物多样性,防止或延缓物种的灭绝。因此,保护生物学简单来说可以被理解为保护生物多样性的学科。

生物多样性是生物及与生物环境形成的生态复合体以及与此相关的各种生态过程的总和。包括动物、植物、微生物及其所拥有的基因,以及其生存环境形成的复杂的生态系统。保护生物学认为,生物多样性是生命系统的最基本特征,生物圈的结构和功能取决于生物多样性的状态(蒋志刚,1997)。生物多样性具有多种价值:首先,生物资源可供人类消费使用,如食物、燃料、建材等,此为生物多样性的直接利用价值;其次,生物多样性具有维持生物圈的功能,如绿色植物通过光合作用吸入二氧化碳,排出氧气,维持大气成分的相对稳定,土壤中的分解者(真菌、微生物、动物等)分解死去的动植物,清除有机垃圾,森林和草地截留降水,保持水土等,此为生物多样性的生态价值;再次,生物能自我选择目标或按其 DNA 链的遗传信息规定的目标运转,此为生物多样性的内在价值;最后,生物多样性还具有科学价值和美学价值(孟秀祥等,2004)。保护生物学理论认为,虽然长久的进化历程使当代的生物多样性高于历史上任何地质年代,但地球上的生物多样性也正以空前的速度消失,而人类活动是造成生物多样性以空前速度丧失的根本原因。

保护生物学的原理可从功能原理和伦理原理两方面来理解(杨蕊、景湘蓉,2008)。

(1) 功能原理。保护生物学功能原理的基础理论主要来源于生态学、生物地理学、种群遗传学的理论和研究成果。

首先是进化原理。保护生物学认为,构成自然群落的许多物种是进化的结果。在大多数群落中,物种是环境组成的重要成分,因此,它们的遗传特征所赋予的生理和行为特点都是特定生物区系作用和自然选择的结果,例如被食动物对捕食动物的反应、食植性昆虫对宿主植物的反应等。这一原理主要强调自然群落的结构、功能和协同进化的稳定性不同于非自然或人工群落。其推论包括:① 物种是相互依存的,处于群落中的物种不仅具有自己独特的逃避捕食者、寻找食物、捕捉食物的方式,而且相互间还有更多的依赖关系;② 许多物种是高度特化的,大多数动物,包括食植性昆虫、寄生虫和寄生生物,都依赖于某一特定的宿主;③ 关键种(keystone species)的灭亡将会产生长远的影响;④ 外来植物或动物,特别是大型的具有广泛适应性物种的引进,往往会改变食物链的环节,导致食物链失控,从而引起不良的连锁反应,致使多样性减少。

其次是生态学原理。保护生物学认为,生态系统的生态过程(ecological processes)都有一个阈值,低于或超过这一阈值,生态过程会变得不连续、混乱甚至终止。这一原理表明,在许多较小的生态系统中,生态过程和模式(包括演替、养分循环和密度制约现象)常常被打断或丧失。该原理认为,生态环境和演替阶段持续的时间依赖于其规模的大小,物种的存活率取决于栖息地的大小,种群的存活能力依赖于其种群的大小,某一物种密度骤然增大将减少物种的多样性。

(2)伦理原理。保护生物学在这方面主要借鉴生态伦理学(ecosophy)的相关成果来作为行动的准则。

首先,他们认为,人类干扰而增加物种的死亡在逻辑上并不是一件好事,他们最关心的就是保护自然过程的完整性和连续性,而不仅仅是个体。其次,在种群水平上,他们认为最重要的过程是遗传和进化,因为这是生存的潜能。生命本身的存在就体现了进化过程的多样性。再次,并不是所有的种群都具有同等价值,种群的价值在于它的遗传性、生态位和现有种群的数量。大的、基因多态性的种群包括的等位基因或基因组合具有较大的价值。

保护生物学对贸易与区域生态建设的指导作用在于,外贸资源开发和外贸品种引进过程中要注意生物多样性的保护,注意不同生物资源对于特定生态系统的不同价值,同时,考虑所开发种群在进化过程中的连续性和完整性,防止生态环境丧失和破碎化。

第三章 对外贸易与区域生态建设的耦合机理分析

本章从正反两种逻辑来分析对外贸易与区域生态建设的耦合机理(图3-1)。前文(1.2.2)指出，“生态建设”从不同的角度可分为两个层面，一个是广义层面的生态建设，一个是核心层面的生态建设。广义层面生态建设的界定是基于对“生态建设”概念内涵和国家战略的解读，包含环境保护等内容；核心层面生态建设的界定是基于“生态建设”具体操作内容在我国法律体系中的地位而论，以自然资源和农林生态建设为主。虽然两个层面的生态建设所体现的逻辑基础不同，任务重心不同，但就其最终实现目标的途径和载体而言却是相互交错、难以截然分开的。因此，本章并不像文献综述部分那样，刻意地去强调广义与核心两个层面的划分，而是以一种交互式前进的主线和视角来探讨对外贸易与区域生态建设的关系，当然在部分内容的论述中，尽可能突出特色和创新(如3.4)。

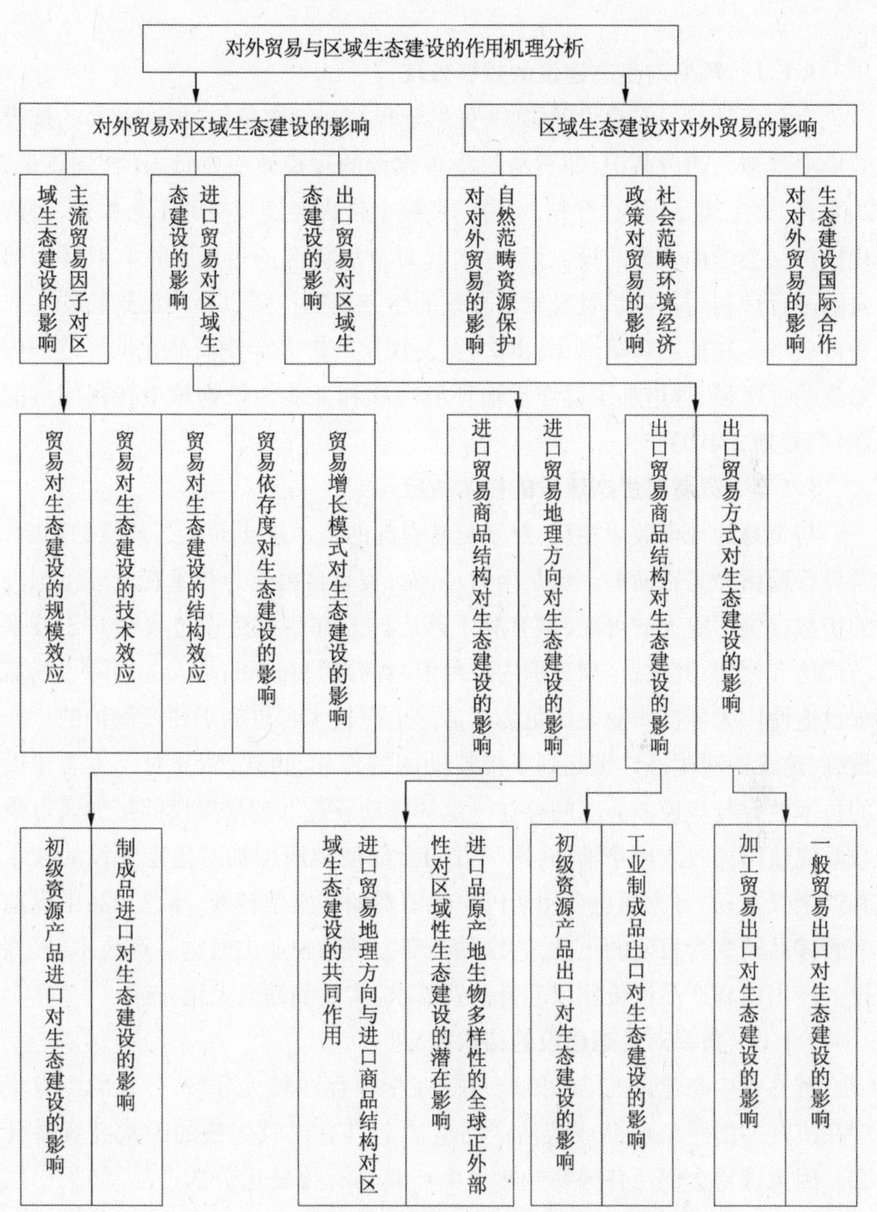

图 3-1　对外贸易与区域生态建设关系机理分析框架

3.1 主流贸易因子对区域生态建设的影响

3.1.1 贸易对生态建设的规模效应

有关贸易对生态建设的影响,虽然学界存在颇多争议,但在贸易的规模效应上基本已达成共识,即贸易对生态建设的规模效应是负面的(周茂荣,2008)。这主要是因为:首先,贸易的发展会带来经济规模的不断扩张,经济规模扩张会增加要素的投入量,并引起对自然资源的过度开发和对环境要素的不合理利用;其次,贸易发展导致的生产规模扩张也会使污染物的生成和排放增多并加剧环境退化;再次,贸易规模的扩大会使商品在世界范围内的流动性增强,这增加了远洋运输环境污染和工业污染物越境转移的可能性(赵建娜,2010)。

3.1.2 贸易对生态建设的技术效应

与贸易的规模效应相反,对于贸易引起的技术进步对生态环境的影响,学界普遍认为是正面的。这是因为:首先,贸易自由化为技术在全球范围内的扩散提供了更大的可能,这有利于落后国家在生态建设过程中对于技术的模仿和创新;其次,全球范围内绿色浪潮的兴起和不断扩大的国际市场需求也迫使广大生产企业使用更为清洁的生产技术和更利于环境保护的生产设施,这无疑对生态建设起到了推波助澜的作用;再次,贸易对于生态建设的技术效应与规模效应之间存在一定的联动效应。贸易规模的扩大通过乘数效应使国民收入成倍增加,这一方面会促使政府增加对生态建设的技术和资金投入;另一方面也会使居民户的消费偏好发生转变,绿色产品由以前的奢侈品转变为目前的正常品,这种转变会激励企业去改进生产技术,提高投入产出比和产品性价比以迎合消费需求,实现利润最大化目标。

3.1.3 贸易对生态建设的结构效应

贸易对生态建设的结构效应目前在学界存在较大分歧,分歧的焦点集中在决定一国污染产品或清洁产品生产上具有比较优势的因素究竟是什么。因为贸易会促使各国都专业化生产其具有比较优势的产品,如果一国或区域在污染品生产方面具有比较优势,则贸易对其生态建设的影响是消极的;反之,如果一国或区域在清洁品生产方面具有比较优势,则贸易对其生态建设的影响是积极的。所以,具体效应需具体分析。根据"污染天堂"假说,发展中国家由于具有较为宽松的环境法规,因而吸引了大量来自发达国家的污染产业,所以贸易对于发达国家的生态建设而言是有利的;但如果从要素禀赋理论来看则可能是另一种情形。发展中国家由于劳动力资源丰富,因而在贸易过程中通常会专业化生产相对清洁的劳动密集型产品;发达国家由于资本相对丰裕,因而在贸易过程中会专业化生产资本密集型产品,而产品的资本密集度与污染程度通常高度相关。所以,在这种逻辑下,贸易自由化对发达国家的生态建设是不利而对发展中国家是有利的。

3.1.4 贸易依存度对生态建设的影响

贸易依存度是进口总额加上出口总额再除以国民生产总值的比值(Aka,2008),用来衡量一国经济的开放程度,当然许多情况下也被用来直观地说明贸易在经济总量中的份额(贸易规模)。一国或区域贸易依存度越高——贸易在国民生产总值中的比重越大,一方面表明贸易的绝对规模扩大,这必然对生态环境产生如前所述的规模、技术和结构效应;另一方面,比重越大也表明贸易对于经济总量的相对规模在扩大,即贸易增长速度快于经济增长速度,这对于生态建设的影响取决于贸易增长和经济增长各自对于生态建设的贡献率。如果贸易增长对于生态建设的贡献率(包括收入、规模、技术、结构等效应)大于经济增长对于生态建设的贡献率,则贸易依存度扩大对于生态建设的净效应是积极的,反之,其净效应则是消极的。

3.1.5 贸易增长模式对生态建设的影响

贸易增长主要可分为"外向型"和"内源型"两种典型模式。所谓外向型贸易增长主要是指通过大规模利用外资并以加工贸易为主来发展经济,推动本地工业化进程和经济贸易增长。这种模式下,由于外资的流入是以产业的梯度转移为基础的,投资母国在东道国所投资的产业通常都是在母国已经被淘汰的或处于落后状态的产能,而这些产能和产业通常具有高污染、高能耗等特点,因此,这种外资拉动的贸易增长所带来的很大部分是"环境成本的转移"。许多发展中国家和地区在经济建设初期的一些成就往往是在这种方式主导下取得的,它们在招商引资过程中常常给予外资所谓"超国民待遇",在资源配套、基地建设、资金优惠等方面做出种种承诺,但它们也因此在生态环境方面付出了沉重的代价。"内源型"贸易增长主要是依靠本地资金、技术、人才等生产要素推动本地工业化进程和经济贸易增长的模式。这种模式下,出口企业本身带来的环境成本相对较小,但出口行业的整个国内生产过程及其国内交易对生态环境的影响很大。因为这种模式常以民营企业的一般贸易出口为主导,而国内大多数中小民营企业的环境意识和社会责任感相对较弱,它们往往采取"先污染后治理"的工作路线,这就难免对本地生态环境带来一定影响,这些在后文讨论贸易方式对生态建设的影响时还会进行分析。

3.1.6 相关证据

众所周知,自 Grossman 和 Krueger(1993)将经济增长对环境质量的影响分解为规模效应、技术效应和结构效应以后,这一范式便在国际贸易中得到广泛运用和讨论,国内外学者、机构又先后在此基础上加入产品效应(OECD,1994)、收入效应和规制效应(Panayotou,2000)等部分就贸易对于生态环境的影响进行研究,这些内容在第一章文献综述中已有较多总结,此处不再一一列举。关于贸易依存度与贸易增长模式对于生态建设的影响方面,周睿(2009)在《世界经济与政治论坛》期刊上基于"贸易能促进收入的增长,而格罗斯曼和克鲁格(Grossman and Krueger,1994)的环境库兹涅茨曲线(EKC)又表明人均收入水平影响着污染物的排放量"这一逻辑,构建贸易依存度、收入增长和环境污染这三个变量,就贸易依存度、收入增长对于中国环境质量的影响情况进行了纯数理上而非严格经济意义上的分析。研究结果表明,贸易依存度、收入增长与环境污染之间存在长期均衡关系,从长期动态来看,贸易依存度、收入增长对环境污染的变化有着显著的正向冲击,且持续时间相对较长;从短期动态来看,贸易依存度和收入增长对环境污染的变化有着显著的影响,贸易依存度对环境污染的波动性贡献最大。阳玉琼等(2010)以广东省和浙江省为例,实证检验了"外向型"和"内源型"两种贸易增长模式对生态环境的影响,发现"外向型"模式下的出口对环境污染的影响较大,而"内源型"模式下的这种关系相对较弱。李静、方伟(2011)用投入产出表测算了长三角地区贸易增长对能源消耗和污染排放的影响,结果表明,出口含能耗的高速增长主要源于出口规模增长带来的规模效应,但能源消耗及污染排放效率的提高有效地缓解了规模效应。

3.2 进口贸易对区域生态建设的影响

进口贸易对区域生态建设的影响可从以下两方面来讨论:一是进口商品的不同品类(暂称为商品结构)会对区域生态建设造成影响;二是进口贸易的地理方向会对区域生态建设造成影响。

3.2.1 进口商品结构对区域生态建设的影响

进口贸易的商品结构单方面并不能反映一国的经济发展水平和产业结构(需考察整个进出口贸易的商品结构),但它能部分地反映出该国和地区对于不同产品或资源类型的依赖。如有的国家多进口煤、石油和天然气等产品,这说明它可能是资源紧缺型国家(当然出于战略考虑的情形例外),通过进口可以弥补其国内需求的缺口;还有的国家多进口航天科工、精密仪器仪表等高科技产品或工业制成品,这说明该国可能在科技领域相对落后,通过进口可以"间接"替代本国生产,同时可以帮助本国由技术模仿逐渐向技术创新过渡;当然也可能是出于"偏好相似"而从国外进口异质产品以满足本国的多样化需求。但无论哪种情形,对于初级资源性产品或制成品的进口都会对当地生态建设构成一定影响。

从联合国《国际贸易标准分类》(SITC)的角度来看,初级资源性产品主要指农、林、牧、副、渔、矿等产品及其粗加工品,如第0部门的食品和活动物,第1部门的饮料及烟草,第2部门的非食用原料(不包括燃料),第3部门的矿物燃料、润滑油及有关原料,第4部门的动植油、脂和蜡等中的一部分,当然还有一些是国濒办根据《濒危野生动植物种国际贸易公约》(CITES)附录Ⅰ、附录Ⅱ所管制的动植物种。这些产品中,许多由于其理化性状或形成过程特点而本身就含有有毒有害元素,在国际贸易中会随运输、仓储、生产、加工和消费过程而对周围环境以及人体健康产生深远影响。如铁矿石中含铅、镉、汞、铬、砷、矾、钴、镍等元素,铁矿石粉尘通过呼吸进入人体可能引起血管痉挛、刺激中枢神经、抑制酶的活性等。铁矿石贸易可能在装卸、倒运、堆存过程中因洒落、扬尘、水浸等而污染附近的水体、大气和土壤。还有一些产品虽然不一定具有生物毒性,但贸易所带来的空间转移会使其明显改变迁居地的生态环境,形成入侵种并影响到进口地区的生物多样性。如动植物引种(包括有意引入和无意释放),可能由于进口地缺少其天敌而逃逸成为外来种和入侵种,不但在迁居地能生长繁育,而且能扩张,并对当地生态系统、经济或人类健康造成负面影响。

制成品除上述各部门的一些复杂加工品外,还包括第5部门的化学品及有关产品、第6部门的各类原料制成品、第7部门的机械及运输设备、第8部门的杂项制品以及其他未分类的各种制成品和特种产品等。这些产品中,有的作为一个大类整体而言并无毒性,甚至于人体于环境都有益,但是由于其生产加工过程中使用的原料受到次生污染源的污染,从而使最终制成品携带有毒有害物质，并对进口地环境造成潜在影响。如SITC中第98组第4分组(098.4)的花生酱因其主要原料花生的叶酸中所含的大量单不饱和脂肪酸能够帮助人体散发热量、燃烧有害胆固醇和降低高血脂而受到消费者的青睐，但众所周知，花生也常与其他作物（如棉花）轮流种植，如果这些作物的地里被滥用杀虫剂等化学药物来除草，那么，其后生长在这种土壤里的花生就因吸收了大量的残毒而对人体造成潜在威胁。美国南部一些州曾对棉花地广泛施用"六六六"而最后不得不放弃所有棉花地里生长出来的农产品便是一个很好的例子。还有的制成品，它使用的原料本身容易受到二次污染，再加之在对原料进行深加工并转化为成品的过程中也会产生有毒害物质并危害环境，这就使得该种制成品的消费者或进口地区均暴露于叠加或复合的危险之中。如SITC中第122组的加工烟，其使用的原料——烟叶虽然在目前的种植模式下大多是喷洒有机合成杀虫剂而收获的，但许多国家的烟叶种植区域在历史上曾遭受过大量不太溶解的毒物（如砷酸铅）的累积和几乎永久性地毒化，因此，烟叶的生长环境实在堪忧。再加之在将烟叶制成卷烟的工艺中还会因为香料、香精等添加剂的使用或者机械接触而出现重金属污染物，这就使得进口或消费这种加工烟所面临的潜在危险超出了我们可能的评估水平。[1] 近些年关于中国香烟中重金属含量超标的报道也能部分地说明这个问题。

3.2.2 进口地理方向对区域生态建设的影响

值得我们注意的是，上述进口商品结构对于区域生态建设的影响，是与该地区进口贸易的地理方向共同发生作用的。进口贸易的地理方向反映该地区贸易商品的来源归属，一个地区对于特定资源性产品或工业制成品的进口，通常因为自然因素、地缘因素或历史分工格局等原因，有其相对固定的来源归属地。中国由于森林资源相对稀缺、林产工业布局等原因而主要从俄罗斯、马来西亚、巴布亚新几内亚、缅甸、泰国等地进口木材及其制品，美、日、欧等由于自然原因而主要从中国进口"工业味精"——稀土，肯尼亚由于历史分工格局等原因而主要从欧盟各国进口机械、钢铁、车辆、药品、化肥等。[2] 但问题的关键在于，这些进口产品的原产地并不都会秉着认真负责的态度对有关产品进行严格控制以确保其满足进口国对生态建设的不同

〔1〕［美］Rachel Carson. 寂静的春天［M］. 吕瑞兰，李长生，译. 上海译文出版社，2008：59－60.

〔2〕 http://ke.mofcom.gov.cn/index.shtml

要求,目前的主流价值导向中,经济利益仍凌驾于生态利益之上。2003 年加拿大发生疯牛病,其当年仍向世界各国出口包括活牛在内的各类鲜活牛肉制品 1 068 748 吨,总值 281 932.9 万美元(UN comtrade 数据库)。虽然加拿大本身及其他许多国家均宣称对此采取了相应的检验检疫预案,但根据 Carson(2008)的观点,检验检疫其实也只是一个比较新但不完全有效的措施〔1〕,因此,其牛肉输出对进口国造成的潜在风险我们仍不敢妄下结论。日本、韩国、印尼、越南、菲律宾等国家的沿岸海域水质近年来遭二噁英等物质严重污染〔2〕,但这并没有影响他们对近海鱼类的食用和出口。按照上面的逻辑,进口国从这些国家输入近海鱼贝类产品时对其生态建设的影响仍不能过于乐观。最近有关媒体公布的中国大米污染分布图表明,中国广西阳朔、云南个旧、江西大余等地的土壤均遭受严重的重金属污染,而中国目前几乎没有关于重金属污染土地的种植规范,大量被污染土地仍在正常生产稻米,且污染土地上产出的污染稻米绝大部分可以畅通无阻地自由上市流通,这导致数以千万计的稻农和产区以外消费此种大米的城乡居民受害并面临"四大公害病"风险,同理,如果这些产区的大米未加控制而直接输往国外,也会对进口国的生态建设造成巨大影响。类似的情形还包括 20 世纪日本九州熊本县的鱼、贝等遭水体中有机汞污染,日本富士县的稻米遭土壤中镉污染等。因此,结合前文中有关商品结构对区域生态建设影响的分析不难看出,不同贸易伙伴国在资源布局、产业结构上的生态学特征会直接关系到进口国的生态建设,一国和地区对于进口产品的输入应尽量选择对本国生态建设有利的伙伴国来展开。

另一方面,如果进口国对于特定产品的输入长期依赖于固定的区域范围,这不仅会使自己在政治或经济上处于被动地位(如中国近些年来所面临的"威胁世界森林论"和美、日等国目前面临的"中国稀土限出"窘境等),而且会引起区域生态系统服务功能的过度流动和重新配置。贸易属开放的经济系统活动,贸易商品的生产、运输、交换等活动需不断地从自然界输入资源、物质和能量,即耗费所谓的"自然资本"(Daly,2007),而自然资本的物质流、能量流、信息流构成生态系统服务,对区域甚至整个地球生命支持系统功能的发挥和人类的福利起着至关重要的作用(Costanza,1997)。因此从这

〔1〕 [美]Rachel Carson. 寂静的春天[M]. 吕瑞兰,李长生,译. 上海译文出版社,2008:11.

〔2〕 http://dof.hainan.gov.cn/yyjc/detail.asp? gid=2417

个意义上来说,商品的输入不仅关系到商品生产国的生态系统服务,而且也与输入国的生态系统服务以及生态建设息息相关。就当前的贸易格局而言,发展中国家从发达国家进口电子废弃物,实际上是从国外转入了生态环境处理成本,包括人为的处理成本和生态系统本身吸纳废弃物的生态服务成本;发达国家从发展中国家进口资源、能源性产品,实际上是从这些国家和地区输入了生态承载力(Andersson,2001),并间接消费了贸易伙伴国的生物多样性服务。同样,这里的生物多样性服务不仅具有区域性特征,更重要的是,它具有全球性的正外部性特征。它是地球生命经过几十亿年发展进化的结果,任何地区的生物多样性一旦遭到破坏将可能通过生物链引起连锁反应,对提供生物多样性服务的母国(通常为落后国)、接受生物多样性服务的东道国(通常是工业发达国)乃至全球生态系统造成严重影响。所以,发达国家与发展中国家之间在资源上的这种"中心—外围"关系究竟只是影响发展中国家的生态环境还是最终会牵连到发达国家本身的生态利益我们不得而知。国际社会目前已经认识到生物多样性的重要意义,并开始着手通过有关机制安排来解决全球生物多样性损失的国际市场失灵问题(Barbier,2000),进口贸易作为贸易的一个方面,其可能带来的生物多样性问题以及对区域生态建设造成的影响有望得到缓解。

3.2.3 进口贸易的商品结构与地理方向对区域生态建设影响的有关证据

首先,从各国实践来看,进口的商品结构或地理方向对区域生态建设影响的例子不胜枚举。大西洋中部的圣赫勒拿岛与非洲和南美几乎等距,早年在海上贸易中具有极其重要的战略地位,1513 年人们在此引入山羊并定居后,这里的植物区系便开始完全改变,许多特有植物目前早已灭绝。[1] 1859 年,澳大利亚墨尔本从欧洲引进 24 只家兔供人们欣赏,四年后一场大火烧毁了动物园和装兔子的木笼,幸存的兔子逃到野外迅速繁殖,五六十年后野兔遍布大半个澳洲大陆,并与当地羊群争夺食料,从而使澳大利亚养羊业几乎衰落 100 年。20 世纪 70 年代末,我国台湾地区从南美引进"福寿螺"作为宴席中的美味佳肴,并一度掀起狂热的"福寿螺"养殖风,但后来由于"福寿螺"的肉质不符合本地人口味,养殖户不得不将大量"福寿螺"抛入水中。而"福寿螺"的繁殖力极强,一年约有 400 个产卵期,于是当地农田的

〔1〕[英]Andrew S. Pullin. 保护生物学[M]. 贾竞波,译. 高等教育出版社,2005:97.

水稻嫩叶、蔬菜豆类等作物均被其啃食殆尽。1986 年,泰国一些高级餐馆为满足客人需要,从日本进口了一些金苹蜗牛,当时由于该蜗牛的经济效益很高因而吸引了大量养殖户从日本引进并养殖。后来由于人们食用蜗牛的风气逐渐消退,养殖户无利可图,便将大量蜗牛排放到灌溉水道和公共河道,后又转移到水稻田中,这殃及泰国的农田 11.6 万多公顷,受害农民达 30 余万……

其次,在理论和学术界,目前已经有学者运用不同的方法,从不同的角度,就商品结构与地理方向对区域生态建设的影响进行了卓有成就的探索。黄健等(2008)以湛江港、防城港、连云港、日照港、黄埔港收集到的印尼、菲律宾红土镍矿为样品,用单项污染指数评价了进口红土镍矿中 7 种有害元素(Cd,Hg,As,Cu,Pb,Cr,Zn)对我国环境安全的影响,认为 Hg、Pb、Cu、Zn 含量均在可接受范围,但部分红土镍矿中 Cd、As、Cr 含量较高,存在不同程度的环境污染风险。研究指出,国家应尽快制定红土镍矿中的 Cd、As 控制标准,以防止高风险的红土镍矿进入国境。潘宏伟等(2005)采用 ICP-MS、AFS、AAS 等多种仪器手段对天津口岸进口铁矿石中有毒有害元素的环境安全影响进行了评价并指出,虽然其有毒有害元素对口岸水体的影响很小,但对大气和人体的危害应引起高度重视。另外,就进口来源而言,澳大利亚、巴西、委内瑞拉等国铁矿石中的有毒有害元素均在可接受的水平,但印度、伊朗等地产的矿石中砷、矾、钴、镍含量严重超标,应加强控制。钟莹等(2006)则对深圳口岸进口的铁矿石进行分析发现,来自南非的部分批次当中 Cd、As 含量较高,存在环境污染风险。张小蒂(林业科学,2008)就初级木材进口对我国的短期环境影响和可能的长期环境影响进行研究指出,短期内初级木材产品的大量进口有利于减轻国内木材生产部门的负外部性,但长期看来,进口有可能对国内森林资源培育的经济激励产生负面影响,长期效应与短期效应发生偏离。季春艺等(2010)研究了中国原木进口引起的洲际森林生态足迹转移,她们通过测算认为,虽然 1995—2007 年间从欧洲输入的森林生态足迹有所增加,但这并不支持"中国原木进口威胁世界森林"的看法,因为从全球各洲来看,中国原木进口引起的生态足迹转移量远小于原木来源地的生态承载力。张丽君(2008)针对中国目前大豆进口量大但 80% 为转基因大豆的情形指出,转基因大豆的进口,一方面由于其成本低、出油率高等特点,使得中国食用油加工企业的生产用料发生转移,影响到中国油料作物种植者的生产积极性,并最终造成本土大豆生产资源环境恶化;另一方面,转基因大豆及其制品也由于其引入外部基因而可能对人体健康和内部系统产生重大影响,增加患病的可能性。

3.3 出口贸易对区域生态建设的影响

出口与进口一样,是一国或区域对外贸易的两个方面之一。同进口贸易相比,出口贸易对区域生态建设的影响有其自己的特点,主要可从以下两方面来概括:出口商品结构(这里不考虑地理方向)对区域生态建设的影响;出口贸易方式对生态建设的影响。

3.3.1 出口商品结构对区域生态建设的影响

如果说一国的进口商品结构主要反映出该国对于不同资源产品的依赖或对消费商品的不同偏好,那么,一国的出口商品结构则更倾向于反映出该国和地区的生产力发展水平及其在国际分工中所处的地位。例如,给定一国出口商品结构主要为资源密集型的初级产品,我们至少可以推出两种情形:一是该国生产力水平相对落后;二是该国资源禀赋相对丰裕。因为根据新古典贸易理论(H-O),资源相对丰裕的国家由于资源供给相对充足从而资源价格低廉并使其在资源产品生产上具比较优势,其参与国际分工也应建立在资源密集型生产专业化基础之上。而且,许多国家和地区的现状表明,资源越丰富的地区生产力水平也越低下,甚至出现所谓的"资源诅咒"效应。当然与此相对应的是,一国出口商品中制成品所占比重较大,说明该国生产力水平也较为发达,制造业在国民经济中居统治地位并具备一定的国际竞争优势。出口商品结构对区域生态建设的影响同样可以从初级资源产品与制成品两个方面来考察。

3.3.1.1 *初级产品出口对区域生态建设的影响*

初级产品主要是指人们经过劳动,从自然界获得的,有待进一步加工或已经过简单加工的产品。按其自然属性,初级产品大致可分为野生生物资源产品与非生物资源产品两个大类。初级产品的出口,必然涉及对这两类资源的开发和利用,这对于开发地的生态建设无疑具有重要意义。

(1) 野生动、植物资源及其产品的出口对区域生态建设的影响。虽然目前我们在传统农业的基础上建立起了现代化的工业体系,但对于野生动、植物资源的获取仍是人类一项主要活动。如我们所吃的鱼,就多数来自于野生的种群。如果我们因为(食物、建筑材料或服装等用途)出口而不停地从野生动、植物种群中收获个体,就很容易造成对这些种群的过度开发。种群在有限资源条件下的增长常用逻辑斯蒂方程(logistic equation) $dN/dt = rN[(K-N)/K]$ 来描述。r 是通过繁殖而增长的能力,N 是种群大小,K 是种群容纳量。当收获率超过了个体的更新率 r,那么即使更新率达到了最大,该种群也会崩溃。通常,被狩猎的大型兽类,其 r 值都是很低的,因此,这些动物种群很容易被过度狩猎所耗尽,即使停止了狩猎活动,也要花很长时间才能够恢复。而一些增长率很高的物种如鱼类,国际市场旺盛的需求和高效的捕捞手段也使得收获量远远超过种群的更新能力,因此,目前国际资源总体形势是过度开发。另一方面,出口初级产品中所涉及的这些野生动植物物种在生态系统中都有自己特定的角色,如有的是初级生产者,有的是顶级捕食者,有的是食腐者,有的是传粉者,有的多种角色兼而有之,一旦因过度开发而被消耗殆尽,就会通过各种途径影响到区域生态系统的平衡。如有些处于食物链顶端的肉食性鱼类一旦消失,海洋生态系统就会中断,食物链底层由于失去天敌的控制而遭受猛烈冲击,而且,消失鱼种的生物量会被食物链底层有机体的生物量有效取代,造成生态系统动态的巨大变化,并给许多物种和生物多样性整体带来所谓"敲击效应"。如南极海洋中鲸的消失,似乎已经极大地增加了南极磷虾的数量,并引起了南极海洋生物多样性的整体变化。

(2) 非生物资源及其产品出口对区域生态建设的影响。非生物资源出口对区域生态建设的影响主要涉及人们对矿产资源的开采(注:后面对制成品的分析主要强调对其的利用),包括煤、煤层气、石煤、油页岩、石油、天然气、铀、钍、地热等能源矿产和其他一些金属或非金属矿产的开采等。这些矿产资源是在漫长的地球活动历史过程中形成,并经过各种地质运动后富集起来的,一经开采,在人类历史的相对短暂时期内,绝大多数都不可再生。[1] 对矿产资源的开采,一是会造成景观的破坏,引发各类地质灾害,如崩塌、滑坡、泥石流、矿井突水、地面变形等;二是会危害到矿区周边的植被,导致植被枯萎和死亡。特别是露天采矿要对覆盖在矿床上部及其周围的表土进行剥离,这会使矿区原有的地表生态系统遭受破坏,水土流失加剧,土地生产力下降,土地沙漠化扩张等。除此以外,矿产资源开采还会造成环境

〔1〕 中国21世纪议程管理中心可持续发展战略研究组.发展的基础:中国可持续发展的资源、生态基础评价[M].社会科学文献出版社,2004:125.

污染，影响矿工的身心健康和居民生活。如煤炭开采过程中所造成的大气污染和噪声污染，很容易使作业矿工出现健康或情绪问题，而偶发的崩塌或爆炸事件则往往以矿工的生命为代价，使其原本就处于贫穷状态的亲人和家属的生活更是雪上加霜，这与生态建设和生态文明的发展方向是不一致的。矿产开发活动是依托特定生态地质环境背景的特殊人类活动，因资源禀赋与环境差异，当不同区域的矿业活动与生态地质环境承载力不匹配时，就会产生各种影响环境系统及矿业活动正常运行的事件，造成不同形式和期次的潜在损失，当这种潜在损失对生态地质环境的组成要素及经济活动产生某种影响时便构成生态地质环境风险，并影响区域生态建设进程。

用于出口的非生物资源在开发过程中除了会通过以上途径影响区域生态建设进程以外，还有许多其他的方式，比如，淡水资源的过度提取可能会使草甸沼泽（即低位沼泽）与森林沼泽（即中位沼泽）湿地中的地表逐渐变干，并使这些地方快速向林地演替，从而丧失早期演替的各种湿地生物群落；矿产资源开发会通过污染和改变气候，对野生动植物资源带来间接影响；还有，矿产资源开发过程中会衍生出工作人员对大米小麦等自然资源的消费和机器运转对化石燃料的消耗；等等。虽然这些淡水资源和用于消费的大米、小麦等并不直接参与贸易过程，但目前已有学者开始用生态足迹法、虚拟水贸易来对其进行研究（戴明辉，2010；刘幸菡，2005），这说明，对于它们的利用和管理也是构成生态建设的重要组成部分。

此处还需进一步说明的是，初级产品出口对区域生态建设的影响还与社会历史发展阶段有一定关系。史前文明时期，有些生物或非生物资源（主要是生物资源如森林、林中动物）虽然由于贸易等原因也曾被过度开发，用于不同聚落和民族之间所谓的“共生贸易”[1]，但当时的这种开发毕竟只是发生在局部地区，而且也只是偶然现象，尽管有时也会造成个别物种的灭绝，但总体而言，它对于区域生态环境的影响是微乎其微的。一方面，这种开发、利用和贸易行为会使生物多样性丧失，破坏生物多样性程度高的演替晚期系统，并为少数先锋物种创造可乘之机；另一方面，偶尔的自然干扰（如暴风雨、火灾、洪水等）又能为先锋物种创造立足的机会，并使其在系统中部分得到保留，不至于遭到演替晚期物种的排挤，从而使生物多样性增加。这两个方面的共同作用基本能使当时的生物多样性维持在

〔1〕 陈国强，石奕龙．简明文化人类学词典［Z］．浙江人民出版社，1990：179.

较为稳定的水平。随着人口的增长、生产力水平的提高和世界市场的形成,越来越多的物种与资源在局部尺度上被获取以供国际市场的医药、食用、观赏等之用。它们最初往往能为出口部门换回数量可观的货币收入或其他利益,但这些利益或利润又会吸引更多的企业和个人来开发这些物种,于是种群数量开始出现不足,对它们的收获也变得越来越困难,这时市场会向国外的消费者抬价,生产与开发商之间也出现竞争,并推动原物种收获效率的提高,有的甚至将开发活动转向该地区的其他替代物种或其他地区的相关物种,这种恶性循环的最终后果将导致物种与资源的耗竭,生态建设成一纸空文。

3.3.1.2　工业制成品出口对区域生态建设的影响

有关工业制成品出口贸易对区域生态建设的影响,学界一般关注相应出口制造部门的工业"三废"对生态环境的污染效应(尹显萍,2008;何洁,2010)。

根据国民经济行业分类,制造业包括13~43大类的农副食品加工业,食品制造业,饮料制造业,烟草制品业,纺织业,纺织服装、鞋、帽制造业,皮革、毛皮、羽毛(绒)及其制品业,木材加工及木、竹、藤、棕、草制品业,家具制造业,造纸及其制品业,印刷业和记录媒介的复制,文教体育用品制造业,石油加工、炼焦及核燃料加工业,化学原料及化学制品制造业,医药制造业,化学纤维制造业,橡胶制品业,塑料制品业,非金属矿物制品业,黑色金属冶炼及压延加工业,有色金属冶炼及压延加工业,金属制品业,通用设备制造业,专用设备制造业,交通运输设备制造业,电气机械及器材制造业,通信设备、计算机及其他电子设备制造业,仪器仪表及文化、办公用品机械制造业,工艺品及其他制造业,废弃资源和废旧材料回收加工业等31个产业部门,工业制成品也相应地由这些部门所生产和加工的各类产品组成。无论哪类工业制成品,包括尚需进一步加工的中间品和无须再加工的最终品,从其构成材料的理化性状来看,其实都直接或间接来源于初级资源,来源于环境要素;从生产过程来看,它们都需要投入原材料、劳动力、中间品、资本品及燃辅料,并产出成品和废物等。因此,工业制成品出口对区域生态建设的影响一方面表现为工业品原材料所需的初级资源开发对生态系统的影响;另一方面则表现为工业生产过程和体系对环境的影响。[1] 前者已在上文中有

〔1〕其实至少还包括出口物流过程中对环境的影响,但此处暂不考虑这种影响。

所讨论,此处着重强调的是后者,即工业生产过程特别是机器化生产过程对环境的影响。

工业制成品的一个重要特点就是要经过复杂加工。通常产品在生产前要进行生产准备,包括产品设计、生产工艺设计、设备选型与安装、原辅材料的准备等,然后按照一定的工艺要求和参数对包括水、电、汽在内的原辅材料进行加工使其发生物理变化或化学变化并最后生成成品或中间品。但是这些产品在生产过程中也会因为不同的原料、工艺和设备等原因而产生工业“三废”,即废气、废液、废渣,对环境和生态建设带来一定影响。以钢铁产品生产为例,在炼焦过程中,装煤时会产生粉尘,炭化时会从锅炉盖漏出煤气,出焦炭时会从窑口部和焦炭拦焦车内逸出烟尘和灰尘,炼焦炉煤气中又含有硫分,对原料煤储存、搬动、加工时进行除尘,对设备进行冷却,对粗苯和精苯加工的蒸气进行冷凝等又会产生废水;在高炉炼铁过程中,原料传送带、烧结机排矿部、成品处理输送系统等会产生粉尘,高炉煤气洗涤和冲渣会产生废水;在转炉炼钢和热轧钢过程中,选铁分块、连续铸造等会产生粉尘、NO_2、SO_2 等废气,除尘、冲渣、设备和产品的直接冷却等都会产生废水;除此以外,从选矿到冷轧、电镀整个过程会产生尾矿、高炉矿渣、钢渣、铁合金渣、化铁炉渣、电厂烟道灰、LF 精炼废渣、焦炭屑等固体废弃物,这些工业“三废”如果得不到及时科学的处理,不仅会影响生态环境,还会对人类健康带来严重影响。

(1) 用于出口的制成品生产过程中工业废气对生态建设的影响。工业废气中造成环境污染的主要是 SO_2、氟化物、CO_2、烟尘及其他粉尘等成分。SO_2 为无色有刺激性气体,它能刺激人的眼睛、损伤呼吸器官、损伤和抑制植物生长。SO_2 在大气特别是污染大气中很不稳定,易通过光化学氧化、均相氧化及多相催化氧化等生成 SO_3,进而生成毒性比 SO_2 大 10 倍的硫酸或硫酸盐。硫酸在大气中可存留 1 周以上,能飘移至 100 公里以外或被雨水冲刷,造成远离污染源以外的区域性污染,还通过干(湿)沉降的形式降落到地面,造成土壤、水体酸化,影响植物、水生生物的生长,给人类生产和生活带来危害。火力发电厂、有色金属冶炼厂、硫酸厂、炼油厂和所有烧煤或油的工业锅炉、炉灶等都排放 SO_2 烟气。氟化物是一类对动植物和人类毒性较强的大气污染物,主要包括氟化氢(HF)、四氟化硅(SiF_4)、氟硅酸(H_2SiF_6)、六氟化硫(SF_6)及氟(F_2)等。氟化物主要以气体和含氟粉尘的形式污染大气。HF 气体易与大气中的水汽结合形成氢氟酸,SiF_4 在大气中易与水汽结合形成水合氟化硅和易溶于水的氟硅酸。特别是 SF_6,由于其在大气中的寿命极长(通常超过千年),同时具有极强的长波辐射吸收能力,因此被《京都议定书》列为受控的 6 种温室气体之一。工业废气中的氟化物主要来源于一些使用萤石、冰晶石、磷氟石和氟化氢的企业如炼铝厂、炼钢厂、玻璃厂、磷肥厂,以及一些以土为原料的陶瓷、砖瓦企业等。CO_2 是一种无毒气体,对人体无显著危害作用,但它是一种重要的温室气体,对全球气候变化和生态环境影响巨大。CO_2 对 12 ~ 18um(微米)的红外线有强烈的吸收作用。因此,低层大气中的 CO_2 能有效吸收地面发射的长波辐射而使地球近地面大气变暖。气候变暖会引起海平面上升,并威胁低地势岛屿和沿海地区人民的生产、生活和财产。有预测表明,如果大气中的 CO_2 浓度增加 1 倍,全球温度将上升 3 ~ 5℃。此外,工业烟尘和粉尘能影响光照强度和每天的光照时间,对植物的光合作用产生重要影响,烟尘中还含氮氧化物、碳氢化物、一氧化碳、氯气等有害物质,碳氢化物能被大气中的 O、O_3、HO·、HO_2·等氧化,产生危害严重的二次污染物,并参与光化学烟雾的形成。

(2) 用于出口的制成品生产过程中工业废水对生态建设的影响。工业废水是工业生产过程中产生的废水、污水和废液,其中既包括随水流失的工业生产用料、中间产物,还包括生产过程产生的污染物。工业废水按所含主要污染物的化学性质可分为有机废水和无机废水,按废水中所含污染物的主要成分可分为酸性废水、碱性废水、含氰废水、含铬废水、含镉废水、含汞废水、含酚废水、含醛废水、含油废水、含硫废水、含有机磷废水和放射性废水。不同的产品性质和工艺过程所产生的废水其污染物性质和成分各不相同。如纺织印染废水总体上为有机性废水,包括天然有机物质(天然纤维所含的蜡质、胶质、半纤维素、油脂等)和人工合成有机物质(染料、助剂、浆料等);电镀废水和矿物加工过程的废水属无机废水,食品或石油加工过程的废水是有机废水;冶金、金属加工的酸洗工序以及人造纤维、酸法造纸的工业废水主要是酸性废水,而碱法造纸、化学纤维、制碱、制革、炼油等工业的废水主要是碱性废水;有色金属冶炼过程排放的废水中含砷、镉、铅、铬等重金属离子;医药化工废水中含脂肪、醇、酯、苯、金属离子等各种物质。工业废水无论其成分和性质如何,都会给环境带来一定影响。

表3-1　水中污染物质的主要来源

污染物	主要来源
Pb	金属矿山、冶炼厂、汽油、电池厂、油漆制造厂、印刷厂、铅再生厂
Hg	汞极电解食盐制碱厂、汞制剂农药厂、化工厂、雷汞制造厂、纸浆造纸厂
汞及有机汞	温度计厂、电气仪表厂、炼汞厂
Cd	金属矿山、冶炼厂、电镀厂、镉电池厂、化工厂、特种玻璃制造厂
Cr(Ⅵ)	矿山、冶炼厂、电镀厂、铬鞣皮制革厂、颜料厂、催化剂制造厂、合金制造厂
As	冶炼厂、药品厂、玻璃厂、涂料厂、农药制造厂、化肥厂
氰化物	电镀厂、焦化厂、煤气厂、金属清洗
有机磷农药	农药制造厂和农田施用
有机氯农药	农药制造厂和农田施用
酚	焦化厂、煤气厂、炼油厂、合成树脂厂
游离氯	造纸厂、织物漂白
石油烃类	石油的开采、运输及炼制，石油化工厂

注：资料来源参见陈永亨（2004）。

有机废水中含有大量的有机物如CH化合物、蛋白质、脂肪、木质素等，这些物质如果不经处理而直接排入河流、湖泊或水库里，它们将因分解而消耗水中的氧。如果水体中的溶解氧被耗尽，有机物又被厌氧微生物分解，就会发生腐败现象，产生甲烷、H_2S、NH_3 等恶臭物质，使水质发臭。有的工业废水中还含有石油等物质，由于石油比水轻且不溶于水，它往往会在水面形成薄膜层，一方面阻止大气中的水在水中溶解，另一方面因石油膜的自身生物分解和自身氧化作用会消耗水中大量的溶解氧，致使水体缺氧。油膜堵塞鱼鳃会使鱼呼吸困难，甚至引起鱼类死亡，若直接用于农业灌溉，则会因油膜黏附在农作物表面而使其枯死。水体遭到酸碱污染后，酸碱度会发生变化，当 $pH < 6.5$ 或 $pH > 8.5$ 时，水中的微生物生长受到抑制，水体自净能力受阻，并腐蚀水下设备和船舶。工业废水中的重金属离子可被水中悬浮物或底泥等胶体粒子吸附而富集，也可通过水解形成氢氧化物、硫化物和碳酸盐等沉积物，还可与一些阴离子和腐殖酸等形成各种较易溶解的配合物，并释放出来进入水体，通过食物和饮用等进入人体，并在一定部位积累，形成慢性中毒。

（3）用于出口的制成品生产过程中工业废渣对生态建设的影响。工业废渣因生产过程中所用原料种类、反应条件、二次回用方式等而有所不同，如钢铁厂的钢渣和矿渣、煤矿的煤矸石、铝厂的赤泥、火力发电厂的粉煤灰等。但总的来说,工业废渣种类繁多,组分复杂,部分有毒。其对区域生态建设的影响主要表现在:首先,工业废渣的堆存需要占用一定土地,而且一旦泄露,其污染半径通常是堆存半径的几十倍甚至上百倍。其次,工业废渣容易造成水源污染。部分工业废渣中含有砷、镉、汞、铅、铬等金属离子或剧毒物质,在堆积过程中易与周围环境发生理化作用,形成新的物质形态,进入地下水系统并随之迁移,流入水源地或天然排泄区,造成环境污染。再次,工业废渣的大量堆积易对周边原生的生物多样性产生致命影响。生物多样性丧失后,受损生态系统的恢复会变得极其缓慢,同时由于渗滤液对下游和周围地区产生污染,也间接影响到周围地区的生物多样性。

3.3.2 出口贸易方式对区域生态建设的影响

在出口业务中,国际买卖双方常常通过函电往来或面谈等方式达成各种贸易合同并履行相应的权利和义务,具体可能涉及包销、定销、海外代理、寄售、展卖、招标与拍卖、补偿贸易、加工贸易等内容和形式。这些不同的贸易形式本身对于区域生态建设并无太多的直接影响,但不同贸易形式下,价值链的构成方式不尽相同,从而对于区域生态建设的影响也不尽相同。这里主要就海关统计中两种最主要的贸易方式来作简要分析。

3.3.2.1 加工贸易出口对区域生态建设的影响

加工贸易分进料加工与来料加工两种情形。进料加工是由国内企业用外汇买断国外的原辅料,利用本国的生产能力加工成成品后主动返销国际市场;来料加工是"两头在外"的情况下被动接受国外的原辅料、技术标准和客户安排来进行生产加工。但无论是进料加工还是来料加工,它们都属于进口原料、加工后复出口业务,这就意味着产成品在国内的产业链相对较短,从而对区域生态建设的影响也减至了最低。

原料或零部件由国外"间接生产",这就节约了国内产能和环境要素的消耗。因为根据循环经济理论,任何产品的循环运动都要经历环境要素到产品再退化成环境要素这样一个过程。在其产品运动路线的第一阶段即由环境要素转化为产品的阶段,人们根据自己的生产目的和对财富的不同追求来控制其生产要素的转换及生产过程的空间转移(如在新疆生产棉花在上海加工棉衣),这个要素转移与空间转移的过程越长,则由此产生的生产关系也越复杂,各环节对于自然环境的漏出也越多,最终对人们生活水平的消极影响也可能越大。原料或零部件生产环节的移除,意味着这种不确定性因素的减少,同时也节约了生产要素转化的数量和时间。

加工贸易的成品最终消费或使用是在国外(加工贸易转内销除外),这从某种意义上来说也是保护了本国环境。循环经济理论认为,产品虽来自环境要素,但其退化而来的环境要素却不同于自然界中的环境要素,在开路式的产品循环运动中,它们很可能是有害的负产品(产品与负产品是相对而言的,一个有利,一个有害),即使这些负产品能被再次转化为产品,但其转化速度也会比先前由环境要素转化为产品的速度慢得多,更何况,有些负产品是完全无法再循环利用的,只能永久性地作为有害物质存留在生物圈中。[1] 因此,产品的最终消费和使用在国外实际上节约了国内生态环境对于废弃物的承载和吸纳能力。而且,即使是(有用的)产品也都是有生命周期的,只是时间跨度的问题,例如手机产品可能一两年、电视机产品五六年不等,一旦生命周期结束或是由于消费偏好等原因而被淘汰成为废弃物,在当前国际社会对废弃物处理手段尚不完善的情况下对区域生态环境产生的影响是巨大的。

当然,无论是来料加工还是进料加工,其在操作上都有一定的弹性空间。从事来料加工的企业有时也会因为生产工序或业务关系(深加工结转)等原因使用部分国产料件来替代进口料件生产加工并出口,从事进料加工的企业有时也并不是所有的零部件都使用外汇购入,这里面都可能涉及国内产业链的间接延长问题。但是,总体来说,延长部分还是相对有限的,因为海关规定,来料或进料部分的价值应不小于出口成品原辅料总值的百分之二十,不足百分之二十的,按一般贸易统计。更何况,加工贸易出口中使用过多的国内料件会面临核销困难和补收进口关税、进口增值税等问题,进料加工出口中使用国内料件也会面临退税收入减少的问题,这两个因素都能在一定程度上打击生产企业使用国内原辅料的积极性,从而减少产品生产运动过程对于国内资源与环境的消耗。

3.3.2.2 一般贸易出口对区域生态建设的影响

一般贸易是与加工贸易相对而言的。在一般贸易出口方式下,有进出口经营权的企业无须刻意地以另一种身份从国际市场上进口原材料,而只需在政策允许范围内按自己的经营意图进行正常的出口贸易。对于出口产品的生产和组织安排,既可以使用进口料件,也可以使用本国料件,海关监

〔1〕 谭根林. 循环经济学原理[J]. 经济科学出版社,2006:53 - 56.

管也相对加工贸易要松。在我国的实际业务中,以一般贸易方式出口的产品大多在国内采购原材料,出口主体也以民营、私营企业为主。这些企业深深植根于本土,在本区域的产业分工协作中与其他上下游企业有着千丝万缕的联系。也正因为这样,一般贸易出口具有产业链条长、带动能力强等特点,在一定经济发展阶段,能有效缓解产需结构矛盾,拉动关联产业的快速集群发展,提高企业的国际竞争能力。[1] 但是,随着专业化协作程度的进一步加深,产业链条的无限延长,我们不能排除产品运动过程中由于国内环节过多而导致负产品增加的可能性。另外,一般贸易出口由于需要按照正常程序进行,包括出口配额、出口许可证、原产地证书、动植物检验检疫等申请、报关与出口关税的缴纳等,因此,它对于区域生态建设的影响还会通过国家相关职能部门对于这些环节的控制来实现。

以上是就循环经济理论中有关投入和转化过程的特点来讨论一般贸易与加工贸易对区域生态建设的不同影响,得出的可能结论是:一般贸易较加工贸易对区域生态建设的影响要大。但如果我们再从实践出发,加入制度的因素来考虑,则结果可能是另外一番景象。以发展中国家(中国)为例,在国内从事加工贸易的多为劳动密集型产业,当然近些年来机电、高新技术产品在加工贸易出口结构中的比重不断上升,但由于加工贸易在中国对外贸易中的传统地位举足轻重,政府对其经营主体(多为外商)在准入、加工过程中的监管和审查也相对较松,这为许多外商以投资为名向国内转移污染产能带来可乘之机,有的加工企业甚至在排污方面也同地方政府达成类似"超国民待遇"的协议,给本地环境保护带来严重影响。2006 年,公众与环境研究中心公布的一份从各地方环保局网站搜集的污染企业"黑名单"中就有来自日本、美国、英国、德国、瑞士等发达国家的 33 家在华知名跨国公司,涉及食品、电子、化工、机械制造等诸多行业。如:上海松下电池有限公司(母公司日本松下电器排名第 47 位)被认定为"废水处理设施未保证正常运转致废水超标排放"、长春百事可乐公司(母公司美国百事排名第 175 位)被认定为"超标排放污染物废水"、上海雀巢饮用水有限公司(母公司瑞士雀巢集团排名第 53 位)被认定为"环保设施未经验收,主体工程擅自投入生产"、上海研磨产品制造有限公司(母公司美国 3M 排名第 301 位)被认定为"未办理环境影响评价审批手续,擅自投入生产使用",另外还有德国诺尔起

〔1〕 http://jiangsu.mofcom.gov.cn/aarticle/sjgongzuody/200601/20060101345129.html

重设备有限公司在福建投资的一家公司"未建污染治理设施便擅自投入生产"、日本雅马哈发动机株式会社的下属独资企业在湖南株洲的"电镀生产线存在重大环境安全隐患"、世界上规模最大的专门生产离子交换树脂的跨国集团英国漂莱特集团在浙江的下属公司被列为浙江2005年省级重点污染企业之一等[1]，它们之中的许多除在国内直接销售产品或由加工转内销外，都存在部分加工贸易出口行为。有评论指出，20多年来，不少境外投资者把中国大陆看作是投资最理想的场所，其中一个重要原因就是看中了中国大陆对环境的要求不高。这些企业在提供就业岗位的同时，也消耗掉东道国大量的能源和原材料，各种工业废料与污染物一并转嫁。有些地方政府为了吸引外资，对个别外企的环境违法现象"睁一只眼，闭一只眼"，地方环保机构对环境破坏的处罚力度也不大，这让个别外企存在侥幸心理。嘉士伯在甘肃的一家啤酒厂，两年时间没有污水处理设施，当地环保部门唯一的监管就是每年罚2次款，一次5 000元人民币，而建一个污水处理厂的成本是390万元，足够企业罚390年。[2] 由此可见，制度对于区域生态建设的影响是至关重要的，不过这超出了本部分讨论的范围，在第四节中会有所论及。

3.3.3 出口贸易对区域生态建设影响的有关证据

就出口商品结构而言，野生动植物资源的合法与非法贸易已经对各区域乃至全球的生态建设产生了重要影响。20世纪中后期，因宠物需求的兴起，南美的鹦鹉、玻利维亚的蓝喉鹦鹕、巴西的小蓝鹦鹕等珍稀鸟类被大量出口至国际市场，导致这些鸟类种群处于灭绝的边缘；亚洲苏门答腊等地的虎产品（虎骨、爪、牙、鞭等）[3]，也门共和国的犀牛角，中国的海马海龙[4]，非洲博茨瓦纳、纳米比亚、津巴布韦等地的象牙等动物器官的大量出口也使其相应物种受到严重威胁。目前，虎的野外种群总数已经不足7 000只，被IUCN列为濒危种，巴厘虎、里海虎、爪哇虎等3个亚种虎已经消失，大象、犀牛等动物除了自然保护区以外，我们已经很少能看到其踪影。当然，

[1] 跨国公司在华污染调查："黑名单"牵出33家知名外企[N].南方周末，2006-10-27.

[2] 环保部排污黑名单出炉：多家国企成钉子户[N].21世纪经济导报，2010-04-04.

[3] Plowden, C. &Bowles, D. The illegal market in tiger parts in northern Sumatra, Indonesia[J]. Oryx, 1997(31): 59 - 66.

[4] Vincent, A. C. J. Trade in pegasid fishes (sea moths), primarily for traditional Chinese medicine[J]. Oryx, 1997(31): 199 - 208.

这些行为早已经引起国际社会的高度关注。如1975年开始生效的CITES，其宗旨就是要防止活体动植物及其身体器官的国际贸易对它们造成过度开发。国内方面，戴明辉等(2010)用生态足迹法计算了我国安徽省自然资源出口情况后发现，2002年以后，安徽的耕地足迹输出比重下降，林草地生态足迹输出比重上升。他们建议在巩固已有生态建设成果基础上推进第二阶段即全面建设阶段，从优势产品中重点遴选果蔬、茶叶、药材、竹藤草柳等生态换汇成本较低的产品，结合安徽省情和国际市场的变化情况，做好产业规划，促进安徽出口贸易的可持续发展。都沁军等(2010)用生态足迹法探讨了矿产资源开采对生态环境的影响。他们建立了由矿产资源开发生态足迹、矿产资源开发消费生态足迹、矿产资源开发地质灾害生态足迹和矿产资源开发污染生态足迹构成的账户体系，以山西省2000—2005年煤炭资源开发为例进行实证分析，结果表明，煤炭资源开发所需要的环境污染生态足迹最大，其次是资源消耗的消费生态足迹。由此也可判断，该文实际上是支持诸如煤等非生物资源的开采和出口会影响区域生态建设观点的。另外，赵银兵等(2010)以甘孜州东部为例对矿产资源生态地质环境风险的研究、张复明(2009)对矿产资源开发负效应与资源生态环境补偿机制的研究等都支持了类似的观点，即初级产品的开采和出口会影响区域生态建设进程。

工业制成品出口方面，尹显萍等(2008)在研究其对我国环境的影响效应时，选取了纺织、金属冶炼、采掘业、造纸等十一个行业出口产品生产过程中的工业"三废"排放量作为衡量指标，通过对统计数据进行分析发现，工业废水废气排放增长率总体呈上升趋势，但工业固体废弃物排放量在不断下降。其中尤以纺织、皮革对废水的排放，金属冶炼对废气的排放增长最为显著。何洁(2010)则关注了贸易中的排放，他通过一个四方程联立系统证明了中国出口对工业排放量的总影响是负的，出口占GDP的比重上升1%，会使工业排放量下降0.107 6%。就出口贸易方式而言，刘婧(2009)根据1980—2007年我国一般贸易与加工贸易出口额和环境污染(以工业"三废"排放量为代表)的数据，利用ARMA模型对一般贸易与加工贸易对环境污染的影响进行了实证研究，结果表明，一般贸易出口对工业废气污染的影响较大，加工贸易出口对工业废水和工业固体废弃物污染的影响较大。黎国林、张伟(2012)对1993—1994年、2009—2010年两个时间段加工贸易14个行业的出口含污量、进口含污量及污染转移的贸易条件进行了实证分析，发现从相对量来看加工贸易对环境污染状况有所改善，但从总量来看加工贸易是我国对外贸易污染环境的主要来源等。

总之,目前有关研究也表明,野生动植物资源的出口、非生物矿产资源的开采与贸易、工业制成品的出口、一般贸易出口和加工贸易出口等都会给区域生态建设带来一定影响。

3.4 区域生态建设对对外贸易的影响

如第一章所述,核心层面的区域生态建设主要涉及自然资源、农业、林业、水土保持和防沙治沙等领域,具体包括天然林保护、植树种草、水土保持、防止荒漠化、草原建设、生态农业等项目和内容,而广义层面的区域生态建设则除此以外还涵盖环境污染的治理、生态制度的建设等方面。如果说核心层面生态建设的侧重点在于自然生态系统的话,那么广义层面生态建设则将这一范围扩展到了人工生态系统;再进一步从三次产业划分的角度来看,核心层面生态建设似乎更为关注第一产业,而广义层面生态建设似乎更关注第二产业和第三产业。目前在生态建设对贸易的影响方面,除部分学者从广义层面探讨了生态建设(如环境规制)对贸易的影响外,其他较少有人论及。本节综合考虑两个层面生态建设的不同侧重点,并兼顾其对于对外贸易影响传导机制在理论上的可追溯性,从以下几方面来进行分析和探索:

3.4.1 自然范畴的资源保护对对外贸易的影响

从国内外学者对于"资源诅咒"命题的实证检验来看,许多国家和地区是存在"资源诅咒"悖论的,即资源越多对地区经济的发展越是构成约束。在这种逻辑下,资源保护给对外贸易带来的影响很可能是负面的。因为资源保护会使资源存量趋于增加,资源存量增加会束缚经济发展,而贸易是经济发展的重要内容之一,因此,资源增加同样会束缚贸易发展。但从保护生物学的角度来看却并非完全如此。按照苏联生态学家亚尼茨基(O. Yanistky,1981)的观点,生态建设是按生态学原理建立起来的一类社会、经济、自然协调发展,物质、能量、信息高效利用,生态良性循环的人类聚居地,即高效、和谐的人类栖境。从我们国家对陆地生态环境建设的规划重点来看,无论是自然资源保护、植树种草、水土保持、防止荒漠化还是草原建设,其直接目的不外乎是生态学意义上对于植被的恢复和对于野生动植物资源及其生物多样性的保护等,但这种生态学意义上的保护是否真的会落入“资源诅咒”的陷阱,对经济贸易发展施加约束呢?

就保护生物学的理论视角来看,贸易的基础和前提应该是“有物可贸”[1],没有自然生态系统和其中的动植物种群,贸易商品的生产和开发就失去了其赖以存在的生物基础。要实现贸易的可持续发展,必须对种群进行可持续收获。一个简单的种群增长模型(population growth model)可用如下逻辑斯蒂方程(logistic equation)来表示:

$$\frac{dN}{dt}=rN\left(\frac{K-N}{K}\right)$$

其中,dN/dt 是种群大小在时间上的变化;r 是种群通过繁殖而增长的能力,即增长率;N 是种群大小;K 是容纳量。

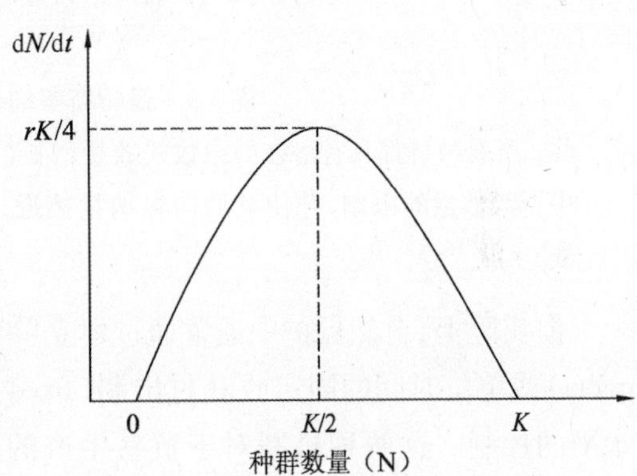

图 3-2　种群最大增长示意图

注:按照逻辑斯蒂方程预测,种群增长会随着种群的数量而出现变化,当种群数量达到容纳量的一半时,可获得其最大增长值。

当收获水平超过种群通过繁殖而增长的补偿能力时,就会出现对某个物种的非持续利用。因此,为了保证对种群的可持续收获,以及贸易生产活动的持续进行,必须计算最大持续产量 MSY(maximum sustainable yield),即可以从种群中无限获取的、最大限度的、绝不伤害该种群的收获量。理论上说,该数量在种群数量为环境容纳量一半左右时可以实现。如图 3-2 是 dN/dt 与种群数量 N 的关系图,曲线的峰值在 0 与 K 中间,表示种群在 $N=K/2$ 时增长最快,如果收获后所剩个体正好为这一数值(取走种群按 $rK/4$ 增长的个体),种群将不再增长,但在下一时间间隔,种群会再次按这一最大增长值生产出新的个体,并可以再次被收获。这时的种群正处于逻辑斯蒂曲线中的指数式增长阶段(图 3-3)。

---

〔1〕 程名望,王莉. 环境对国际贸易的积极作用和消极影响[J]. 国际经贸探索,2008,24(3):14-18.

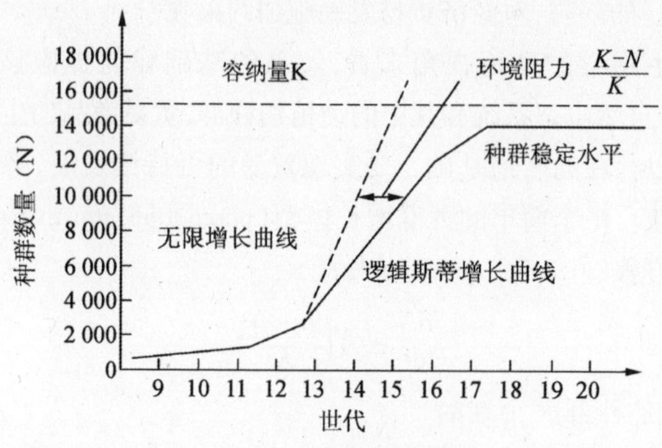

图 3-3　逻辑斯蒂增长曲线

注：所有种群都具有潜在的指数式数量增长（虚线），但它们最终会受到环境中资源数量的限制，并使它们向容纳量接近，从而变成 S 形的增长曲线（实线）。

但实际上，自然保护中通常通过建立单位时间的固定收获配额制（fixed quota）或单位时间的固定收获付出制（fixed harvesting effort）来实现对收获水平的控制。这两种机制对于贸易生产的生物基础——种群影响是不同的。前者是以一个固定的量（重量或数量）来收获一个物种，而不考虑要付出多少努力。这时，配额量常常可能是 *MSY* 值。前面提到，*MSY* 值在理论上常常与 $N=K/2$ 对应。但问题在于 K 值是什么。如图 3-4 所示，如果根据 MSY 确定的配额去收获种群时，种群数量超过环境容量的一半即 $N=K/2$ 时，种群是朝着 $N=K/2$ 下降的，但如果这时种群数量还不到 $N=K/2$，那么种群就会趋于灭绝，为贸易而进行的生产开发活动就失去了其物质基础，那时我们真有可能面临“无物可贸”的窘境。

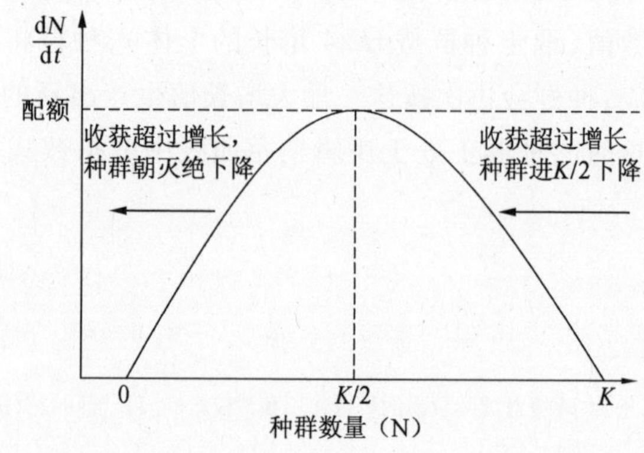

图 3-4 固定收获配额制度的效果

单位时间固定收获付出制不同(图 3-5),它只允许收获物种时付出固定水平的努力,用所需时间或劳力来衡量,当 $N = K/2$ 时能够得到 MSY,当 $N > K/2$ 时,单位付出将获得较多的个体,种群会朝 $K/2$ 减少,这一点与固定配额方法中的一样。但关键不同点在于,当 $N < K/2$ 时,单位付出将很难收获到个体,因而允许种群朝着 $K/2$ 恢复。由此可见,这一方法存在着自我调节机制,能保证对生产开发活动的持续性,有利于贸易可持续发展。

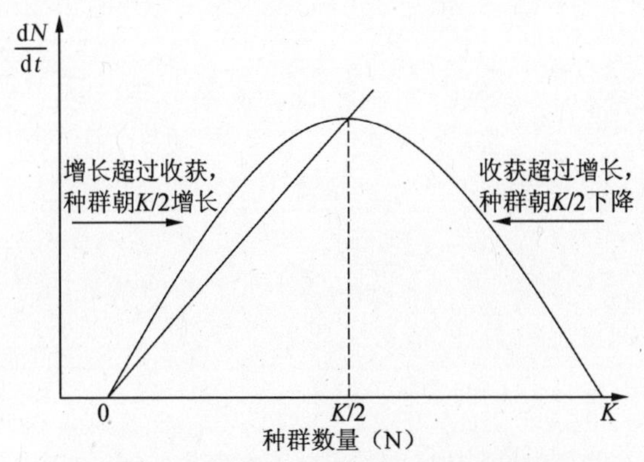

图 3-5 单位时间固定收获付出制度的效果

3.4.2 社会范畴的环境经济政策对对外贸易的影响

区域生态建设的另一个政策措施是实施有关环境经济政策以保证生态建设朝目标有效接近。例如,为防止工业企业生产过程中对整个社会造成的负外部性,实行排污收费或排污许可证交易制度;为防止进口产品影响本国和区域的生态环境或人类健康,对进口产品征收环境附加税或实施绿色技术标准制度等。这些政策、措施都会通过不同机制和途径影响一国和区域的对外贸易。

排污收费的本质是通过外部成本内部化来促使经济主体提高经营管理水平、合理利用资源,并最终达到治理污染和改善环境的目的。但这一制度的实施也会因为影响厂商的生产成本,生产价格增加进而影响到竞争力和贸易量。广东外语外贸大学吴易明教授(2007)将这种机制表示为:

$$C(y) = Cv(Y) + F$$

$$AC(y) = \frac{C(y)}{y} = AVC(y) + AFC(y)$$

$$MC(y)=\frac{\Delta C(y)}{\Delta y}=\frac{\mathrm{d}C(y)}{\mathrm{d}y}$$

$$Cp(y)=t\cdot y$$

$$C(y)^{*}=Cv(y)^{*}+F=[Cv(y)+Cp(y)]+F$$

$$AC(y)^{*}=AVC(y)^{*}+AFC(y)^{*}=[AVC(y)+t]+AFC(y)$$

$$MC(y)^{*}=MC(y)+t$$

$C(y)$表示总成本；$Cv(y)$表示总可变成本；F为总不变成本；$AV(y)$为平均成本；$AVC(y)$为平均可变成本；$AFC(y)$为平均不变成本；$MC(y)$为边际成本；$Cp(y)$为排污收费额；t为单位产量排污收费系数；y为产品产量；$C(y)^{*}$、$AC(y)^{*}$、$MC(y)^{*}$分别为征收排污费后的总成本、平均成本、边际成本。

她认为，在排污收费以后，厂商生产成本增加，使相同价格水平下供给曲线发生移动，厂商愿意生产的产品及可供用于出口的产品减少，本国厂商的HES（home export supply）曲线向左平移。在更深层次的理论内涵上，排污收费甚至改变了一国生产的比较优势。而在排污许可证交易上，排污许可证价格的变动，导致厂商生产成本发生相应变化，从而影响产品的竞争力和贸易量（兰天，2004）。如图3-6所示，MAC和MEC分别代表边际治理成本和边际外部成本，政府根据其交点确定最优污染水平Q并发放排污权许可证，污染企业为获得排污权而向政府付费，并面临一条垂直的排污权总供给曲线S（政府发放排污权许可证意在保护环境而不是赢利，因此，许可证发放数量不会随付费水平而发生变化）。它们对排污权许可证的需求取决于其边际治理成本MAC，当污染物的边际治理成本低于排污权的价格时，它们将自行治理，反之则到市场上购买排污权。因此，MAC曲线也可看成是排污权的总需求曲线D，S与D的交点决定了排污权的市场出清价格P。当环境经济政策趋于严厉，排污权供给数量减少时，排污权的市场出清价会上升，厂商面临的成本增加。同理，厂商对排污权的需求增加也会使价格上升、成本增加。单位排污权的价格随市场的供给与需求的变化而变化，厂商为单位污染物排放所承担的成本也相应发生变化，并

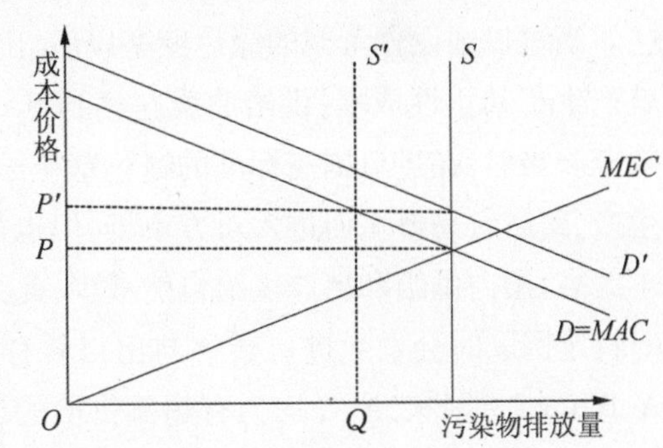

图3-6　排污许可证价格决定机制

影响竞争力和贸易量。

为保护生态环境、人类健康等原因而实施的绿色技术标准等措施在国际上也被称为“绿色壁垒”，它对贸易的影响主要表现为贸易禁止效应、贸易限制效应和贸易转移效应（姜红，2007）。

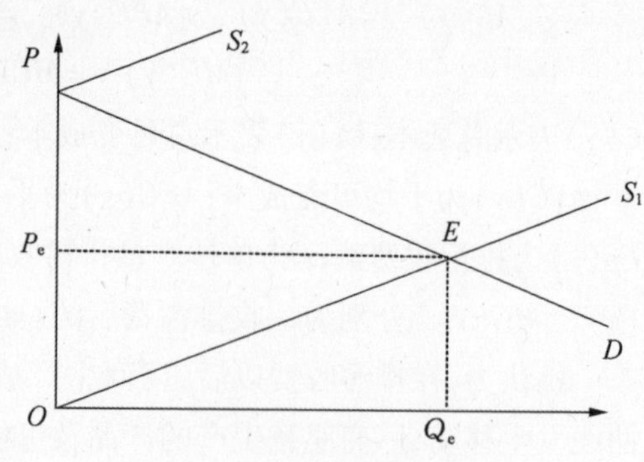

图 3-7 贸易禁止或限制效应

在两国模型、只存在绿色壁垒、运输成本为零的假设下，进口国设置相对于出口国过高的绿色贸易壁垒后，短期内出口国企业无人能跨越，造成出口国的国内供给量大大减少，只能满足国内需求，出口量为零，从而产生完全禁止贸易的效果。图 3-7 中，S_1 为没有壁垒前出口国供给曲线，D 为进口需求曲线，无壁垒情况下出口国面临的价格为 P_e，出口量为 Q_e。当进口国设置苛刻的绿色壁垒以后，出口国根本达不到进口国要求，这就产生了禁止性成本，供给曲线左移到 S_2，出口量减少为零，此为贸易禁止效应。当然，在进口国高标准的绿色壁垒面前，可能有少量企业能及时改进生产，跨越贸易壁垒而进入对方市场，但也得付出较高的成本代价。由于成本太高，国内供给和出口供给自然减少，此为贸易限制效应。当绿色壁垒针对特定国家时会发生进口转移与出口转移效应。如图 3-8 所示，假设存在 A、B、C 三个国家，A、C 均为有超额供给的出口国，B 为纯粹进口国，无绿色壁垒前的世界市场价格为 P_1，B 国进口 Q_1Q_2，A 国出口 Q_3Q_4，C 国出口 Q_5Q_6，$Q_1Q_2 = Q_3Q_4 + Q_5Q_6$。当 B 针对 A 实施绿色标准以后，A 的供给曲线左移至 S'_1，出口量减少为 Q_3Q_7，在 B 国进口需求不变的情况下，减少部分 Q_7Q_4 由 C 国来弥补，使 C 国的出口增至 Q_5Q_8，此为进口转移效应。当然，站在出口国的角度，进口国对本国产品实施绿色壁垒也会对本国产生出口转移效应，此处不再讨论。

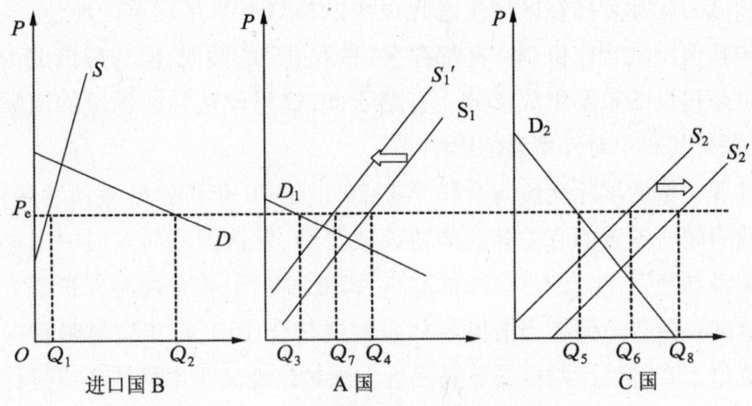

图 3-8　绿色壁垒的进口转移效应

3.4.3　生态建设的国际合作对对外贸易的影响

除上述内容以外，我们还应该看到，生态建设是一项跨区域、跨行业、跨部门、跨世纪的综合性系统工程，需要政府、企业、社团、组织、个人、协会等各个群体的共同参与。而且，在全球经济一体化的大背景下，区域生态建设目标的实现更是依赖于多国区域的协调。国际社会目前已经就生态建设的许多问题达成了共识，并在各个领域展开了广泛的交流和合作，其中有政府层面主导形成的国际性公约、条约或协议，如 1973 年制定的《濒危野生动植物种国际贸易公约》、1979 年制定的《野生生物迁徙物种保护公约》、1987 制定的《蒙特利尔保护臭氧层公约》、1992 年制定的《生物多样性公约》、1995 年制定的《联合国关于买卖种群和洄游性鱼类协议》、1995 年制定的《联合国环境划划署关于保护海关环境不受陆源活动影响的协议》等，还有由绿色消费运动推动的，以第三方机构或民间社团发起的各种环境标志制度，如德国的"蓝色天使"方案（Blue Angel Scheme）、欧盟的"欧洲环境标志"（EU Scheme）、加拿大的"环境选择方案"（ECP）、日本的"生态标志制度"（Eco Mark Scheme）、中国的"中国环境标志"（China Environmental Labeling）等。这些不同的国际性合作制度对于区域对外贸易有着广泛影响，其中许多方案目前实际上已经成为发达国家对发展中国家实行贸易壁垒的有力借口，其对贸易的影响机制也有些类似于前文中环境经济政策对于贸易的影响，在此不再赘述。但正如前文所述，林业在生态建设中居首要地位，承担着保护森林生态系统、保护和恢复湿地生态系统、治理和改善荒漠生态系统、维护生物多样性等神圣职责，是生态建设核心中的核心，因此，

林业领域的国际合作在区域生态建设中同样具有举足轻重的地位，虽然它目前与其他领域合作机制一样都存在“壁垒化”的倾向，但却应该成为核心层面生态建设的重要组成部分。有鉴于此，这里仅从林业领域的国际合作出发，探讨其对于对外贸易的影响。

林业领域的国际交流与合作早在20世纪70年代就已蓬勃发展，包括上述政府间所签署的有关林业的协议或公约、发达国家向发展中国家提供的有关森林经营、生态造林、森林监测、病虫害防治、濒危物种保护等方面的无偿援助项目等。但在当前世界林业发展与合作中，对于贸易最具深远影响的莫过于森林认证制度的蓬勃发展。森林认证又叫木材认证或统称为认证，是20世纪80年代由非政府环保组织发起的，一种运用市场机制来促进森林可持续经营，实现生态、社会和经济目标的工具。它由独立的第三方认证机构根据所制定的标准对森林经营管理绩效进行审核，以证明其达到可持续经营或负责任经营的要求。至2008年6月，全球有约80多个国家的超过3.2亿 hm^2 森林通过了各种森林认证体系的认证，约占全球森林面积38.69亿 hm^2 的8.6%，认证森林以温带林和寒温带森林为主，其中90%以上分布在欧美发达国家（徐斌，2009；房用，2009）。至2013年5月，全球由森林管理委员会（FSC）和森林认证认可计划（PEFC）认证的森林达4.17亿 hm^2（其中包括一些重复计算的面积）。认证森林面积在世界森林总面积中所占比例突破10%。随着绿色运动的开展，越来越多的国家在进口和消费林产品时都要求是来自经营良好的森林，这无疑给林产品国际市场与贸易带来巨大影响。森林认证对于贸易的影响机制可分以下三种情形来讨论：

（1）小国局部分析。如图3-9所示，S 与 D 分别为小国国内供给与需求曲线，在自由贸易下，小国被动地接受国际市场价格 P_W，这时国内供给为 OQ_0，国内需求为 OQ_3，供求缺口 Q_0Q_3 由国外进口来弥补。在小国要求林产品需通过森林认证后，进口林产品为保持原有份额成本无疑上升，上升幅度表现为营林及林产品加工企业认证成本的增加幅度，包括直接费用（认证机构对该森林经营单位进行森林评估和审计的费用、年度审计费用）和间接费用（规划、调整和培训等费用支出）。设费用总和为 TC，则小国国内价格上升至 P_1，$P_WP_1=TC$。由于价格上升，刺激国内企业加快认证进程，生产扩张，供给增至 OQ_1。另一方面，因为森林认证对小国的消费者来说还是一个全新事物，林业管理部门、森林经营单位和社会公众都对森林认证带来的好处了解不多，价格上升使消费需求减少至 OQ_2，进口量由原来的 Q_0Q_3 减少

为 Q_1Q_2。

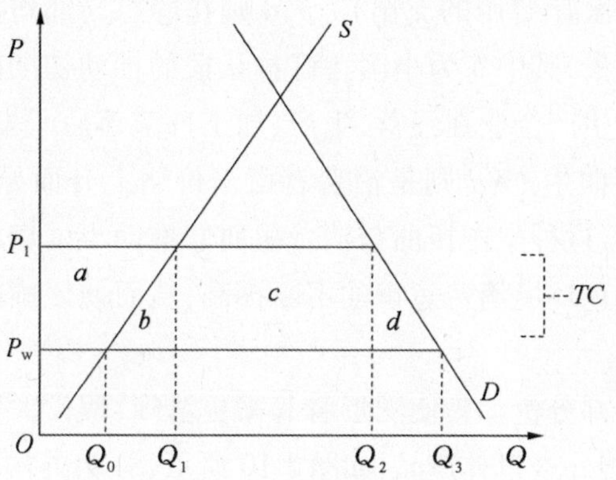

图 3-9　小国的森林认证效应

从福利水平来看，小国开展森林认证后消费者剩余由于价格的上升而减少了[1]，减少量为 $\Delta CS = -(a+b+c+d)$，但这些损失中，面积 a 由生产者剩余的增加来弥补，面积 c 则随森林认证的发展阶段而定。在森林认证的早期，政府主管部门往往通过政策措施和宏观调控手段以及适当的资金扶持来推动森林认证工作的广泛开展，在决定采取何种森林认证体系、制定国家森林认证标准、建立森林认证机构、提高森林认证评审能力、加强森林认证方面的研究和推广、鼓励森林经营单位实施森林认证、培育认证林产品市场需求、提高公众环境保护意识、加强森林认证管理与宣传等方面起着关键作用，因此 c 部分早期往往转化为国家生态效益，这种效益可通过恢复费用法计算获得，即国家如果不积极主导企业实施认证会导致森林植被的过度开发利用以至于生态的破坏，从而需花费面积 c 的代价来进行生态修复。在森林认证发展到成熟阶段，市场竞争和绿色消费成为推动森林认证的真正力量，那些迫切要求进行产销监管链认证（COC）的外向型加工企业以及具有环境友好产品需求的消费者成为真正受益者，这时面积 c 转化为企业的市场及非市场利润（竞争力提高，赢利能力增强，获得更多的市场准入从而市场占有率提高）和消费者的健康福利（用收入损失法来衡量[2]，即消

〔1〕 注：一国开展森林认证也许仅仅是出于环境保护的考虑，或者是希望与国际接轨，鼓励本国企业参与认证，鼓励消费者消费认证后的产品，这并不意味着对进口产品也一定实行强制性认证政策，毕竟森林认证与关税不一样，是一种自愿行为。这里假设一国开展森林认证后，外国产品为了保持和占有原来的市场份额，必须通过认证。

〔2〕 王寿兵，吴峰，刘晶茹. 产业生态学[M]. 化学工业出版社，2006：92－93.

费者如果不多花 P_WP_1 的价格来进口 Q_1Q_2 数量经认证的林产品会导致健康水平的下降从而医疗费用的支出)。b,d 则在静态局部均衡下是森林认证带来的净福利损失,其中 b 为小国在森林认证的推动初期由于缺乏相应的认证体系而致使生产企业在经营、生产、加工环节落后于发达国家,但不得不勉力提供的扭曲生产,d 则是消费者由于价格上升而导致的消费扭曲。当然从长期来看,这种生产扭曲与消费扭曲能推动小国森林认证体系的不断完善和人们绿色环境消费意识的不断提高,从而使该国的持续竞争能力得到增强。

(2) 大国局部分析。为使图形看起来更清晰,假设大国自己不提供林产品,而完全从国外进口林产品,如图 3-10 所示,S_F 为外国林产品对大国的供给曲线,D_D 为大国对林产品的需求曲线,P_0 与 Q_0 分别为自由贸易时供求均衡的价格与产量,在这一水平上,大国的进口需求与外国对其的出口供给达到平衡。如果大国要求林产品获得森林认证(事实上现在欧美许多国家都有这样的趋势,包括政府的绿色采购计划),则外国林产品出口企业为了保持原有份额纷纷申请认证,大国进口成本上升,国内价格由 P_0 上升为 P_1。这时,尽管大国绿色革命蓬勃发展,有些高端人群愿意为认证产品支付"环境溢价"(初期表现为国内需求曲线随价格上涨而上扬的部分),但从总体来看,这只是可持续发展观下的一种正常的消费理念,并不会从根本上改变需求规律,即需求还是会随价格上升而减小的。随着进口需求的减少,国际市场价格开始下滑,这个过程一直持续到 P_2,使得 $P_2P_1 = TC$。在该水平上,大国对林产品的进口需求与国外对其进口供给达到均衡,为 OQ_1。这时,国内消费者为认证产品所支付的价格为 P_1,消费者剩余损失为 $\Delta CS = -(a+b)$,但是大国支付给小国的进口价格却为 P_2,因此,$(a+d)$ 的面积为大国要求 OQ_1 数量的进口产品通过森林认证所得收益,其中,面积 a 由国内消费者所获得的健康福利来表示,面积 d 由国外林产品生产企业来承担,表现为大国帮助国外营林企业和林产品加工企业制定森林经营长远规划、调整森林作业操作规程、培训森林经理人员、实施森林可持续经营的评估与审计所得报酬。净福利变动 $(a+d)-(a+b)=(d-b)$ 取决于 d 与 b 的大小,$d>b$ 时,$d-b>0$,大国福利增加;$d<b$ 时, $d-b<0$,大国福利减少。但无论哪种情形,从全球范围来看,短期内净福利水平是降低的,因为 $(d+c)$ 是外国因森林认证成本上升而遭受的利益损失,世界整体福利水平为 $(d-b)-(d+c)=-(b+c)$,即 $S_{\Delta ABC}$ 的面积。

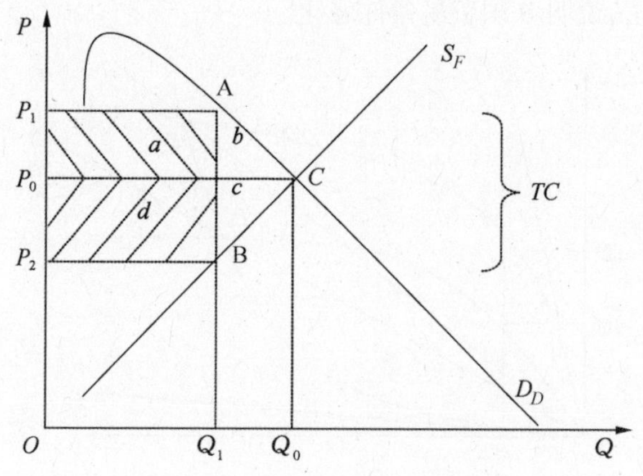

图 3-10　大国的森林认证效应

（3）一般均衡下的贸易条件分析。所谓贸易条件是指一国的出口商品价格指数与进口商品价格指数的比，用以说明一国每单位出口商品所能换回的进口商品的能力。森林认证会给企业带来直接费用和间接费用支出，从贸易的角度而言，则相当于对进口产品征收了一定量的生态关税，那么这一做法同样会对贸易双方的进口能力有所影响。为了使分析更贴近实际，现在将上文对一国一种产品的分析拓展到两国两产品的情形，并以古典贸易理论的提供曲线作为分析工具。如图 3-11 所示，*OA* 与 *OB* 是 A、B 两国在自由贸易条件下的提供曲线，T_2、T_3 分别为 A、B 两国国内交换比价。A 国出口 *Y* 换回 *X*，B 国出口 *X* 换回 *Y*，它们在 *E* 点达到均衡，国际交换比价为 T_0。现假定 A 国要求森林认证，这会使进口成本提升从而使国内价格上升，一方面国内可能会增加进口替代品 X 的生产，另一方面，价格的上升还会使 A 国减少对 *X* 产品的需求，两者的合力会使 *A* 国的进口需求减少，即为每单位 *X* 产品的进口所愿意提供的出口数量减少，在假设 B 国对 A 国 *Y* 产品的进口需求不变的情况下，这意味着 A 国能以较少的 *Y* 的出口从 B 国换回 *X* 产品，在图中表现为提供曲线由 *OA* 顺时针旋转为 *OA′*。自由贸易情况下，A 国能以 *OG* 数量的 *Y* 产品出口换回 *OB* 数量的 *X* 产品进口，而要求认证后，能同样以 *OG* 数量的 *Y* 产品换回 *OC* 数量的 *X* 产品，比以前增加了 *BC* 数量的 *X* 产品；或者说，同样是进口 *OC* 数量的 *X* 产品，*A* 国所能够而且愿意提供的 *Y* 产品由自由贸易下的 *OD* 减少为要求认证后的 *OG*。旋转后的提供曲线 *OA′*与 *B* 国原来的提供曲线相交于 E_1 点，新的贸易条件由 T_1 表示，离 *A* 国原来的国内交换比价 T_2 更远了，表示贸易条件改善，而离 *B* 国国内交换

比价 T_3 更近了,说明 B 国贸易条件恶化。

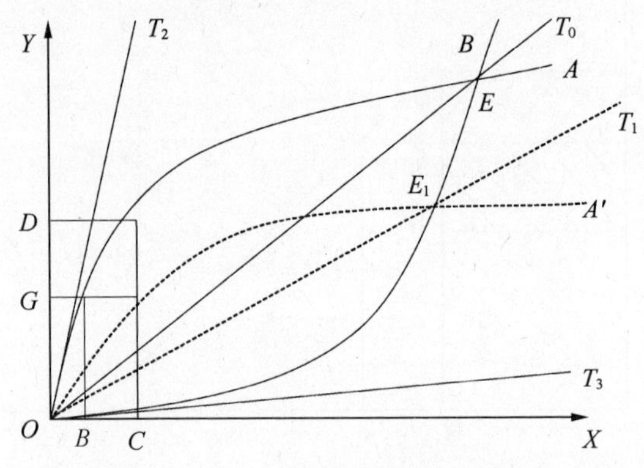

图 3-11　一般均衡的贸易条件分析

如果 A 为大国 B 为小国,且 B 在 A 要求森林认证的情况下没采取任何行动,这时 A 国的提供曲线为一直线,与 T 重合,先后由 T_0 变为 T_1,表示国际交换比较价由 A 国来决定,且随着国际交换比价线的顺时针旋转,贸易条件对 A 国越来越有利,B 国贸易条件恶化。如果 B 也开始在大国的帮助下建立自己的森林认证体系,要求森林认证,则提供曲线 OB 会逆时针旋转,与大国 A 的提供曲线即国际交换比例线交于新的均衡点。其短期结果是,世界林产品贸易量会减小直至为零,因为各国都在生态成本的压力下不同程度地调整自己的产业规划和消费习惯。但值得注意的是,随着可持续发展理念在各个领域的进一步落实,各经济个体在从事经济活动的过程中开始懂得尊重自然规律,按自然规律办事,如根据过熟林会阻碍森林资源的再生和碳沉降速度的原理,在产业发展中加大对过熟林的开采力度以保证森林资源的再生能力。从这个意义上说,森林认证最终会使林产品贸易保持在一个合理的水平而不会像关税战一样,使两国的提供曲线交于原点,最终贸易量为零。

由以上分析可见,林业领域的国际合作机制——森林认证对大国、小国会产生不同的效应并影响到贸易条件。

第四章

对外贸易与区域生态建设的量化评估方法探索

对对外贸易与区域生态建设之间进行量化评估，目的是在区域经济贸易发展与维护地区生态平衡之间寻求某种证据，以期能为区域生态建设总体战略提供一定参考。由上一章的分析可知，对外贸易与生态建设虽然在特定历史阶段各有其运行侧重点，但它们之间还是存在许多重要耦合之处的，如野生动植物资源产品贸易与生态安全、非生物资源产品（金属或非金属矿藏）贸易与地质灾害或生态安全、工业产品贸易与生态资源消耗、工业产品贸易与环境污染、生态建设的国际合作与相关产品贸易等，如何对它们之间可能的耦合关系进行量化评估并为我所用是本章关注的重点。

要对两者之间进行量化评估，需要选择恰当的和有应用价值的切入点。在上述对外贸易与生态建设之间的可能耦合关系中，目前经济学界对于工业产品贸易与资源能源消耗、环境污染等问题给予了较多关注，如李刚（2005）基于物质流法的中国对外贸易生态环境代价分析、孙小羽（2009）基于混合单位投入产出模型的中国出口贸易能耗与环境效应分析、党玉婷（2010）基于投入产出技术矩阵的中国对外贸易环境污染实证研究、何洁（2010）基于联立方程法的中国各省贸易中工业二氧化硫排放研究等，而生态学界则对于野生动植物资源产品贸易给生态安全带来的影响研究较为深入（见文献综述部分），因此，这些方面的量化评估方法相对较多，也较为成熟，这里不再另辟蹊径。相对而言，本研究更为关注以下问题：首先是宏观方面，对一个区域而言，贸易发展与生态建设这两个系统运行的总体协调程度如何？是哪些因素影响了它们之间的协调关系？其次是中微观方面，各贸易产品跨国流动对区域生态资源或自然资本有何影响？其对于区域生态产业建设有何启发？再次还是宏观方面，生态建设的国际合作究竟能在多大程度上影响一国和区域的对外贸易？这三个方面的问题实际上涵盖了本研究中对外贸易与区域生态建设可能耦合关系的大多数方面，而且也具有一定的理论与现实意义，因而具有一定的代表性。针对这种情况，本章考虑了三种评估方法：首先，用系统的方法，基于 P—S—R 框架对贸易发展与生态建设两个系统之间的协调程度进行评估，找出对外贸易各因素与生态建设各因子之间的协调程度，以期能为政府对两个系统运行状态进行合理调整提供依据；其次，在生态足迹法基础上进行改进，对区域各贸易产品中的生态资源消耗与生态换汇能力进行理性评估，以期能为区域生态产业规划提供参考依据；再次，在引力模型中引入制度变量并进行适当扩展，对生态建设的国际合作影响区域对外贸易的程度进行评估，以期能为政府在国际合作机制的未来导向方面提供合理建议。

4.1 对外贸易与区域生态建设的协调评价——压力—状态—响应框架

压力(Press)—状态(State)—响应(Response)模式最早由经合发展组织(OECD)和联合国环境规划署(UNEP)为评价世界环境状况而提出(Adriaanse,1993)。其基本思路是人类活动给环境和自然资源施加压力，结果改变了环境质量和自然资源质量；社会通过环境、经济、土地等政策、决策或管理措施对这些变化发生响应，减缓由于人类活动对环境的压力，维持环境健康(郭旭东等,2003)。该模型目前被国内外学者广泛运用于资源开发与利用过程中的人地关系、可持续发展等问题研究(周炳中等,2002；邱微等,2008；冯科等,2007；谢花林等,2005)，但目前并没有学者将其专门应用于贸易与生态建设的研究。对外贸易是国家或区域之间的交换活动，其主体涉及国家、企业和个人，交易的对象包括技术、服务和各类有形产品，在产品的生产过程中涉及工厂等建设用地的占用、资源等环境要素的投入和废弃物的排出，海陆空运输过程中也涉及运输设备的污染携带和储存空间的占用，等等，这些活动实际上也给环境和自然资源施加了一种压力，并对一些国家和区域带来一定的负面影响。运用 PSR 模型对对外贸易与区域生态建设的协调程度进行量化评估，实质上就是在可持续发展战略指导下，利用 AHP 原理将对外贸易与区域生态建设之间的因果关系按压力、状态、响应三种准则(三个子系统)分解为不同的评价指标，通过对指标权重的分配和各准则(子系统)间的距离大小、离散程度来判断对外贸易与生态建设的协调关系。

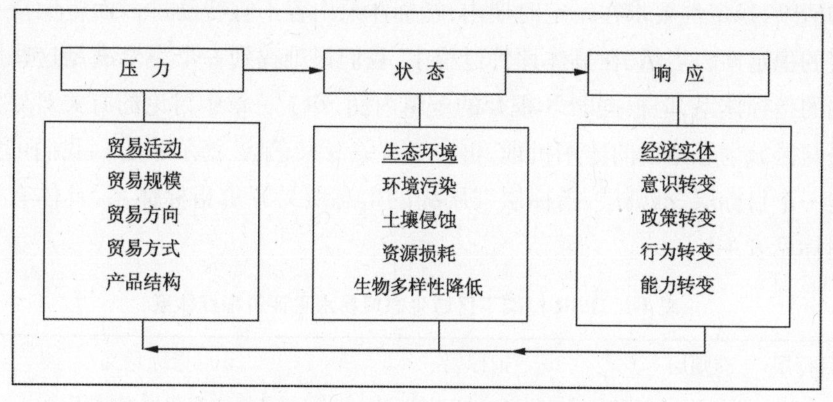

图 4-1 对外贸易的压力—状态—响应框架

4.1.1 AHP 法原理

层次分析法(Analytic Hierarchy Process,简称 AHP)是美国运筹学家、匹兹堡大学教授萨蒂(Satty)于 20 世纪 70 年代初,在为美国国防部研究"根据各个工业部门对国家福利的贡献大小而进行电力分配"课题时,应用网络系统理论和多目标综合评价方法,提出的一种层次权重决策分析方法。其原理是:通过分析复杂系统所包含的因素及其相互关系,将问题分解为不同的要素。把这些要素归并为不同的层次,形成递阶层次结构。对每一层次的要素按照某一规定准则进行逐对比较,形成判断矩阵。然后通过计算判断矩阵的最大特征根及其相对应的特征向量,得出该层要素对于该准则的权重,进而计算出各层要素对于总体目标的组合权重,最后得出不同设想方案的权值,为选择最优方案提供依据。

4.1.2 建立生态贸易递阶层次结构模型

对外贸易与生态建设的协调评价指标体系(以下暂称为生态贸易评价指标体系)的建立应与其他指标体系一样,讲究科学性、可行性、独立性、完备性、简洁性、层次性和稳定性等 7 原则(赵景柱,1991;毛汉英,1996)。科学性要求指标体系一定要建立在科学的基础上,并且能反映贸易可持续发展的内涵和目标的实现程度;可行性要求指标体系中的指标一定要具有可测性和可比性,计算方法易于掌握,所需数据容易统计;独立性要求各指标互不相关,相互独立;完备性要求指标体系能够反映和测度整个贸易可持续发展系统的主要特征和状况;简洁性要求指标的选取应有一定的代表性和典型性;层次性要求将指标体系根据需要划分层次和类别以使体系结构更加清晰;稳定性要求在一定时期内,指标体系内容不宜变动过多而应保持一定的稳定性。当然,在具体评价过程中,我们很难找到一个完全满足这些原则的指标体系,但根据 PSR 框架的逻辑内涵,和上一章中讨论的有关对外贸易与区域生态建设的作用机理,再参考有关专家意见(德尔菲法),我们可构建一个目标层、准则层、指标层三层级的生态贸易评价指标体系,具体有关指标见表 4-1。

表 4-1 PSR 框架下区域生态贸易水平评价指标体系

目标层	准则层	指标层	指标意义
生态贸易水平 A	压力 B1	贸易依存度(贸易规模)C1	贸易规模变化的经济压力
		生态贸易商品结构 C2	贸易发展的生态(资源)、环境(污染)压力
		生态贸易地理方向 C3	贸易面临国外转移污染的压力
		贸易的能源消耗 C4	贸易发展的能源压力
		贸易方式(一般贸易额)C5	贸易的国内污染压力(加工与地理方向有关)
		贸易生态足迹 C6	贸易带来的生态承载压力
	状态 B2	人均水资源量 C7	水资源变化情况
		人均森林面积 C8	森林采伐利用状况
		主要矿产资源人均储量 C9	矿产开发状况
		人均耕地面积 C10	水土流失状况
		人均湿地面积 C11	生物多样性损失情况
		工业"三废"排放量 C12	环境负荷状况
		人口死亡率 C13	人口健康负荷状况
	响应 B3	初级产品单位产量或蓄积量 C14	生态系统生产能力响应
		循环(或生态)经济园区招商引资额 C15	生态产业转型响应
		造林、退耕还林面积 C16	生态恢复响应
		污染治理投资 C17	环保资金投入响应
		濒危物种扣押数或自然保护区面积 C18	检验措施响应或野生动植物资源保护响应
		政府卫生费用支出 C19	维护健康响应

4.1.2.1 压力子系统

开发和利用各种资源和能源是经济贸易发展的物质基础，但是生态环境需要承受该发展带来的种种压力（Press）。压力子系统由贸易依存度指标、生态贸易商品结构指标、生态贸易地理方向指标、贸易生态足迹指标、贸易能源消耗指标、贸易方式指标等构成。各指标的构建及具体含义如下：

（1）贸易依存度。贸易依存度本身是反映一国和区域经济发展对贸易依赖程度的指标，也是反映一国或区域对外开放程度的重要指标，通常用贸易额占 GDP 或 GNP 的比重来表示，即

$$\text{贸易依存度} = \frac{\text{贸易额}}{\text{国民生产总值或国内生产总值}} \tag{4.1}$$

其中，贸易额用进口额来替代表示进口依存度，用出口额来替代表示出口依存度，也可用某类产品的贸易额来替代，表示该类产品的依存度。但从等式右边来看，不同时期的贸易依存度实际上也体现了贸易规模的变化情况，贸易依存度越大，贸易总量和规模相对于本区域经济总量来说也越大。本研究以此来表示贸易发展规模对区域生态建设构成的压力。当然，这与学界在考察贸易对环境影响时所分解出来的规模效应是不完全一致的，后者除了有贸易总额方面的内涵以外，还涉及由此引起的经济规模扩大、要素投入增加，从而导致环境污染增加等（周茂荣、祝佳，2008；Grossman and Krueger，1991）。本研究构建此指标主要意在基于 PSR 框架考察贸易对区域生态建设形成的压力而不仅仅是环境。由第二章贸易可持续发展理论内涵可知，贸易可持续发展应能促进贸易规模的持续增长，由此可见，贸易规模扩大与贸易可持续发展、生态贸易水平的提高应该是一致的，因此，本研究倾向于“贸易规模的扩大会使国民收入增加，并最终有助于增加对生态建设投入”的观点，认为该指标应为正向指标。

（2）生态贸易商品结构。贸易商品结构是反映一国或区域生产力发展水平以及在国际分工中地位的重要指标，通常用一定时期一国或区域各类进出口商品在进出口贸易总额中所占比重来衡量，即

$$\text{贸易商品结构} = \frac{i\,\text{类商品贸易额}}{\text{贸易总额}}$$

一般将商品分为农、林、牧、矿、渔等初级产品与包括食品饮料在内的制成品两大类，并结合进口与出口情况分别进行考察。如果贸易额中制成品出口比重较大，说明该国或区域生产力水平较高，在国际分工中也较有优

势。但本章的目的并不在于考察该类产品的国际竞争地位,而在于考察不同商品贸易结构对于区域生态建设的压力和影响。根据热力学定律、循环经济原理,我们可以认为,产品的加工程度越深,产业链条越长,能量的损失就越多,负产品也越多,这也是第三章在分析初级产品贸易对区域生态建设影响时只考虑了其生态效应,而在分析制成品时认为还包括环境污染效应的原因。由此可见,初级产品贸易与制成品贸易相比较,对于区域生态建设的影响不能一概而论。初级产品由于附加值低且许多为经济学意义上的必需品,其价格弹性相对工业制成品较小,贸易带来的收入效应不如制成品贸易的收入效应可观,将贸易收入转化为生态建设投入的比例也自然要小,初级产品生产部门的要素生产率也不如制成品生产部门提高得快,因此,究竟初级产品贸易与制成品贸易相比,谁对区域生态建设的负面影响最大至少还要取决于各部门贸易收入用于生态建设的投入差异、各部门要素节约效率差异等。为便于分析,将上面等式扩展为:

$$\text{生态贸易商品结构} = \frac{\text{制成品在贸易总额中的比重}}{\text{初级产品在贸易总额中的比重}} \qquad (4.2)$$

如果比值>1,即该区域对外贸易以制成品为主,则认为贸易带来的主要是环境污染压力;如果比值<1,即该区域对外贸易以初级产品为主,则认为贸易带来的主要是生态资源压力。

但考虑到我国的制成品贸易中,加工贸易占举足轻重的地位,而加工贸易的主体又是以外商为主,机动权不完全在本国,因此,我们认为,初级产品贸易更能体现贸易对本区域生态资源的消耗和投入。在此逻辑下,生态贸易商品结构的比值越大,说明初级产品在贸易中的比重越小,对本区域生态建设越有利,该指标为正向指标。

(3) 生态贸易地理方向。在贸易理论中,国际贸易地理方向指标反映各国在世界贸易中的不同分量,对外贸易地理方向指标则反映一国和区域进口商品来源或出口商品流向,折射出其与不同国家或区域之间联系的紧密程度,通常用一国或地区对某国的贸易额占该国贸易总额的比重来衡量,即

$$\text{贸易地理方向} = \frac{i\text{ 国对 }j\text{ 国贸易额}}{j\text{ 国贸易总额}}$$

第三章提到,与不同国家的贸易往来对本区域生态建设造成的影响可能也是不一样的。不同国家或地区,由于其自然条件本身(如水、土等受到污染)或其他战略意图(生态倾销、污染转移)等原因,在贸易中会有意或无

意地给其贸易伙伴的生态建设带来一定影响(当然也包括对其本国,但本方法并不关注这个问题)。虽然学界目前对这方面的研究还远远不够,但已有不少理论和研究表明,发达国家在这一过程中受益。如 Anderson(2001)认为,发达国家和地区通过国际贸易从发展中国家和地区输入了生态承载力,使自己的环境状况得到改善,同时也将其他国家置于不可持续发展状态;普雷维什(1990)在其《外围资本主义——危机与改造》一书中认为,除技术进步等原因以外,以美国为首的世界经济体系中心国家由于对外围国家拥有不可抵抗的霸权,使得一些外围国家的自然资源和可耗竭资源遭到不合理开发,对生物圈带来严重后果。还有的学者认为"中心—外围"格局不仅存在于经济贸易领域,还存在于生态领域。对于以初级产品出口换取制成品进口为主要特征的外围国家来说,由于其初级产品的需求收入弹性远远低于中心国家制成品的需求收入弹性,当实际收入增加时,本国对中心国家制成品的需求大幅增加,对本国初级产品需求相对减少,初级产品价格出现周期性和结构性下降,要素边际报酬递减,初级产品开发的积极性受到抑制(董国辉,2003;冯宗宪,2007)。(这也可以说明为什么发展中国家在减排承诺中可承担更少的义务。)基于这些理论和证据,再次将该公式扩展为:

$$\text{生态贸易地理方向} = \frac{\sum_{i=1}^{n} T_l}{\sum_{j=1}^{m} T_h} \tag{4.3}$$

上式分子表示一国或区域与发展水平较低的国家的贸易额之和,分母表示该国或区域与较其发展水平高的国家的贸易额之和。比值 >1 表明对外贸易有利于区域生态建设,比值 <1 表明对外贸易不利于区域生态建设,为正向指标。

(4) 贸易的能源消耗。贸易品能源消耗采用进出口能源密集度指标(李明生,2005;杨红强,2004):

$$\text{贸易能源密集度} = \frac{\text{单位金额进口能耗} \times \text{进口额}}{\text{单位金额出口能耗} \times \text{出口额}} \tag{4.4}$$

如果密集度 >1,表示进口产品所耗能源大于出口产品所耗能源,有利于能源保护和区域生态建设;如果密集度 <1,表示进口产品所耗能源小于出口产品所耗能源,不利于能源保护和区域生态建设,为正向指标。

(5) 贸易方式。关于贸易方式指标的设计,本章只考虑其对环境污染的影响。正如第三章中所分析的,一般贸易出口在国内的产业链相对较长,因此有理由相信,在一般贸易出口产品生产的各个环节中均可能存在负产品,并对区域生态环境造成污染。当然,加工贸易的许多外资主体在产品生产过程中同样可能存在对东道国区域环境造成污染和损害的行为(如刘婧,2009),但由于加工贸易的产品其原料来源或成品流向最终均取决于国外客户的指令和要求,这与本研究的出发点(强调本区域为主体的对外贸易)还是有一定区别的,况且,这种影响作用在生态贸易地理方向指标的内涵中能得到一定体现。因此,这里将其剔除,仅以一般贸易出口额来表示,为逆向指标。

(6) 贸易生态足迹。对外贸易的生态足迹能够较好地衡量出口产品对本区域资源的索取以及进口产品对本区域资源的节余,可用如下生态贸易足迹指标来表示:

$$EST = \sum a_k \cdot (ef_{kim} - ef_{kex}),\text{其中 } ef_k = \sum_{i=1}^{n}\left(\frac{c_i}{p_i}\right) \qquad (4.5)$$

EST(Ecological Surplus of Trade)表示对外贸易的生态盈余;ef_k 表示 k 类生物生产型土地的生态足迹;im 与 ex 分别为进口与出口;a_k、c_i、p_i 分别为 k 类土地的全球均衡因子、商品 i 的进出口数量、商品 i 的全球平均产量。$EST>0$ 表示贸易中存在生态盈余,对外贸易有利于区域生态建设;$EST<0$ 表示存在贸易赤字,对外贸易不利于区域生态建设,为正向指标。

4.1.2.2 状态子系统

在经济贸易发展的压力之下,生态系统各要素的功能、结构、数量、质量等状态会发生变化(State)。状态子系统由人均水资源、人均土地面积、人均矿产资源储量、人均森林面积、人均湿地面积、工业“三废”排放量、人口死亡率七个指标构成,前面四个指标反映经济贸易发展下水土矿产资源的变化情况。湿地由于地处水陆交界并产生众多的生态位,使之与森林、海洋并列为地球上生物多样性最丰富的区域,因此,这里引入人均湿地面积指标来反映生态系统多样性的变化情况。工业“三废”排放指标反映贸易品生产带来的环境负荷情况。人口死亡率能在一定程度上说明人口的健康变化情况。这七个指标共同反映了区域资源、生物多样性、环境与健康等方面的状况。

4.1.2.3 响应子系统

生态系统各要素的变化信息会通过各种渠道反馈到经济社会的发展过程,人类(也包括自然生态系统)对于生态环境的反馈做出响应(response),在技术、能力、观念、政策等方面进行调整以实现生态建设能力的提高和生态环境的改善。响应子系统主要由初级产品单位产量或蓄积量指标、循环经济(或生态工业)园区招商引资额指标、造林与退耕还林面积、污染治理投资、自然保护区面积、政府卫生支出六个指标构成,分别代表生态系统生产能力响应、生态产业转型响应、生态恢复响应、环境治理响应、野生动植物种保护响应及维护人类健康响应。

4.1.3 构建判断矩阵,确定权重

这里理论上是要在 A－B 层与 B－C 层分别建立判断矩阵,但考虑到 PSR 框架的含义,本书参照高珊(2010)的做法,对 B—C 层构建判断矩阵,采用“群体决策”思路,邀请 30 位本领域相关专家和学者对以下三个表进行价值判断,并按袁政(2008)的处理思路统计汇总如下。

表 4-2 压力子系统判断矩阵

	贸易规模	贸易商品结构	贸易地理方向	贸易能耗	贸易方式	贸易的生态足迹
贸易规模	1	2	2	3	1	3
贸易商品结构	1/2	1	3	1	3	2
贸易地理方向	1/2	1/3	1	1	1	1
贸易能耗	1/3	1	1	1	4	2
贸易方式	1	1/3	1	1/4	1	1
贸易的生态足迹	1/3	1/2	1	1/2	1	1

表 4-3 状态子系统判断矩阵

	人均水资源量	人均森林面积	矿产资源人均储量	人均耕地面积	人均湿地面积	工业“三废”排放量	人口死亡率
人均水资源量	1	3	2	1	3	4	1
人均森林面积	1/3	1	1	1	2	2	1
矿产资源人均储量	1/2	1	1	1	1	3	2
人均耕地面积	1	1	1	1	2	2	1
人均湿地面积	1/3	1/2	1	1/2	1	2	1
工业“三废”排放量	1/4	1/2	1/3	1/2	1/2	1	1
人口死亡率	1	1	1/2	1	1	1	1

表 4-4 响应子系统判断矩阵

	粮食产量	循环经济园区招商引资额	造林面积	污染治理投资	自然保护区面积	卫生费用支出
粮食产量	1	1	2	1	2	2
循环经济园区招商引资额	1	1	3	2	3	1
造林面积	1/2	1/3	1	1	4	1

污染治理投资	1	1/2	1	1	2	1
自然保护区面积	1/2	1/3	1/4	1/2	1	1
卫生费用支出	1/2	1	1	1	1	1

表 4-5　低阶 *RI* 值

阶数	1	2	3	4	5	6	7	8	9
RI	0.00	0.00	0.58	0.9	1.12	1.24	1.32	1.41	1.45

运用 MATLAB 计算各判断矩阵的最大特征值和特征向量,然后对照表 4-5 计算 $CR=\frac{CI}{RI}=\frac{\lambda_{\max}-n}{RI(n-1)}$,当 $CR<0.1$ 时,即认为排序结果具有满意一致性。结果为:

(1) 压力子系统。$\lambda_{\max}=6.5406$, $CI=0.10812$, $CR=0.0872<0.1$,通过满意一致性检验。对应特征向量 $v=(0.6506, 0.4791, 0.2469, 0.4250, 0.2479, 0.2100)^T$,归一化后得到权重(见表 5-2)。

(2) 状态子系统。$\lambda_{\max}=7.3427$, $CI=0.05712$, $CR=0.0433<0.1$,通过满意一致性检验。对应特征向量 $v=(0.6227, 0.3396, 0.3850, 0.3962, 0.2548, 0.1720, 0.3118)^T$,归一化后得到权重(见表 5-2)。

(3) 响应子系统。$\lambda_{\max}=6.3514$, $CI=0.07028$, $CR=0.0567<0.1$,通过满意一致性检验。对应特征向量 $v=(0.5039, 0.5942, 0.3557, 0.3497, 0.1944, 0.3263)^T$,归一化后得到权重(见表 5-2)。

4.1.4　无量纲化处理

为统一各指标的单位和量纲,用极差法对数据进行标准化处理:

正向指标向量的标准化公式为:

$$P_{it}=\frac{X_{it}-\min(X_i)}{\max(X_i)-\min(X_i)} \tag{4.6}$$

逆向指标向量的标准化公式为:

$$P_{it}=\frac{\max(X_i)-X_{it}}{\max(X_i)-\min(X_i)} \tag{4.7}$$

其中,P_{it} 表示第 i 项指标在时期 t 的标准化值;$\max(X_i)$ 和 $\min(X_i)$ 分别表示第 i 项指标序列的最大值和最小值。

4.1.5　计算生态贸易综合指数

生态贸易水平的综合指数是压力、状态、响应三个子系统评价指数的加权平均数,即

$$S = \sum_{i=1}^{n} B_i \sum_{i=1}^{n} W_{ij} P_{ij} \tag{4.8}$$

S 为生态贸易水平综合指数；B_i 为第 i 子系统的权重；W_{ij} 为第 i 子系统第 j 指标的权重；P_{ij} 为第 i 子系统第 j 项指标的评价值。

S 值越接近 1，表示生态贸易水平越高；各子系统得分越高，表明子系统建设越好，即压力越小，状态越好，响应越强。反之越差。

4.1.6 计算 PSR 系统协调度

生态贸易水平的高低是受到压力、状态、响应各子系统诸要素之间的相互协调程度制约的。因此，引入协调度函数来衡量压力—状态—响应三个子系统的协调情况。协调度函数是根据系统间距离大小和离散程度来判断其协调性的，公式为：

$$C = \frac{X + Y + Z}{\sqrt{X^2 + Y^2 + Z^2}} \tag{4.9}$$

C 表示协调度指数；X、Y、Z 分别表示三个子系统得分。

当三个子系统得分越接近时，C 值越接近 1.732，系统的协调度越高。

通过对综合指数变化趋势、协调度指数变化趋势，以及压力、状态、响应这三个子系统评价指数变化趋势进行对比研究，可为贸易发展与区域生态建设之间的协调提供参考。

4.2 区域对外贸易中的自然资本流动评价：生态足迹法改进

1998 年的《全国生态建设规划》指出，要"用大约 50 年左右的时间，动员和组织全国人民，依靠科学技术，加强对现有天然林及野生动植物资源的保护，大力开展植树种草，治理水土流失，防治荒漠化，建设生态农业，改善生产和生活条件，加强综合治理力度，完成一批对改善全国生态环境有重要影响的工程，扭转生态环境恶化的势头。力争到下个世纪中叶，使全国适宜治理的水土流失地区基本得到整治，适宜绿化的土地植树种草，'三化'草地基本得到恢复，建立起比较完善的生态环境预防监测和保护体系，大部分地区生态环境明显改善，基本实现中华大地山川秀美"。由此可见，区域生态建设的任务在很大程度上是要妥善处理人类经济社会发展与自然资本的利用问题。自然资本是生态系统中各种有形物质资料及其隐形服务功能价值的总和，它不仅提供人类生产生活所必需的物质资料和环境条件，还在调节气候、维持生物多样性、减轻洪涝与干旱灾害、营养物质贮存与循环、土壤肥力的更新与维持、环境净化与有害（毒）物质的降解、植物花粉传播与种子扩散、有害生物的控制等方面发挥着重要作用（陈亮等，2009）。与自然资本的功能和作用不太相称的是，新古典经济学派在经济增长函数中却常常忽略这一资本形态的存在。他们认为，人造资本才是真正稀缺的要素，人造资本的增长对于经济增长起着决定性的作用。正是在这种观念的主导下，人类社会经历了前所未有的经济扩张和工业繁荣，但也为生态系统留下了沉重负债。2012 年的《地球生命力报告》显示，人类目前每年消耗着 1.5 个地球的生态资源，并且到 2050 年之前将达到 2 个地球。生态资源的耗竭唤醒了人们对于自然资本的重视，许多学者开始主张对自然资本进行核算并修正现有经济核算方法。迄今为止最具影响力的核算是 Costanza（1997）的评价结果。他们采用支付意愿法对全球生态系统服务和自然资本的年度价值进行了估算，得出平均为 33 万亿美元的结论。尽管这一结论由于评价方法的不成熟以及“货币”技术的使用而备受争议，但自然资本相对人造资本正变得越来越稀缺已是不争的事实（Daly，1996）。随着对外贸易的发展，国家和地区之间的交流愈来愈频繁，一国和地区的自然资本及其服务也作为生态要素而随商品交换跨国流动。站在生态经济学的角度，这种由贸易引起的区域间的自然资本流动，其规模和结构如何？对本区域以及其他区域有何影响？对产业发展有何启示？这些问题值得我们思考。

由于自然资本存量的多寡在一定程度上决定了区域发展的可持续性，因而，对于自然资本的评估实际上也是对区域可持续发展的一种评估。在这一领域，评估的方法有很多，如对有形自然资本评估的直接市场法、对隐形自然资本评估的替代市场法、基于热力学的能值核算法、基于实物量核算的生态足迹法等。本书倾向于沿大多数生态经济学者的思路，在生态足迹法的基础上进行改进。生态足迹法（ecological footprint，EF）最早由 Rees 和 Wackernagel（1992）提出，其基本思想是，任何人都要消费自然提供的产品和服务，都会对地球生态系统构成影响。任何已知人口（或个人或城市或国家）的生态足迹是生产这些人口所需的所有物质和能量，以及吸纳这些人口产生的废弃物所需要的生物生产型土地面积。将这种人类生存所需的真实生物生产型土地面积同一国或地区所能提供的生物生产型土地面积进行比较，就能为判断该国或地区的生产消费活动是否处于当地生态系统承载力范围提供定量依据(徐中民等,2001)。生态足迹法于2000年左右被引入国内(徐中民、张志强,2000;李利锋、成升魁,2000;杨开忠等,2000),并在国家、区域、城市、产业、机构等层面得到初步应用(白艳莹等,2003;李金平、王志石,2003;刘宇辉、彭希哲,2004),后来,许多学者也用它来分析生态安全(黄海等,2013;付伟等,2013)、土地利用(白钰,2012)、旅游规划(汪运波、肖建红,2014)、国际贸易(陈丽萍、杨忠直,2005)等方面的问题。如安宝晟、程国栋(2014)对西藏地区的生态足迹与生态承载力进行了动态分析,发现在2005-2010年期间,西藏的人均生态足迹动荡式上升,人均生态承载力平滑下降,人均生态盈余总量较大但趋势递减。任群罗(2009)分析了地球生态系统的负荷情况,得出人类社会经济发展面临不可持续状态的结论;陈惠雄等(2008)结合生态足迹模型、Shannon-Weaver公式和Ulanowicz公式评估了浙江省经济增长与可持续发展能力,指出该省东部地区正面临挑战;黄细兵等(2008)核算了2005年中部六省的发展情况,认为中部地区生态足迹超出生态承载力近6倍;等等。总之,生态足迹法的分析过程主要涉及生态足迹与生态承载力两个方面的比较和考评,技术上常将人类对自然资本的需求换算成一定的生物生产型土地面积,并采用全球均衡因子对其进行折算以便于不同类型土地潜在生产力之间的比较,而在对外贸易方面,则主要通过比较进口产品与出口产品中所携带的生态足迹大小来追求贸易中的生态盈余。但是,该方法也因没有考虑经济、社会、技术方面的可持续性以及人类对现有消费模式的满意程度而具有生态偏向性。在评价对外贸易中的自然资本流动问题时,如果仅考虑商品中所携带的生态足迹大小显然会使这一过程蒙上某种"深绿"或"浅绿"色彩[1]。而另一方面,如果我们仅仅因为"贸易问题"而完全采用经济学的方法来进行分析,却往往倾向于把资源环境问题纳入货币交换体系并有将环境运动"经济殖民"的嫌疑(Dieren,1995)。尽管目前用于桥接"实物环境核算与货币环境核算以克服生态与经济对立状态"的SEEA(综合环境经济核算)在SNA(国民经济核算)的基础上有所扩展,但大部分自然资源环境要素仍因没进入市场经济体系而未能纳入经济存量核算当中来(高敏雪,2006),因而也存在一定的偏颇。鉴于国际贸易目前已经成为世界各国借以互通有无最主要的机制,我

〔1〕 深绿学派强调种间的完全平等,类似于盖亚假说;浅绿学派则承认资源和环境对人类福利的重要性(人类中心主义),介于生态学与经济学之间。

们事实上不可能也没必要沿“零增长理论”的思路去提倡零出口政策以阻止财富增加对资源和环境的破坏，我们认为，不妨把提高资源利用率，或把提高资源出口换汇能力作为一种次优方案来考虑。技术上将生态与经济两种方法结合构建模型如下：

$$EF = \sum a_k \cdot ef_k\text{，其中 } ef_k = \sum_{i=1}^{n}\left(\frac{c_i}{p_i}\right)\cdots\cdots \text{贸易生态足迹模型} \tag{4.10}$$

$$EEC = \frac{EF(gha)}{EX(usdollar)}\cdots\cdots\text{出口生态换汇成本模型} \tag{4.11}$$

$$IES = \frac{EF(gha)}{IM(usdollar)}\cdots\cdots\text{进口生态节余模型} \tag{4.12}$$

$$TOET = \frac{EEC}{IES} = \frac{\frac{EF}{EX}}{\frac{EF}{IM}}\cdots\cdots\text{生态贸易条件模型} \tag{4.13}$$

其中，EF 与 ef_k 分别表示总的生态足迹与 k 类生物生产型土地的生态足迹；a_k、c_i、p_i 分别为 k 类土地的全球均衡因子、商品 i 的进出口数量、商品 i 的全球平均产量；EEC(ecological exchange cost)为生态换汇成本，用生态足迹 EF(全球公顷 gha)与出口外汇收入 EX(美元 us dollar)的比值来表示，意指在国际市场上每换回一美元所需支付的自然资源成本，只不过这里的“成本”并不像经济学中以货币来衡量，而是以生物生产型土地全球平均产量的生产力空间来衡量(黄细兵，2008)，该方法的分析基础也因此而并没有脱离生态足迹法的理论范畴；IES(import ecological surplus)为进口生态节余，表示在国际市场上每支付一美元所节约的自然资源投入；$TOET$(terms of ecological trade)为生态贸易条件，$TOET>1$ 表示生态贸易条件恶化，$TOET<1$ 表示生态贸易条件改善。

通过对各类资源产品进出口贸易中的生态足迹、生态换汇成本、进口生态节余、生态贸易条件进行比较分析，能够加强对对外贸易生态环境影响的理性认识，并较好地兼顾资源与经济对指标核算的不同要求。如一国和区域的生态换汇成本越低说明其资源的利用程度越高，换汇能力越强[1],出口贸易的可持续性也越强。将此指标与进口生态节余模型进行综合分析可判断贸易可持续性的强弱,对所选取产品的生态换汇成本或进口生态节余高低进行比较,能为区域产业规划和可持续发展战略提供一定参考。总之,这些模型既可以单独使用,同时也可以综合使用,单独使用可从中微观的角度对对外贸易与区域生态建设的关系进行研究,综合使用则更能从宏观层面对两者关系加以把握。当然,有的学者也曾用Odum的能值理论对贸易统计指标进行创新或对生态足迹模型加以改进来研究区域发展问题,但这些方法主要基于能量流而不是物质流(龚家富,2009;刘淼等,2008)。

4.3 区域生态建设对对外贸易的影响评价:引力模型的扩展

第一章提到,广义层面的生态建设既包括环境污染的治理、生态资源的保护,也包括生态产业建设、生态制度建设等内容,核心层面的生态建设主要是以《国家生态建设规划》中具体操作内容在我国立法中的体现为依据的农林生态方面的建设。有关文献表明,国内外学者早已运用一些经济计量工具对于环境治理措施对贸易的影响进行过颇有成效的定量研究,如赵玉焕(2009)研究了环境规制对我国纺织品贸易的影响、Toby(1990)研究了国内环境政策对世界贸易模式的影响等。这些都属于本研究中所界定的广义生态建设措施对于贸易影响的范畴,真正关注当前核心层面生态建设措施对于贸易影响的定量研究非常有限,方法上也多是指标核算和定性分析,如黄晓玲(2009)对森林认证与林产品贸易发展的规范分析、董银果(2010)研究了私营标准对农产品国际贸易的影响等。鉴于第三章中所指出的,林业在生态建设中居首要地位,林业领域的国际合作——森林认证对于贸易的影响举足轻重,因此,本研究主要基于国际林业国际合作制度,来对区域生态建设对贸易的影响进行计量评估。而在这种特殊的单一领域,正如Dascal,Mattas&Tzouvelekas(2002)所指出的,引力模型能够得到成功的应用。

---

〔1〕 当然,贫困化增长理论认为,发展中国家通过资源出口换取外汇,在使经济增长的同时贸易条件也不断恶化。本研究并不旨在鼓励以资源换取外汇,而在于比较不同资源产品出口中资源的使用效率。

4.3.1 模型概述

引力模型源于牛顿的万有引力定律,用于说明两物体间的作用力与质量、距离的关系,后随"Reilly Law"的广泛应用而在社会经济研究当中得到推广(朱道才,2008)。Tinbergen(1962)和Poyhonen(1963)最早将其引入国际贸易领域,通过研究指出"两国之间的双边贸易流量大小与其各自经济规模成正比,与距离成反比",从而使引力模型成为投资贸易领域研究中最受欢迎的分析工具。但由于"该模型缺乏强有力的经济基础,以至于在对贸易量的预测方面受到很大的局限"(Anderson,1979;Bergstrand,1985),模型的解释能力也一直受到学界的质疑。为克服模型在理论上的不足,Linnemann(1996),Anderson(1979),Bergstrand(1985),Deardorff(1995)等学者分别从瓦尔拉斯一般均衡、纯粹支出系统模型、CES效用函数、H-O模型等经济学角度对引力模型进行了推导,Helpman和Krugman(1985),Evenett和Keller(1998)更是考虑了规模报酬递增和垄断竞争的情形,从而使引力模型的这些缺陷在一定程度上得到改善。后来的学者在借用引力模型的过程中,根据不同的目的和需要,在考查基本引力模型的基础上,加入诸如人口、人均收入、汇率、共同边界、共同语言文化、优惠贸易安排等变量来增强模型的解释能力(姜书竹、张旭昆,2003;单文婷、杨捷,2006;等等)。在对模型样本的选择上,许多文献采用的是"多国模式"的两两贸易,给定的时点上有

$$C_n^r = \frac{n!}{r!\,(n-r)!}$$

个样本(孙林,2008),而有的则采用"单国模式"的一对多贸易,仅有$1 \times n$个样本,但这种情形往往采用面板数据的计量法,以增加样本容量或克服自由度不足等缺陷(吕玉花,2009)。在考察的对象上,有的学者从总量和部门两个层次(盛斌、廖明中,2004)分别展开,有的则从某一特定的部门入手来单独进行(赵雨霖、林光华,2008),所有这些研究均为本研究提供了良好的理论视野和研究范式。

4.3.2 模型构建与扩展

贸易引力模型虽几经改进,但对数化后的基本方程可表示如下:

$$\mathrm{Ln}T_{ij} = \alpha_0 + \alpha_1 \mathrm{Ln}(GDP_i \times GDP_j) + \alpha_2 \mathrm{Ln}(POP_i \times POP_j) + \alpha_3 \mathrm{Ln}D_{ij} + \mu_{ij} \tag{4.14}$$

式中,被解释变量T_{ij}表示国家i与国家j的双边贸易额;GDP_i与GDP_j分别表示两国的国内生产总值;POP_i、POP_j分别表示两国的人口数;D_{ij}表示两国

间的距离，属"阻抗因子"，通常用两国政治或经济中心球面距离或两国主要港口间的航海距离来表示；α_0 为常数项；α_1、α_2、α_3 为待估参数；μ_{ij}为随机误差项。

为进一步考察林业国际合作制度对双边木质林产品贸易的影响，但同时又尽可能使其接近真实值（剔除其他变量的影响），现对模型进行适当的扩展。

4.3.2.1 要素禀赋变量的引入

大多数实证研究中，学者们倾向于在原有模型基础上加入人均 GDP 变量来检验两国之间收入水平差异对双边贸易的作用力，这除了基于人口规模、经济发展程度等因子会影响贸易流量的考虑外（Bergstrand，1989），很大程度上是以瑞典经济学家林德提出的"需求相似论"为基础的。而另一方面，刘艺卓等（2008）学者的研究表明，当前世界林产品贸易也是可以用 H-O 定理来解释的。但 H-O 定理所确定的贸易模式与"需求相似论"所确定的贸易模式有矛盾。人均收入水平越接近，在 H-O 模式下意味着两国要素禀赋相似从而贸易量较小，在"需求相似论"看来则是两国重叠需求部分较大从而贸易量较大。前者多适于解释初级产品的产业间贸易情况，而后者则更适合于解释工业品的产业内贸易现象。鉴于木质林产品主要是以森林资源为基础生产的初级原木和以木材为原料生产的各种加工品，对木质林产品的生产和加工会直接导致森林资源的减少，本研究更倾向于沿着要素禀赋理论的思路来对模型加以拓展。当然，在全球木材加工原料正以天然林为主向以人工林为主转变的大背景下，木质林产品对于森林资源的消耗也将逐步减弱，但在许多地区，对天然林的非法采伐活动仍屡禁不止，非法采伐甚至超过了合法采伐量（吴国春、孙小蕾，2008），木质林产品的生产、加工究竟是来源于人工林还是天然林我们目前很难将其截然分开。因此，这里为便于分析，并不考虑人工林与天然林的差异性，只引入两国间人均占用森林总面积差额的绝对值，来反映两国要素禀赋的差异。计算方法为

$$AF_{ij}=\left|\frac{A_i}{P_i}-\frac{A_j}{P_j}\right|$$

其中 A_i 与 A_j 分别为 i,j 两国森林总面积；P_i,P_j 分别为各国经济活动人口[1]。

这样，就一国的不同林产工业企业而言，A/P 反映出各企业产品的要素密集程度；就不同国家而言，A/P 反映出各国资源的丰裕程度，其要素禀赋的经济含义更加明显。

〔1〕 经济活动人口通常指总人口中已经参加或要求参加经济活动的人口，即从事经济活动的全部就业人口，加上要求从事经济活动而尚未获得工作职位的失业人口。

4.3.2.2 森林认证变量的引入

随着全球气候变暖以及人们对生态环境意识的不断增强,各个国家和一些区域组织开始以一种负责任的态度来制定各种政策,以防止森林资源的减少和促进林产品消费的生态化(宋维明、程宝栋,2007)。其中,森林认证制度作为一种森林可持续经营管理以及生态建设的国际合作机制,是近些年来社会各界所关注的议题之一,其对全球林产品价格和贸易的影响也在热议之中。主要原因是,一方面,认证会增加企业的认证成本,降低林产品的国际竞争力;另一方面,目前世界上有20多种森林认证体系,包括全球性认证体系FSC、区域性认证体系如PEFC,以及马来西亚、印尼、美国、英国、加拿大、荷兰等国的一些国家体系,各种体系认证的面积、分布的区域、认证的林种等都不尽相同。不同认证体系对林产品贸易的影响也不尽相同,如Gan(2005)通过实证研究认为,单独采取区域性森林认证体系无论对发达国家还是热带林地区来说都可能导致贸易福利损失;全球性森林认证体系对热带和非热带地区的主要木质林产品生产国比较有利,但对东亚及其他一些木质林产品的主要净进口地区则会构成严重冲击;等等。基于上述情形,应结合区域参与和推广森林认证的实际情况,将各种认证体系综合加权后引入,或者通过Delphi法找出最能代表本区域森林认证发展的体系然后将其引入。

4.3.2.3 其他变量引入

除此以外,还应与大多数研究一样考虑共同边界、优惠贸易安排对木质林产品贸易的影响,但由于乌拉圭回合及其以后的关税等制度变化对全球林产品贸易的冲击在量级上相对较小(Barbier,1999),因而在优惠贸易安排上并不将作为乌拉圭回合多边贸易谈判积极成果之一的WTO纳入考察范围,只将APEC成员资格作虚拟变量引入。扩展后的引力模型为:

$$\mathrm{Ln}T_{ij} = \alpha_0 + \alpha_1 \mathrm{Ln}(GDP_i \times GDP_j) + \alpha_2 \mathrm{Ln}(POP_i \times POP_j) + \alpha_3 \mathrm{Ln}D_{ij} + \alpha_4 \mathrm{Ln}AF_{ij} + \alpha_5 \mathrm{Ln}FC_{ij} + \alpha_6 BORDER + \alpha_7 APEC + \mu_{ij} \tag{4.15}$$

其中,AF_{ij}为人均森林占用面积差额绝对值,两国人均森林占用面积之差越大,说明要素禀赋差异越大,贸易的可能性也越大,所以预期符号为正;FC_{ij}为森林认证变量;$APEC$与$BORDER$均为虚拟变量。

所有解释变量含义及对被解释变量的理论预期符号见表4-6。

表 4-6　解释变量含义及理论说明

解释变量	含义	预期符号	理论说明
GDP_i	i 国的国内生产总值（百万美元）	+	反映了一国和地区出口供给或进口需求的能力，经济总量越大，出口或进口的潜力越大，双方贸易流量也越大
GDP_j	j 国的国内生产总值（百万美元）	+	反映了一国和地区出口供给或进口需求的能力，经济总量越大，出口或进口的潜力越大，双方贸易流量也越大
POP_i	i 国的人口数（千人）	–	人口越多，国内市场规模越大，对国际市场的依赖越小，从而双边贸易流量也越小，但另一方面，人口越多，国内供给能力也越强，出口的可能性也越大，从而双边贸易流量也越大，本研究预期为前者
POP_j	j 国的人口数（千人）	–	人口越多，国内市场规模越大，对国际市场的依赖越小，从而双边贸易流量也越小，但另一方面，人口越多，国内供给能力也越强，出口的可能性也越大，从而双边贸易流量也越大，本研究预期为前者
D_{ij}	i,j 两国的绝对距离（公里）	–	阻抗因子，代表运输成本，距离越远运输成本越高，因而贸易可能性也越小
AF_{ij}	两国人均森林面积[森林总面积（千公顷）/经济活动人口（千人）]之差的绝对值	+	反映两国要素禀赋差异，差异越大则双边贸易的可能性越大，说明两国产业间贸易水平
FC_{ij}	虚拟变量或森林管理委员会授权的认证机构颁发给 i,j 两国有关企业的森林认证证书数目（个）	–	两国都有认证则贸易流量减少。证书的数目一定程度上反映了两国企业自愿接受可持续森林经营的意愿，数目越多意味着对森林管理（FM）或产销链（COC）监管力度越强，一定时期内木质林产品生产成本上升，供给减少，双边贸易流量减小
APEC	虚拟变量，两国同属该组织时取 1，有一国不是则取 0	+	两国同属 APEC 成员时，由于优惠性贸易安排的贸易创造效应，使双边贸易流量增加
BORDER	虚拟变量，两国拥有共同边界取 1，否则取 0	+	双方拥有共同边界时，贸易成本将下降，贸易流量增加

通过有关数据，借助 SPSS、EVIEWS 或 STATA 等软件对模型进行反复调试，最后可得出森林认证制度对于林产品贸易影响的参数值。

第五章

对外贸易与区域生态建设关系案例研究

前述各种评估方法在对于对外贸易与区域生态建设关系的评价方向和角度上均不相同，如 PSR 模型主要从系统的角度评估贸易与生态建设的协调性；改进的生态足迹法主要在兼顾环境与经济不同要求的基础上，评估不同贸易产品跨国流动对于区域生态资源或自然资本的影响；扩展的引力模型主要用来评估生态建设有关制度安排对于对外贸易的影响。为进一步验证这些方法在不同地域范围的适用性，以下分别从市域尺度、省域尺度、国家尺度选择三个案例进行研究。由于三个案例所涉数据庞杂，且各指标和变量在不同时期的口径也不完全一致，为方便起见，各案例所用数据均以 2008 年为最终截止点，这样处理虽然不能使我们了解各案例所涉空间的最新动态，但并不影响前文有关耦合原理和评价方法的适用性。

5.1 市域尺度生态贸易水平评价——以青岛市为例

5.1.1 青岛市贸易发展概况

青岛市地处山东半岛东南部，东经 119°30′～121°00′、北纬 35°35′～37°09′，东、南濒临黄海，东北与烟台市毗邻，西与潍坊市相连，西南与日照市接壤，南与长江流域的上海市遥相呼应，交通便利，航运发达，是我国具有代表性的重要外向型城市和对外贸易港口城市，也是太平洋西岸重要的国际贸易口岸和海上运输枢纽。青岛港拥有可停靠 1.5 万标准箱船舶的世界最大的集装箱码头，可停靠 30 万吨级超级巨轮的矿石码头、原油码头和 10 万吨级的煤炭码头。2009 年，青岛港口吞吐量达到 3.17 亿吨（外贸吞吐量 2.22 亿吨），集装箱吞吐量 1 028 万标准箱，分居世界大港第 7 位和第 9 位。

青岛港目前已形成青岛老港区、黄岛油港区、前湾新港区三大港区和正在开发建设的董家口港区，主要从事集装箱、煤炭、原油、铁矿、粮食等各类进出口货物的装卸服务和国际国内客运服务，与世界130多个国家和地区的450多个港口有贸易往来。[1] 青岛在国家“五纵五横”运输大通道和国际区域运输通道中的特殊地理位置决定了其对外贸易在区域经济发展中扮演着重要角色。特别是1994年被列为全国十五个副省级城市以后，其对外贸易更是飞速发展。

1999—2008年间，青岛市对外贸易总额由775 565万美元增加到5 215 886万美元，增长了573%，其中，进口额由329 305万美元增加到2 069 640万美元，增长528%，出口额由445 435增加到3 146 246万美元，增长606%。在各大类进出口商品当中，制成品出口比重占绝对优势，由1999年的86.8%上升至2008年的91.3%，初级产品出口整体呈下降趋势，1999年为13.2%，2008年下降为9.7%。从其主要出口贸易伙伴国来看，1999年到2008年10年间，对南美地区的出口增长最为强劲，由1999年的4 707万美元增加到2008年的177 417万美元，增长了3 669%，对欧盟、韩国、日本、美国等地的出口也一直处于上升趋势，增长幅度分别为572%、435%、190%、275%。在出口绝对规模不断扩大的情况下，尽管近些年来青岛的单位GDP能耗在下降，但能源消耗绝对量和出口能耗绝对量是不断增加的。如图5-5所示，青岛市出口能源消耗量整体呈上升趋势，由1999年的3 080 637吨标煤上升至2008年的7 684 462吨标煤（根据单位GDP能耗×出口额计算）。虽然目前并无足够的数据和文献表明，对外贸易消耗了青岛本区域的生态资源和影响了区域生态环境，但关于贸易会通过消耗能源资源、生物入侵、远洋运输等途径来影响区域生态环境的看法已被许多学者所认同。

〔1〕资料来源：山东省人民政府外事办公室。

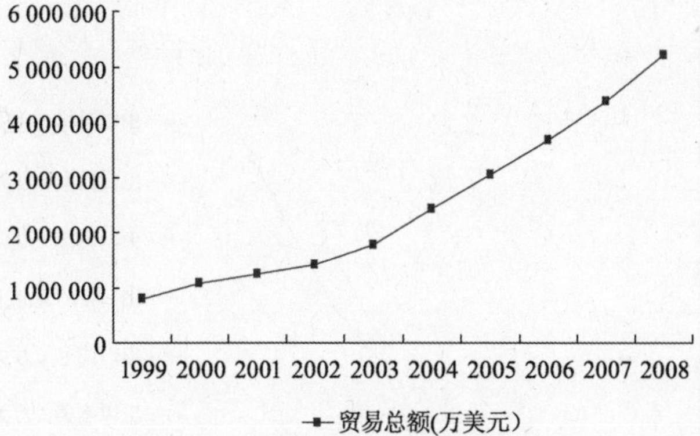

图 5-1　青岛市贸易总额折线图

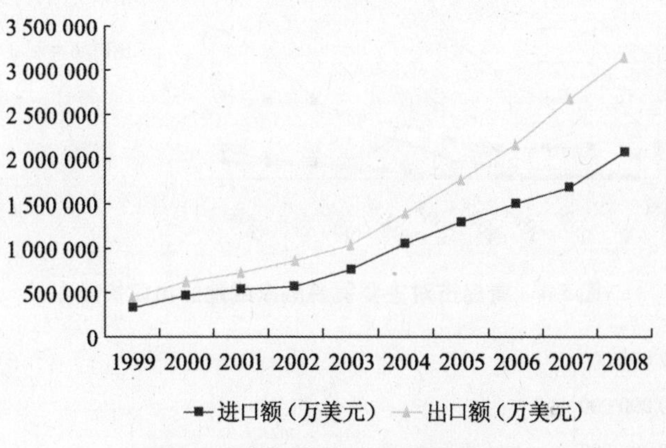

图 5-2　青岛市进、出口额折线图

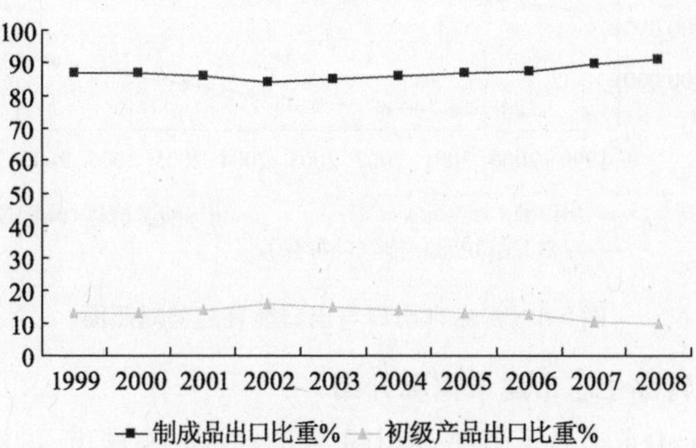

图 5-3　青岛市出口商品结构折线图

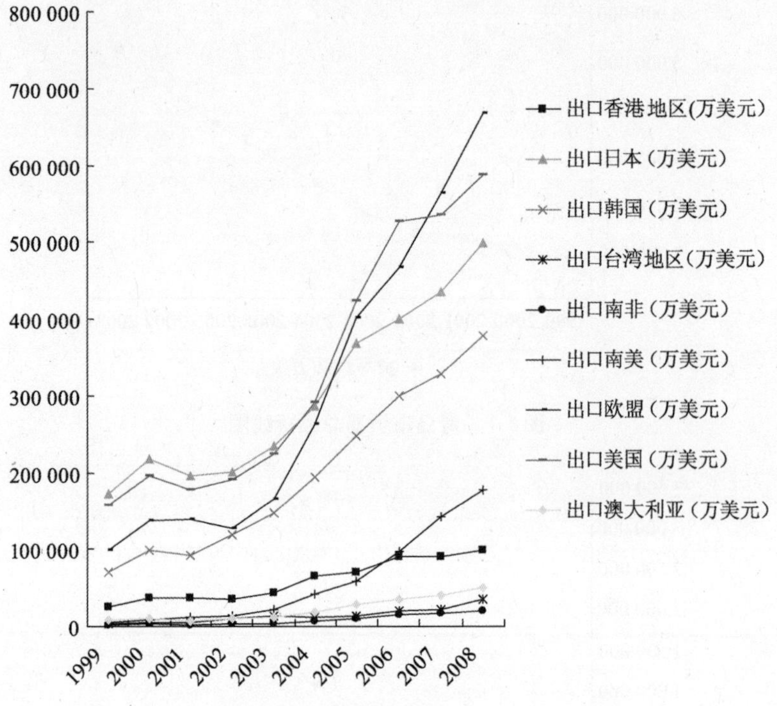

图 5-4　青岛市对主要贸易国家或地区出口折线图

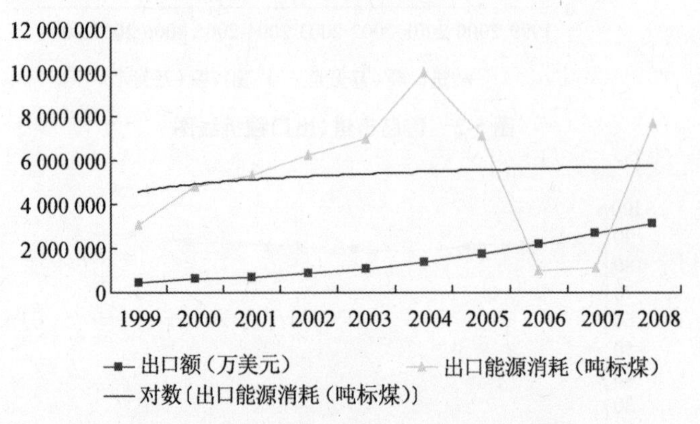

图 5-5　青岛市出口与出口能耗趋势对照图

5.1.2　青岛生态市建设情况介绍

青岛位于山东半岛东南部，是山东省的经济龙头城市，虽然近些年来在经济社会发展的同时环境保护也取得了长足的进展，但总体而言，青岛市面临的生态环境问题并没有得到根本解决，如人均矿物资源占有量相对较低、胶州湾等近海岸污染还相当严重、大沽河等水源污染局部恶化、城市生活垃圾和工业污染废物以及农业面临污染日益加重等。特别是“十五”以后，青岛经济社会发展给生态环境带来的压力越来越大，资源短缺开始成为制约青岛可持续发展的重要因素。为有效控制和改善这种局面，实施可持续发展战略，青岛市委市政府于2001年出台了《关于进一步加强环境保护 推进生态城市建设的决定》（青发［2001］4号），并根据《决定》的有关精神制定了《进一步加强环境保护 推进生态城市建设实施方案》（2001—2002年）。方案成立了生态城市建设领导小组，负责全市生态城市建设的组织协调、督促检查工作。市环保局、农业局、林业局、海事局、规划局、经委、计委等各责任单位也分别成立专门的领导班子和工作班子，负责本单位的生态城市建设工作。同时，市环保局也在市委市政府“大而强，富而美”的宏伟战略指导下开始编制《青岛市生态市建设规划》。该《规划》于2003年如期出台，确立了自然与社会和谐、传统与现代融合、保护与发展并重的指导思想，指出要“坚持系统的生态思想，实行区域、流域生态保护战略；坚持分区指导，分类推进，规划点面结合，突出重点；坚持河海统筹、陆海兼顾，以陆源污染防治为重点，加强对近岸海域水质和生态环境的保护；坚持预防与整治相结合，以预防为主；坚持自然恢复与人工建设相结合，以自然恢复为主”。2007年，青岛市委市政府在全面总结“十五”期间生态市建设的成就与挑战的基础上，出台了《青岛市“十一五”生态建设和环境保护规划》。该《规划》目标为：到2010年，有效解决结构性污染问题；重点流域和区域环境质量明显改善；市郊和农村环境质量基本保持稳定；生态环境恶化的趋势得以遏制；环境监督管理工作进一步加强；初步建立起具有青岛特色的地方性环境法规体系；循环经济工作全面开展，生态市建设初见成效，生态环境质量基本满足小康社会的要求等。为了保证目标的实现，《规划》对环境质量、污染防治、生态保护与建设、环境管理等方面均作了具体的量化指标要求（如表5-1），并明确了今后的工作任务和发展方向。

表5-1 青岛市“十一五”生态建设和环境保护规划指标量化分解

指标层级	指标/分类	量化要求
1	环境质量指标	
1.1	大气环境	
	市区及各县级市空气质量达到二级标准的天数	>330天
	农村地区空气质量	维持2005年水平

续表

指标层级	指标/分类	量化要求
	酸雨的强度和发生频率	<2005 年水平
1.2	水环境	
	地表水环境质量功能区达标率	≥80%
	集中式饮用水源地水质达标率	100%
	近岸海域水环境功能区达标率	100%
1.3	声环境	
	区域环境噪声平均值	<55 分贝
	交通道路噪声平均值	<69 分贝
1.4	辐射环境	
	环境及核设施周围的辐射水平	在天然本底涨落范围内
2	污染防治指标	
	全市化学需氧量排放	在 2005 年水平上削减 18%
	全市二氧化硫排放	在 2005 年水平上削减 26.32%
	城市机动车尾气排放达标率	95%
	市内四区城市污水集中处理率	不低于 80%
	城市中水回用率	不低于 30%
	城市生活垃圾无害化处理率	达到 100%
	城市生活垃圾分类收集覆盖率	大于 50%
	规模化畜禽养殖场粪便资源化率	达到 95%
	养殖场污水排放达标率	≥85%
	工业用水重复利用率	达到 85%
	工业废物综合利用率	达到 98%
	危险废物、医疗废物安全处置率	达到 100%
	废放射源收贮率	100%
	放射性废物安全处置率	达到 100%
3	生态环境保护与建设指标	
	受保护地区占国土面积的比例	达到 20%
	城市建成区绿化覆盖率	达到 42%
	城市建成区绿地率	达到 36%
	全市林木绿化覆盖率	达到 36%
	城市人均公共绿地面积	大于 12 平方米
	达到生态县标准	5 个区市

续表

指标层级	指标/分类	量化要求
	建成国家环保模范城市个数	5个县级市
4	环境管理能力指标	
	全市环境监察、监测、信息、宣教能力	达到标准化水平
	重点污染源自动在线监控率	大于80%
	重点污染源排污许可证发放率	达到100%
	辐射工作单位安全许可证发放率	达到100%
	生态建设和环境保护投资占全市生产总值的比例	为4.0%

（1）发展循环经济，优化产业结构，加快解决结构性污染进程。第一，要求率先开展城阳出口加工区、崂山高新区和黄岛经济技术开发区等区域循环经济试点工作，通过制定产业发展规划引导进区企业进行衔接、配套，形成产业链；以冶金、石化、化工、电力、啤酒、电子家电、建材和医药等行业为重点，分别在各自范围内开展循环经济试点，通过拉长产品链和开展资源综合利用，实现企业内部或企业之间的“小循环”。第二，引导企业使用清洁能源和原材料，采用绿色工艺、技术和设备，注重从生产的源头减少污染物的产生，同时，强化环境准入和淘汰制度，制定石化、化工、建材、冶金、电力、印染、酿造、轻工等行业重点产品的单位产值能耗、水耗和污染排放强度的地方指标，对于高能耗、高水耗和高污染的生产企业依法予以取缔。第三，加快建设垃圾发电、作物秸秆发电等再生资源综合利用项目，完善再生资源回收网络系统，建立废旧家电、废塑料、废旧轮胎、废弃食用油脂、废电池和荧光灯管等资源化处理中心，促进区域性或专业性再生资源处理中心的形成和发展。

（2）加强生态环境保护与建设，促进生态环境的改善。第一，要求按照生态功能区的要求，合理安排产业布局，同时，维持和发展生物多样性，开展外来物种生物监测，完善外来物种管理的法规和机制。第二，要求开展新建自然保护区的论证和申报，提高已建自然保护区的管护能力与建设水平，并通过建立健全湿地保护法律法规，有效遏制湿地数量减少趋势。第三，深化集体林权制度改革，抓好森林资源管护，同时，结合社会主义新农村建设“十百千”工程的实施，重点抓好荒山绿化和重点示范镇、示范村的绿化，并兼顾沿海防护林建设、主要通道两侧林带的新建和补植、可视范围内的村庄绿化、企事业单位绿化、水源地绿化、地堰绿化、墓地绿化、农田林网等方面绿化工作。第四,充分考虑城市总体布局及山、海、河、路的自然资源与空间结构,因地制宜、因势利导,规划梳理为“三山、四水、五带、多点”的矩阵绿地系统格局。第五,积极发展生态农业,建设一批生态农业示范区,以菜果茶、肉蛋奶、水产品等“菜篮子”产品为重点,发展无公害食品生产基地或绿色食品基地等(来源于青岛政务网)。

除此以外,《规划》还从排污总量控制制度、流域污染综合治理、大气环境质量、固体废物管理、(核)辐射环境管理、监管能力建设、海域环境保护等方面进行了详细部署,并确立了6类共27项生态建设重点工程,包括生态文明建设工程、区域自然生态体系保护与建设工程、林业生态体系建设工程、城市绿化工程、自然保护区建设、水库水源地污染防治与生态建设项目等。在青岛市各级政府的推动(作为公共产品,主要是政府推动)下,青岛生态市建设取得了阶段性成果。近五年来,青岛市万元生产总值能耗下降22%,二氧化硫和化学需氧量排放量分别削减26.9%和18%,近岸海域功能区水质达标率提高14.5%(为87.5%),市区空气质量优良天数保持在330天以上,全市森林覆盖率和建成区绿化覆盖率分别提高5.2%和4.8%[1],绿地面积增加43.7%,人均绿地面积增加22.7%,增加公园24个,公园面积增加71%(2005-2009,来自年鉴)。

5.1.3 青岛市生态贸易水平评价

运用上一章的P—S—R框架及其有关评价步骤,对青岛市生态贸易水平进行评价。

5.1.3.1 数据来源与说明

鉴于市级层面数据的不完整性,特别是在进口贸易、贸易方式以及贸易数量等方面数据缺失严重,现将表4-1中的贸易方式、贸易生态足迹(贸易数量缺失不便于计算)以及矿产资源人均储量这三个指标剔除,且只考虑出口贸易与生态建设的协调水平,保留的指标权重不变(见表5-2),但其构建方式的调整、含义及数据来源如下。

---

[1] 夏耕.政府工作报告[N].青岛日报,2011-02-28.

表 5-2 PSR 框架下青岛市生态贸易水平评价指标权重

目标层	准则层	权重	原指标层	权重	备注
生态贸易水平A	压力 B1	0.33	贸易依存度(规模)C1	0.287 9	用出口依存度代替
			生态贸易商品结构 C2	0.212 0	用出口商品结构代替
			生态贸易地理方向 C3	0.109 3	用出口地理方向代替
			贸易品能源消耗 C4	0.188 1	用出口能耗代替
			贸易方式 C5	0.109 7	剔除
			贸易生态足迹 C6	0.093 0	剔除
	状态 B2	0.33	人均水资源量 C7	0.250 9	用人均供水量代替
			人均森林面积 C8	0.136 8	用森林覆盖率代替
			矿产资源人均储量 C9	0.155 1	剔除
			人均耕地面积 C10	0.159 6	
			人均湿地面积 C11	0.102 7	用人均绿地面积代替
			工业三废排放量 C12	0.069 3	逆向指标
			人口死亡率 C13	0.125 6	逆向指标
	响应 B3	0.33	初级产品单位产量或蓄积量 C14	0.216 8	用粮食产量代替
			循环(或生态)经济园区招商引资额 C15	0.255 7	
			造林、退耕还林面积 C16	0.153 0	用造林面积代替
			污染治理投资 C17	0.150 5	
			濒危物种扣押数或自然保护区面积 C18	0.083 6	用公园面积代替
			政府卫生费用支出 C19	0.140 4	用千人床位数代替

(1) 贸易依存度指标按

$$出口贸易依存度 = \frac{出口贸易额}{国民生产总值或国内生产总值}$$

计算,比值越大越有利于生态建设。数据来源于青岛市各年统计年鉴。

(2) 生态贸易商品结构指标按

$$生态出口商品结构 = \frac{制成品出口在出口总额中的比重}{初级产品出口在出口总额中的比重}$$

计算,比值越大越有利于生态建设。数据来源于青岛市各年统计年鉴。

(3) 生态贸易地理方向指标按

$$生态出口地理方向 = \frac{\sum_{i=1}^{n} T_l}{\sum_{j=1}^{m} T_h}$$

计算,比值>1表明对外贸易有利于区域生态建设,比值<1表明对外贸易不利于区域生态建设,为正向指标;具体以各经济实体各年的人均国民收入水平来衡量其发展程度,分别将它们与青岛市进行比较,当年人均国民收入超过青岛市的界定为发展水平较高的国家和地区,反之为发展水平较低的国家和地区。此处选择与青岛市常有贸易往来的中国香港地区、日本、韩国、中国台湾地区、欧盟、南非、南美、美国、澳大利亚等为样本,数据来源于国家统计局《国际统计数据2002、2005、2009》,其中中国台湾地区数据来源于中国统计年鉴,欧盟数据以欧元区数据代替(1999年和2001年以欧洲和中亚代替),南美人均国民收入由于数据不全以处于中等水平的巴西代替。

(4)贸易能源消耗以

出口能源消耗=单位金额出口能耗×出口额

计算,越大越不利于生态建设,为逆向指标。2005到2008年直接采用青岛统计年鉴中的综合能源消耗,1999到2004年的能源消耗采用主要能源消费汇总,包括原煤、焦炭、焦炉煤气、原油、汽油、煤油、柴油、燃料油、液化石油气、炼厂干气、热力、电力等。其折算成标煤时所用系数见表5-3。

表5-3 各能源折算成标煤系数

能源名称	折标煤系数
原煤	0.7143千克标煤/千克
焦炭	0.9714千克标煤/千克
焦炉煤气	0.5714~0.6143千克标煤/千克(或立方米)
原油	1.4286千克标煤/千克
汽油	1.4714千克标煤/千克
煤油	1.4714千克标煤/千克
柴油	1.4571千克标煤/千克
燃料油	1.4286千克标煤/千克
液化石油气	1.7143千克标煤/千克
炼厂干气	1.5714千克标煤/千克
热气(当量)	0.14286千克标煤/1000千卡(或4180千焦)
电力(当量)(等价)	0.1229千克标煤/千瓦时,0.4040千克标煤/千瓦时

来源:中国能源统计年鉴2005。

(5) 状态子系统中，由于数据原因，人均水资源量、人均森林面积、人均湿地面积这三个指标分别用人均供水量、森林覆盖率、人均绿地面积代替。人均供水量、人均耕地面积和工业“三废”排放数据均来自于各年《统计年鉴》，其中，工业“三废”由工业废水排放量、工业废气排放量、工业固体废弃物产生量三个指标复合而成。森林覆盖率、人均绿地面积、人口死亡率数据来源于各年《青岛市统计公报》。

(6) 响应子系统中，同样由于数据原因，初级产品单位产量或蓄积量、自然保护区面积、政府卫生费用支出这三个指标分别用粮食产量、公园面积和千人床位数代替，粮食总产量来源于各年统计年鉴，循环经济（或生态工业）园区招商引资数据来源于各年统计年鉴中的实际利用外资额，包括农、林、牧、渔业外资以及水利、环境及公共设施外资。造林面积来源于各年《青岛市统计公报》；污染治理项目投资额、公园面积、千人床位数均来源于各年统计年鉴。

5.1.3.2 青岛市生态贸易水平评价结果

首先，按上一章的极差标准化方法，即公式(4.6)、公式(4.7)对指标进行无量纲化处理，然后按公式(4.8)、公式(4.9)计算综合指数和协调度指数，所得结果如下。

表 5-4　系统各指标数据汇总

	时间	1999	2000	2001	2002	2003	2004	2005	2006	2007	2008
压力	出口依存度	0.37	0.44	0.45	0.46	0.48	0.53	0.53	0.53	0.52	0.48
	出口商品结构	6.58	6.58	6.14	5.25	5.67	6.19	6.52	6.87	8.80	9.41
	出口地理方向	0	0	0.26	0	0.03	0.04	0.04	0.06	0.08	0.09
	出口能耗(吨标煤)	3 080 637	4 821 760	5 310 175	6 237 618	7 025 795	10 017 375	7 116 859	1 012 332	1 098 345	7 684 462
	子系统得分	0.04	0.09	0.13	0.09	0.12	0.18	0.16	0.13	0.16	0.20
状态	人均供水(立方米)	33.93	35.96	31.28	38.65	38.29	42.23	44.90	40.73	41.60	42.91
	森林覆盖率%	22.5	20.51	21.33	23.16	26.76	29.76	31.70	32.95	33.76	35.37
	人均耕地面积(公顷)	0.07	0.07	0.07	0.06	0.06	0.06	0.06	0.06	0.05	0.05
	人均绿地面积(m^2)	7.35	8.50	9.10	10.00	9.34	11.00	11.80	11.80	12.19	13.00
	工业"三废"排放量(万吨)	9 704	10 351	11 045	10 766	10 422	10 497	11 081	11 928	12 253	12 611
	人口死亡率(‰)	6.50	7.02	6.54	6.65	6.70	6.78	6.54	6.93	6.32	7.33
	子系统得分	0.13	0.12	0.10	0.15	0.13	0.17	0.20	0.15	0.18	0.15
响应	粮食产量(吨)	3 331 124	2 780 481	2 539 257	2 383 802	2 221 697	2 650 952	3 150 203	3 039 266	3 007 443	3 336 643
	引资额(万美元)	2 262	3 863	5 720	6 082	10 010	12 035	14 125	8 531	9 700	1 925
	造林面积(万公顷)	0.47	0.45	0.68	1.65	3.8	3.25	1.61	1.33	0.86	0.78
	污染治理投资(万元)	0	19 842	19 234	6 481	19 440	15 512	68 665	17 904	13 876	140 389
	公园面积(公顷)	790.9	790.1	832.4	926	1 033.5	1 421.4	1 109.9	1 188	1 268	1 815
	千人床位数(张)	3.62	3.45	3.48	2.99	3.33	3.48	4.13	3.83	3.97	4.25
	子系统得分	0.10	0.07	0.08	0.06	0.13	0.18	0.24	0.16	0.16	0.20
	综合指数	0.27	0.28	0.30	0.30	0.38	0.53	0.59	0.43	0.50	0.55
	系统协调度	1.58	1.70	1.70	1.64	1.73	1.73	1.71	1.73	1.73	1.72

(1) 综合评价指数。从图5-6来看,1999年到2008年10年间,青岛市生态贸易水平是在不断上升的,1990年仅为0.27,2008年便上升为0.55,上升了103.7%,这与青岛贸易产业结构的调整、出口结构的优化、招商引资以及污染治理力度的加大不无关系。而且,对发展中国家特别是南非和南美等国家和地区出口的不断扩张也使青岛的对外贸易无论在市场环境还是生态环境上都有所改善。当然,在2006年左右,青岛市的生态贸易水平出现大幅下滑,这可能是期间内造林面积减少、工业排放绝对量增加而污染治理投资又绝对减少所致。

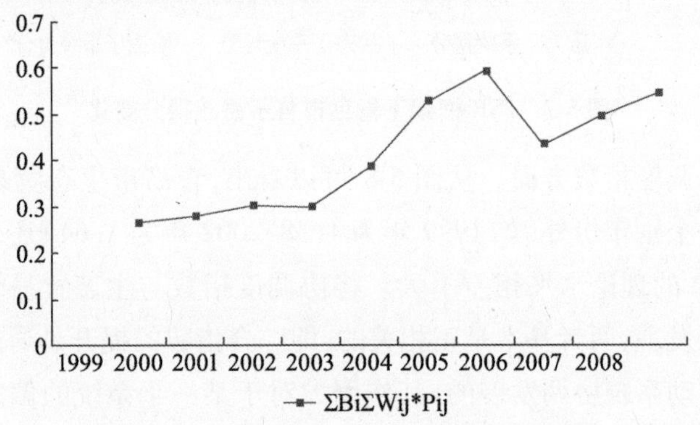

图5-6 青岛市生态贸易水平综合指数变化

(2) 各子系统的变化情况。从表5-4或图5-7可以看出,压力子系统得分从1999年的0.04上升到2008年的0.20,上升了400%,这说明青岛市出口贸易对生态建设构成的压力还是不容忽视的。状态子系统一直处于波动状态,并于2007年以后呈现出下降趋势,这主要是贸易的规模效应所致。2004年以后至2008年,青岛市出口规模由1 391 171万美元增加到1 758 834万美元、2 164 541万美元、2 677 596万美元、3 146 246万美元,年均增幅达32%,贸易规模扩大引起生产扩张和投资需求的增加,同时也增加了对资源(包括水、能源等)和土地占用的需求。响应子系统除中间出现短时回落外,基本是处于上升趋势,这与青岛启动生态市建设以及市民整体环保意识的提高有很大关系。另外,从图中可以直观看出,2004年以前,压力子系统与状态子系统基本都呈反向变动,如1999—2001年间,贸易给生态建设带来的压力上升,这反映在状态子系统中便是状态系统得分的下降。主要原因在于,这段时间青岛生态市建设还未正式启动,政府对于生态环境等公共产品的投入相对较少,以及人们的环保意识相对薄弱所致,如图所示,响应子系统的得分这段时间甚至还在倒退便可说明这一点。

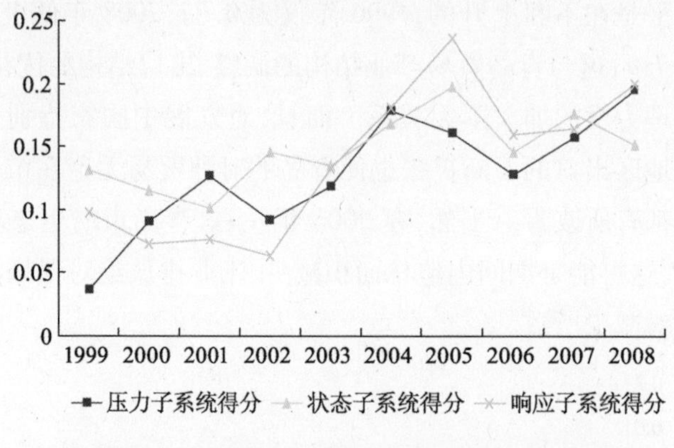

图 5-7 PSR 框架下青岛市各子系统得分变化

(3) 协调度指数方面。从图 5-8 可以看出,青岛市生态贸易的 PSR 系统协调度除个别年份外(如 1999 年为 1.58,2002 年为 1.64)还是相当不错的,与 1.732 的理论水平相差不大。将协调度指数与生态贸易综合指数进行对比观察发现,两者基本是正相关的,即综合指数的提升是通过三个子系统来均衡拉动系统协调发展的,其作用力对于某一子系统的偏向性并不明显。事实上,将协调度对综合指数进行回归,结果也能通过 5% 的显著性水平检验,其系数为 0.253 171,$t=2.366\ 367$。当然,我们也应该看到,2006 年以来系统协调度与生态贸易综合指数之间的关系出现了一些障碍,贸易压力居高不下,生态环境状况有所恶化,同时社会各界对当前状态的响应程度又不足以缓减贸易带来的负面影响,导致了综合指数上升而系统协调度却略有下降的情况出现。

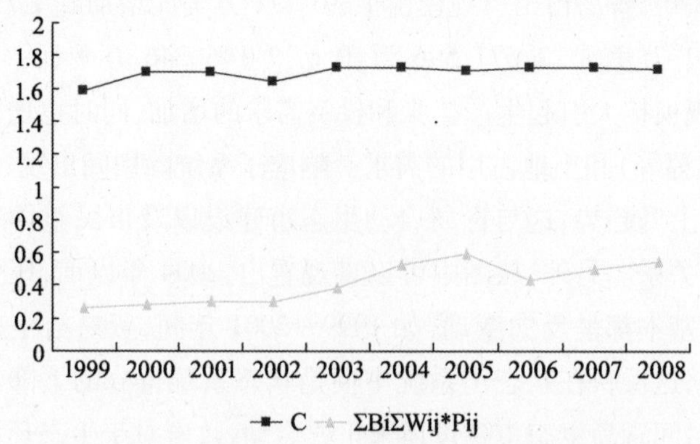

图 5-8 系统协调度与综合指数变化趋势对照

5.1.4 总结与评价

基于对外贸易的P—S—R框架,运用AHP法对青岛市的有关数据进行实证研究表明,1999年到2008年10年间,青岛市生态贸易水平在不断上升,虽然出口贸易对生态建设构成的压力不容忽视,但总体来看,其贸易与生态建设之间还是保持着较高的协调度。当然,我们也应该看到,该方法的研究结果也与指标选取有很大的关系,就本案例而言,压力指标和状态指标之间并不一定存在必然的逻辑联系,而且有的指标究竟应该归属压力子系统、状态子系统还是响应子系统,其界定也未必合理。如生态贸易地理方向指标,其属性在某些情况下可归属为压力子系统,而某些情况下也可归属为状态子系统等,这就使实证过程所期望得到的因果关系有所弱化,根据这种逻辑,本案例中青岛市贸易与区域生态建设之间的协调程度就很可能被高估。

5.2 省域尺度对外贸易中自然资本的跨国流动评价——以安徽省为例

5.2.1 区域概况

安徽省地处暖温带与亚热带过渡地区,气候温暖湿润、四季分明。全省年平均气温在14~17℃之间,由北向南递减,平均日照1 800~2 500小时,平均无霜期200~250天,平均降水量800~1 800毫米,动植物资源丰富,种类齐全。[1] 安徽跨淮河、长江、新安江三大水系,是全国资源大省同时也是全国农业大省,煤、铁、铜、硫等38种矿产储量居全国前10位,粮、棉、油等产量名列前茅,每年有大量的农林牧渔等资源性产品销往海外市场。随着中共中央"中部崛起"战略(10号文件)、安徽省委省政府"东向"发展战略的提出和实施,"江淮城市群"、"皖江城市带"的打造,"长三角经济圈"的辐射和拉动,安徽的对外开放程度不断提高,外贸对经济的拉动作用不断加大(李旸,2009;胡戴新,2008)。然而,对外贸易的发展也会带来资源和环境服务等要素投入的跨国界流动,虽然目前尚没有确切的数据说明对外贸易对安徽生态环境的影响,但国外已有研究表明,许多发展中国家和地区在对外贸易中输出了生态承载力,使自己环境状况恶化(Anderson,2001)。安徽每

〔1〕 http://www.ah.gov.cn/zjah/maindisp.asp? kind=zrzy&secname=dlzy

年有大量的农林牧矿渔等资源性产品销往海外市场,同时也从国外市场进口大量包括非食品性原料在内的初级产品。这些涉及自然资本的贸易活动是否会给安徽的生态省建设带来不利影响?如何理性看待和评价这些自然资本的跨国流动?

5.2.2 方法与模型

采用第四章第二节的生态足迹法对安徽省自然资本贸易结构进行研究,以期能为安徽生态产业规划提供建设性的建议。但考虑到数据的可获取性和学界目前对该方法的运用现状,本书仅选用其模型一、模型二来对安徽省自然资本的出口结构进行剖析。具体模型为:

$$EF = \sum a_k \cdot ef_k,\text{其中}\quad ef_k = \sum_{i=1}^{n}\left(\frac{c_i}{p_i}\right)\cdots\cdots\text{贸易生态足迹模型} \tag{5.1}$$

$$EEC = \frac{EF(gha)}{EX(usdollar)}\cdots\cdots\text{出口生态换汇成本模型} \tag{5.2}$$

其中,EF 与 ef_k 分别表示总的生态足迹与 k 类生物生产型土地的生态足迹;a_k、c_i、p_i 分别为 k 类土地的全球均衡因子、商品 i 的出口数量、商品 i 的全球平均产量;EEC(ecological exchange cost)为生态换汇成本,用生态足迹 EF(全球公顷 *gha*)与出口外汇收入 EX(美元 us dollar)的比值来表示,意指在国际市场上每换回一美元所需支付的自然资源成本,这个“成本”并不以经济学中的货币价值来衡量,而是以生物生产型土地全球平均产量的生产力空间来衡量。

由贸易生态足迹模型可知,我们既可从总的层面来衡量自然资本出口的换汇成本,也可从土地类型来分别考察其所包含不同资源产品的生态换汇成本。

5.2.3 技术线路与主要思想

计算过程中,先将生物生产型土地划分为不同类型,对各出口产品所属的土地类型进行归类,分别用每种产品的出口量去除以相应的全球平均产量[如式(5.1)],即折算成生产这些产品所需的生物生产型土地面积,然后分别以各类型土地的全球均衡因子对其进行调整并分类加总,得到各层次的和总的生态足迹,最后用产品出口外汇收入去除各层次的生态足迹,得到相应的生态换汇成本,比较不同层次生态换汇成本,并追求成本的最小化。

表 5-5 各生物生产型土地类型及所选出口商品一览表

土地类型	主要出口商品
耕地	活猪、鲜冻猪肉、鸡肉、禽蛋、谷物、干豆、鲜干水果及坚果、食用油籽、食用植物油、花生、棉织物、生丝、辣椒干、猪鬃、肠衣
草地	牛肉、羽绒羽毛、兔毛
林地	茶叶、药材、蘑菇罐头、天然蜂蜜、原木、锯材、纸及纸板、家具、竹、藤、草、柳编结品
淡水水域	水海产品、生鱼片
化石燃料用地	焦炭、半焦炭、成品油

5.2.4 样本、数据来源与处理

根据安徽省资源产品出口特点和数据的可获取性,先将生物生产型土地划分为耕地、草地、林地、淡水水域和化石燃料用地五类,即 $k=5$,从1999—2008 年这 10 年间安徽省主要出口商品中选取 35 种自然资源和能源产品及其加工品,对其所属土地类型进行归类并计算。所有出口数量与外汇收入均来源于各年的《安徽省统计年鉴》,年鉴中有关收入或数量不全的根据安徽省商务厅农产品出口情况通报数据整理或按相邻年份的数据进行近似推算补充。但在对各资源产品所属的土地类型进行归类以及数据转换环节上,很多学者的方法不尽相同。如张坤民(2003)将苏州食物账户中的茶叶足迹归为耕地,而将牛肉足迹归为牧草地;符国基(2007)则将海南省生物资源账户中的牛肉足迹归为草地,将茶叶归为林地;还有的则在设定肉类、牲畜、家禽等产品的全球均衡产出水平时没进行间接产品与直接产品的转换等。不同的思路可能会得出不同的结论,本研究将茶叶划归为林地;在缺乏实际可行数据的前提下,将牛肉足迹主要视为草地对牛的供给,归草地,而忽略了部分产自耕地的饲料对其可能的饲养(Kissinger,2009;谢鸿宇等,2009);肉类、家禽等产品的单位面积全球均衡产出用从谷物而来的转化系数进行调整(张坤民等,2003);对于竹、藤、草、柳等制品按转换因子进行单位换算;另外由于统计年鉴未能按品种给出成品油数据,对于出口的成品油,其能源折算系数以汽油的数据近似代替,其他数据和方法参照Wackernagel(1996,1997)或网站[1]。

〔1〕 FAO, http://www. fao. org/fileadmin/templates/ess/documents/methodology/tcf. pdf USDA-ERS, http://www. ers. usda. gov/Data/FoodConsumption/FoodAvailSpreadsheets. htm

5.2.5 结果分析

5.2.5.1 出口中所携带的生态足迹

图 5-9 显示，2002 年以前安徽省耕地的生态足迹输出在所有生物生产型土地中占绝对比重，但之后迅速下降并保持较低水平。这一方面是受发达国家农产品补贴影响，中国农产品在国际市场上的竞争加剧出口下降所致。如美国 2002 年的“农场安全与乡村投资法”使其谷物、油料、牲畜、棉花等农产品的补贴水平较以前整体增加 80% 以上，对中国同类产品出口构成了较大压力。另一方面，禽流感、口蹄疫等动物疫病疫情使我国包括猪肉、鸡肉在内的耕地产品出口受阻也是安徽耕地生态足迹输出减少的重要原因。2003 年禽流感爆发后，在途和抵港的中国禽肉蛋出口产品绝大部分不能正常通关，均被勒令退回或销毁，受此大环境及省内广德、马鞍山等地疫情的影响，安徽许多肉鸡产业链上的企业纷纷倒闭或转产。尽管在疫情缓解后有部分肉禽产品供本地市场，但随后几年鸡肉出口几乎停滞（图 5-10）。猪、禽等属动物源性产品，出于环境安全考虑我们虽不能过度提倡出口，但完善动物防疫体系的建设和加强应急预案是有必要的。我国一直因动物疫病和动物防疫不符合有关国际标准而被认为是“疫情不明国家”，猪、牛、禽肉等产品质量得不到国际市场的认可，这与我国的大国形象不符。安徽省作为地方层面也应加强基层和村级动物防疫体系建设，完善政企、技企联系制度，推进动物防疫体系朝网络化、国际化方向发展。

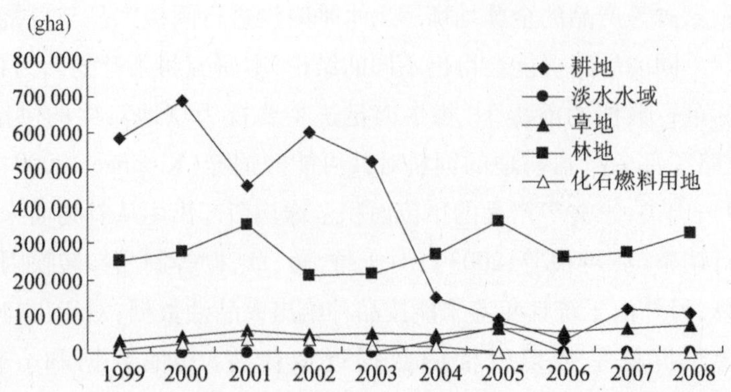

图 5-9 1999—2008 年安徽省各类型生物生产型土地的生态足迹输出

林地、草地的生态足迹输出在整个观察期间特别是 2002 年以后稳中有升，反映出安徽羽绒羽毛、茶叶、药材、天然蜂蜜、竹藤草柳等工艺品的出口优势。这可能与安徽省商务厅发起的农产品出口示范基地建设有关。建设过程中政府先后从技改贴息、品牌建设、国际认证、信用保险、出口培训等方面对出口企业进行了支持和扶助,使它们对国际市场动态、检验检疫预警、进口国技术标准变化有充分的了解和应对准备,在历经金融危机、反倾销调查、农残药残限量指令等风波后,茶叶、蜂蜜、羽毛等林草地产品出口依然整体保持增长势头(图 5-10)。而且,安徽省委省政府的“十一五期间培育8 ~ 10 个出口产业集群规划”也使得霍邱、淮南等地的柳编结品出口产业集群效应显现,成为林地产品出口增长的重要一极。如庆华集团、华安达集团等

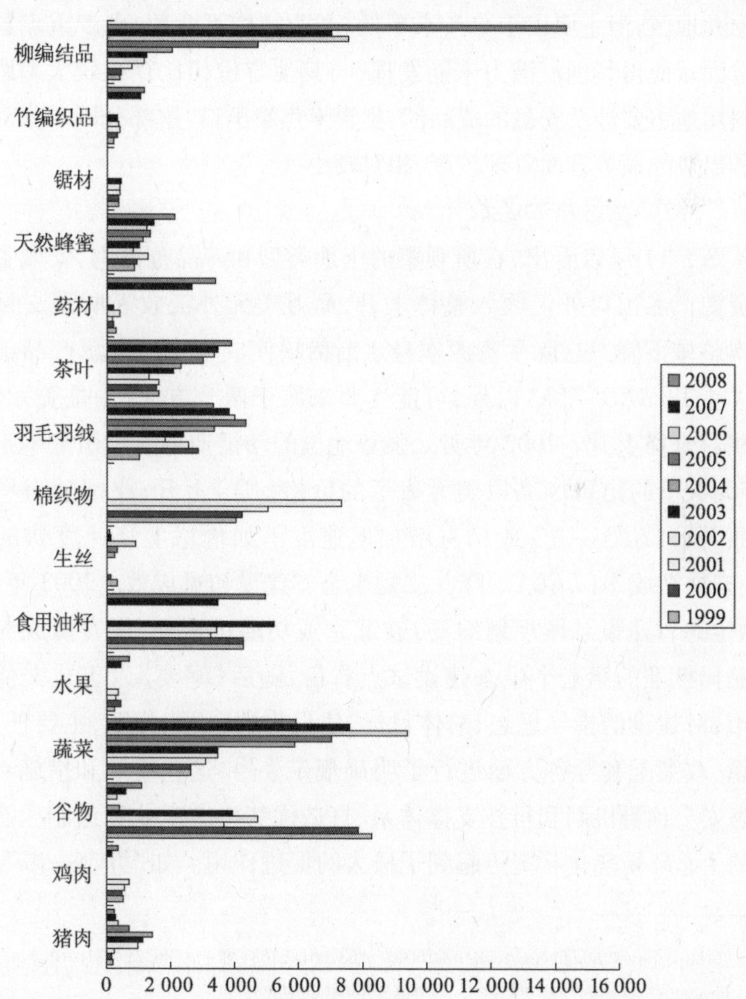

图 5-10　1999—2008 年安徽省主要资源产品出口外汇收入(万美元)

注:出于版面与清晰度考虑,仅选部分出口数额较大的产品以图示。

已形成集柳种植、柳编结、家具生产和外销外贸于一体的企业集团,每年出口创收上亿美元,这些都可能是安徽林草地生态足迹输出上升的原因。[1]建议可在"出口基地建设"和"产业集群规划"基础上,结合林权制度与土地流转方式改革,因地制宜地开发林下养殖和林间特色种植,在保证土壤有机结构和提高产量的同时,减少面源污染,实现循环农业发展。

淡水水域足迹输出与其他类型生物生产型土地来比相对较少。这并不是因为安徽淡水资源稀缺,相反,安徽全省总水面积约1 581万亩,居全国内陆省份第二位,鱼回鱼、小龙虾、河蟹等水产品远销欧、美、韩、中东、俄罗斯等国家和地区,但主要由于单产水平低、产业结构不合理、水产重点县大而不强等因素使得其创汇潜力未能发挥,与其他省份相比存在较大差距。化石燃料用地主要涉及安徽的成品油、焦炭半焦炭出口,这部分因国家对主体资格和出口配额等方面管理较严,相对较小。

5.2.5.2 生态换汇成本

从图5-11可以看出,在所观察的土地类型和产品范围内,安徽省近十年间资源产品出口外汇收入整体上升,而万美元外汇收入所需支付的生态成本整体下降。这除了资源本身逐渐稀缺使成本推动资源产品价格上涨(*EX*上升,*EEC*下降)以外,可能主要来源于两个方面:一是美元贬值,产品相对价格上升。2002年美元强势地位的动摇使得人民币汇率不断升值,相同数量的出口产品以美元表示的价格(*EX*)上升,在国际市场对国内产品需求(*EF*)一定,或稍有增加但速度不如价格上涨速度快的情况下,生态换汇成本(*EEC*)下降。二是生态省建设初见成效。2003年10月《安徽生态省建设总体规划纲要》在北京成功通过论证,使安徽成为国家环保总局批准的第七个生态建设试点省份,随后《纲要》以正式文件下发各地市,对建设的指导思想、总体目标、建设步骤、功能分区、主要任务、保障体系、政策配套等各方面进行了明确规定。[2] 这些规定和措施对于建立生态安全预警机制和科技支撑体系、打造优势生态产业和遏制生态脆弱地区的生态环境恶化状况等起到了极大的促进作用。如"九节一减"[3]的

〔1〕 http://www.hfboftec.gov.cn/n7216006/n8681961/n8684786/n8686321/8718561.html;http://www.ah.gov.cn/zwzb/showcontent2.asp? newsid=420&tabname=bm

〔2〕 http://www.ahpc.gov.cn/info.jsp? xxnr_id=10006007

〔3〕 "九节一减"指节地、节水、节种、节肥、节(农)药、节油、节柴、节煤、节粮和减少从事一产的农民。引自安徽省人大常委会副主任季昆森在2005年安徽省农业工作会议上的讲话。

落实,森林覆盖率的提高,林、水、草、耕等生态系统结构的优化,土壤理化性状的改善,种植业产投比的上升,另外还有"稻鸭共育,猪—沼—果(菜)"生态农业模式及其关键技术在合肥、巢湖等地的研究推广等,都可能是生态换汇成本下降的原因。

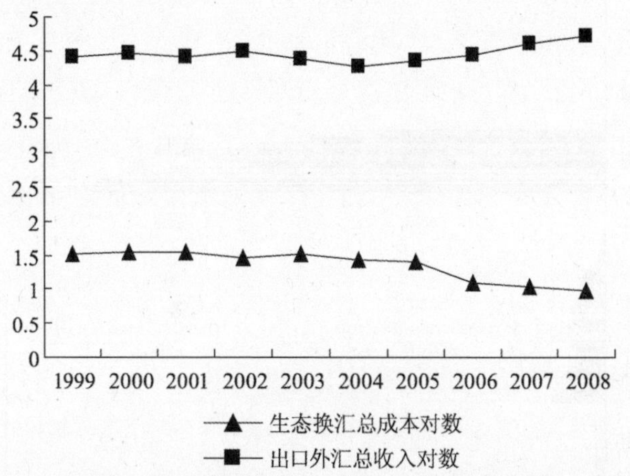

图 5-11 1999—2008 年安徽省自然资本出口外汇总收入(万美元)与生态换汇总成本(全球公顷/万美元)对数序列对照图

从出口结构来看,耕地产品中除猪肉、鸡肉、谷物的生态换汇成本相对较高外(2003 年后也明显下降),其他如蔬菜等安徽重要出口产品的生态换汇成本均不高(图 5-12),这可能与 2002 年《安徽省无公害蔬菜管理办法》(皖政[2002]65 号)的出台以及 2002 年 8 月 1 日开始执行的《安徽省无公害农产品用肥认定办法》(目的是引导农民使用优质肥料,减少劣质肥料对土壤的污染,保护耕地质量)有关。当然,各种资金安排如农业产业化专项资金、扶持畜牧产业化项目资金、国债农林水项目投资、农业综合开发资金、省科技厅扶持"龙头"资金等都对安徽生态产业发展和生态换汇成本的降低起到了积极作用。[1]

在所有生物生产型土地类型的产品中,蜂蜜的生态换汇成本虽呈下降趋势,但仍最为显著。这可能是受国际蜂蜜产品技术标准严格化以及省内蜂蜜产品因部分蜂蜜产区的洋槐、酸枣、野坝子等蜜源植物遭到乱砍滥伐而

[1] http://www.ah.gov.cn/zfgb/gbcontent.asp?id=3046;http://www.agri.gov.cn/zcfg/t20050718_417030.htm;http://www.ecoah.gov.cn/pages/Show.aspx?NewsID=6021.

变得相对稀缺两个方面因素影响,使安徽蜂蜜产品出口量减(*EF* 减少)价扬(*EX* 上升)所致。[1]

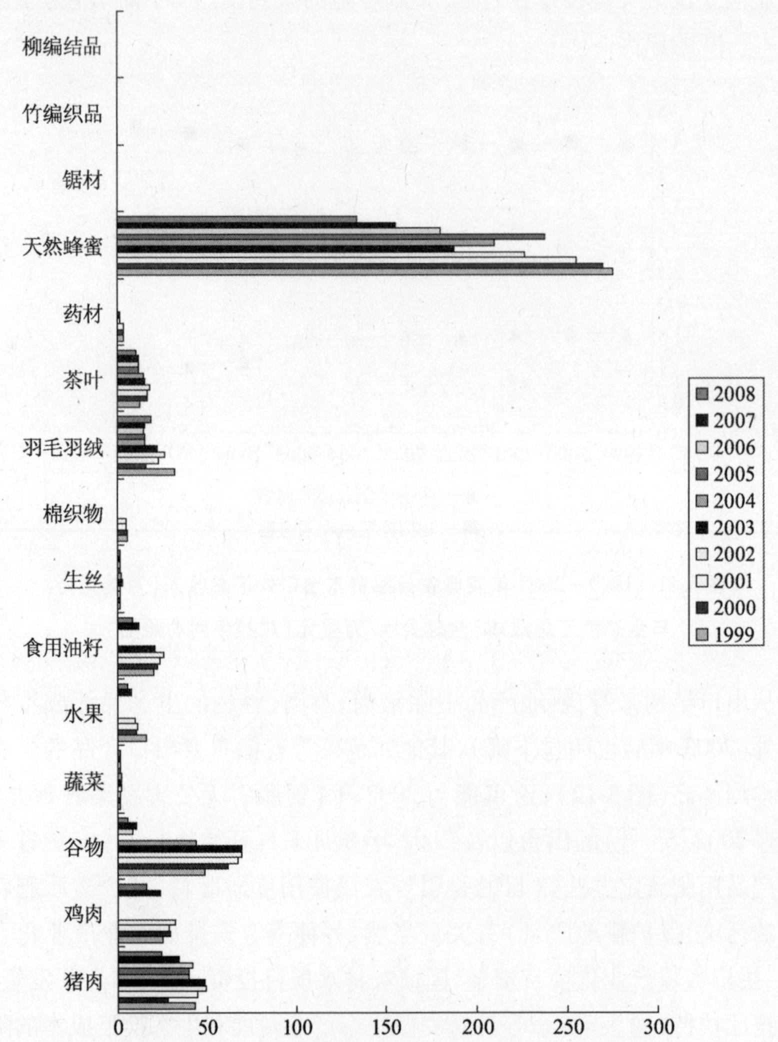

图 5-12　1999—2008 年安徽省主要资源产品生态换汇成本(全球公顷/万美元)

注:出于版面与清晰度考虑,仅选部分出口数额较大的产品以图示。

〔1〕 http://www.tech-food.com/news/2007-6-19/n0119180.htm

5.2.6 结论与讨论

基于出口生态足迹与生态换汇成本两个模型,对安徽省 1999—2008 年间生物生产型土地的主要资源产品出口结构进行了简要剖析,发现在 2002 年前后,安徽省自然资本出口呈现较大转折,其中耕地足迹输出比重下降,而林、草地足迹输出比重上升,但各类型生物生产型土地的生态换汇成本整体呈下降趋势。应在巩固已有生态建设成果基础上推进第二阶段即全面建设阶段(2008—2015)的生态省建设工作,从优势产品中重点遴选果蔬、茶叶、药材、竹藤草柳等生态换汇成本较低的产品,结合安徽省情和国际市场的变化情况,做好产业规划,促进安徽出口贸易的可持续发展。

当然,这些结论也至少因以下三方面原因而存在偏颇:一是资源产品出口生态足迹并未将电力资源消耗以及为贸易提供物流、储存等服务所需的土地面积纳入核算范围,使结果较实际值偏低。二是文中出口外汇收入数据直接选自统计年鉴中的出口金额,而现行的统计制度一般以 FOB 离岸价格作为出口金额的统计标准。据了解,安徽多数商品出口均从上海、宁波、厦门等主要港口走货,因此,出口外汇收入(EX)即离岸价实际涵盖了从安徽到沿海港口的跨省各项费用,但生态足迹(EF)的核算却仅限于安徽省,如果将计算口径统一在省域范围内,外汇收入似乎偏高而换汇成本偏低。三是个别产品的全球均衡产量原始数据可能也有些偏误。如蜂蜜的全球平均产量可能仅考虑了蜜蜂饲养中对蜜源性植物等生物资源的全球平均消耗,而未考虑到饲养蜜蜂的正外部性,使得 p 值偏低,蜂蜜的生态足迹(EF)从而生态换汇成本(EEC)凸显。事实上,养蜂业从经济学角度来看是典型的正外部性产业,蜜蜂产蜜的同时也会无偿地为农作物和果蔬授粉,使其产出水平增加,更何况有些蜂场在转移过程中还会为沿途的农作物授粉增产!如果将这些因素纳入 p 值的原始核算,安徽蜂蜜出口中的生态足迹和生态换汇成本就会大大降低。在此思路下,可建议适当利用安徽传统优势,鼓励转地养蜂,并对蜂场转地的运输费、检疫费、饲料费、治疗费等费用进行必要补贴和减免,或从生态补偿费用中进行转移支付,使蜂农的个人收益与社会收益尽可能保持一致。

5.3 国家（际）尺度生态建设制度安排对贸易的影响——以森林认证对中国的影响为例[1]

5.3.1 森林认证制度背景介绍及问题的提出

20 世纪 80 年代以前，由于人口压力、政策误导、债务问题、非法毁林和木材贸易等一系列原因，全球范围内的森林资源急剧减少、土地严重退化，各国政府和非政府组织为了缓减这种局势，先后采取了一系列的措施，包括成立“热带林业行动计划”和国际热带木材组织、通过《关于森林问题的原则性声明》、成立政府间森林问题工作组、成立森林认证委员会等。在实际运行过程中，森林认证逐步得到全世界生产企业和消费者的认可，并成为解决世界森林问题、促进森林可持续经营和林产品市场准入的一种有效手段。目前，世界上已经有 20 多个森林认证体系在运行，包括 FSC 和 ISO14001 等国际体系，泛欧森林认证体系和泛非森林认证体系等地区体系，以及马来西亚、印度尼西亚、美国、加拿大、巴西等国的一些国家体系，其中影响最大的是 FSC（森林管理委员会）和 PEFC（泛欧森林认证体系）这两种。截至 2006 年 1 月，全球已有 66 个国家 775 个森林经营单位 68 130 000 hm^2 森林通过了 FSC 的认证，有 73 个国家的 4 350 个企业通过了产销监管链（COC）认证，到 2008 年 6 月，通过各种森林认证体系的森林约占到了全球森林面积的 8.6%（徐斌，2009），森林认证以前所未有的速度在国际范围内扩展。尽管如此，目前全球范围内通过认证的森林分布极不均衡，超过 90% 的认证林地分布在北半球的欧洲和北美地区，整个亚洲的森林认证面积仅占2.45%，约为 7 419 000 hm^2，这不仅与森林认证制度本身的国际化进程有关，而且与各国对于生态建设和森林认证制度的认识有关。就中国而言，由于对森林生态环境问题认识不足，森林认证的起步也相对较晚，约始于 20 世纪 90 年代。特别是自 1995 年以后，中国政府的有关人员开始频繁参加可持续发展委员会、政府间森林问题工作组、政府间森林问题论坛等平台的有关森林认

---

〔1〕 森林认证主要影响林产品贸易。林产品有木质林产品和非木质林产品之分，根据 SFA 科技发展中心副主任 Mr. Wang Wei 的《中国森林认证现状》（2010），非木质林产品的认证标准、竹林认证标准等还在研究与制定当中，因此本书认为，森林认证目前影响的主要还是木质林产品贸易。资料来源：http://www.cfcn.cn/cmc3/download/%B7%A2%D1%D4ppt/7-1-5-Wang%20Wei-%D6%D0%D3%A2.pdf

证会议，这些平台是建立在1992年联合国环发会上通过的《关于森林问题的原则声明》这一机制基础之上的，它极大地促进了我国政府、学界和企业对于森林认证的认识和了解。1998年开始，中国林科院、中国社科院、国家林业局等单位在一些国际组织的资助下，正式开展了对森林认证方面的研究，涉及森林认证能力建设、中国森林认证原则与标准的建立、森林认证国家工作组的组建，以及培训和信息中心等方面的内容。作为中国最早开展森林认证研究的机构之一，中国林科院科技信息研究所森林认证项目组在世界自然基金会的支持下，开展了包括森林认证的国际进展、森林认证体系比较、中国森林认证的可行性分析、中国产销监管链企业跟踪调查、森林认证对森林经营和林产品贸易的影响、森林认证标准的比较以及中国森林认证原则与标准制定等方面的研究，这些研究对于推动森林认证在我国的发展有着良好的作用。2001年3月，国家林业局专门在科技发展中心下成立了森林认证处，同年7月又组织成立了中国森林认证领导小组，下设办公室，具体负责森林认证工作。2002到2009年间，领导小组先后制定并发布实施了《中国森林可持续经营标准与指标》《中国森林认证——森林经营》《中国森林认证——产销监管链》《中国森林认证实施规划》《森林经营认证审核导则》《产销监管链审核导则》等方案和草案。2003年6月25日，中共中央国务院颁布了《关于加快林业发展的决定》，第一次以官方的形式提出要"积极开展森林认证工作，尽快与国际接轨"，从而进一步确定了森林认证在我国生态建设整体战略中的重要地位。另一方面，国际非政府组织对于森林认证在中国的推广也起到了举足轻重的作用。世界上最大最有影响力的非政府组织之一——世界自然基金会（WWF）从1996年开始就在中国开展了一系列有利于推动中国森林认证的活动，如翻译出版《森林认证指南》和《认证——世界森林的未来》等小册子、联合举办森林可持续经营和认证国际研讨会、东北内蒙古天保工程区森林可持续经营和认证研讨会、在汪清林业局金沟岭林场组织了模拟森林认证、资助成立森林认证工作组和其他一些有关森林认证的研究项目、配合新闻媒体介绍森林认证及其国际进展等。[1] 在政府、学界、科研院所和国际非政府组织的帮助和引导下，森林认证工作在中国获得蓬勃发展。2000年年初，中国国内认证企业还不足20家，到2006年年底，认证企业迅速增长至225家，其中包括森林经营认证企

〔1〕 http://www.szzssy.com/newslook.aspx? id =110

业4家，产销监管链企业221家(陈珂,2007)。仅从森林管理委员会授权提供FSC认证服务的所有机构颁发的COC、FM/COC、FM、CW/FM证书来看，我国企业所获森林认证证书数由1999年的一穷二白增加到2008年的225个(图5-13)。目前，我国已经建立了与FSC和PEFC两大国际认证体系的良好合作关系(王建明,2009)。

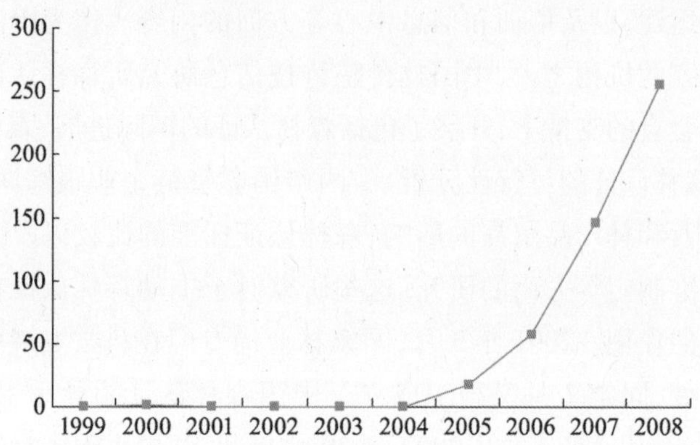

图5-13　1999—2008年中国获得的FSC证书变化趋势

数据来源：FSC DATABASE。

作为一种促进森林可持续经营和生态建设国际化的市场手段，森林认证最初是由世界自然基金会和"地球之友"等非政府环保组织发起，并在世界银行的积极支持下而在全球范围内不断得到推广的。虽然其推广者并不承认他们正在构建一种贸易壁垒，但从目前的国际贸易形势来看，森林认证在某种意义上确实起到了一种类似于非关税壁垒的作用。从中国来看，随着近些年来林产品工业的迅速发展和外商投资的不断增加，中国的林产品特别是纸张、家具、胶合板等深加工产品在出口量值上迅速增加。由于这些产品中的绝大部分是销往"环境敏感"的欧美市场，而这些市场的消费者又普遍要求产品应贴有经过第三方独立认证的标签，以证明他们所购买的木材产品源自可持续经营的森林，因此，这对于中国的许多林产工业企业来说，如果没有获得森林认证就意味着将会失去准入的机会，这无疑对有关企业形成了巨大压力。当然从长远来看，随着生态建设的国际化进程以及消费者消费偏好的变化，企业的环保觉悟水平也会不断提高，森林认证对于企业来说将逐渐由外在的压力(尽管认证与否完全取决于企业的自愿)转变为一种内在约束，进而推动整个产业结构的升级和贸易竞争力的提高。鉴于这种短期效应以及长期的预期，森林认证这一生态建设的国际合作机制对于当前的中国林产品贸易究竟是起到了促进作用还是抑制作用，以下运用第四章第三节的方法对此进行实证研究。

5.3.2 对研究方法的补充说明

在上一章对引力模型的扩展过程中，由于涉及一对多的贸易流量考察，需要考虑各种认证体系在不同国家的具体认证情况。但正如方法中所说的，目前世界上有20多种森林认证体系，包括全球性认证体系FSC、区域性认证体系如PEFC，以及马来西亚、印尼、美国、英国、加拿大、荷兰等国的一些国家体系，各种体系认证的面积、分布的区域、认证的林种等都不尽相同，不同认证体系对林产品贸易的影响也不尽相同，究竟是将某一种认证体系作为变量单独引入还是将所有认证体系以某种方式综合加权后引入呢？在世界粮农组织及国际热带木材组织（ITTO）目前不能提供每年各国通过各种认证的森林面积动态数据的情况下[1]，考虑到FSC是国际上广泛公认和影响力最大的森林认证体系，且与我国木质林产品贸易联系最为密切[2]，研究尝试将全球认证体系（FSC_{ij}）作为变量引入。但在具体引入的方法上，考虑了两种选择，一种是作虚拟变量引入，考察中国与另一伙伴国在t年是否均有企业获得该认证，从而对中国木质林产品贸易造成一定影响；另一种是作定量变量引入，考察FSC授权的各认证机构颁发给中国及其贸易伙伴国有关企业的证书数目对双边贸易流量的影响。因为森林认证不同于其他制度安排，它是以企业自愿为基础的，各国企业申请获得的FSC证书数目能从一定程度上反映出这些国家对于森林经营及产销环节的监管力度和意愿程度。通过回归发现无论在哪种情况下，前者的解释能力均弱于后者，因而选择以定量变量引入。

5.3.3 样本与数据来源

5.3.3.1 样本国家范围

本研究利用1999—2008年中国对其主要木质林产品贸易伙伴国贸易流量的面板数据来进行回归，具体对象包括俄罗斯、美国、印尼、加拿大、日本、马来西亚、泰国、巴布亚新几内亚、莫桑比克、意大利、缅甸、加蓬、新西兰、阿联酋、巴西、澳大利亚、新加坡、荷兰、英国、法国、德国、中国香港地区、韩国、越南、印度、瑞典、芬兰、坦桑尼亚共28个国家和地区，样本容量为10×

---

〔1〕参见SFM Tropics2005（www.itto.int）。

〔2〕本研究认为CSA、PEFC、MTCC等体系主要影响的是北美、欧盟等各集团内部和中国以外国家间的林产品贸易。

28 =280 个。时间跨度的选择考虑了中国的“天保工程”、正式开始提出认证的时间[1]以及联合国数据库等可能获取的最新信息。这个时间段能较好地反映 1999 年中国有关企业首次向 FSC 授权的 SGSC 申请森林认证以来森林认证发展对林产品贸易的影响,以及中国自 1998 年开始实施天然林资源保护工程以来森林资源的恢复及其与木质林产品贸易的关系。之所以选择这些国家和地区作为研究对象,主要是因为:第一,2008 年中国对该 28 个国家和地区的木质林产品进出口贸易额占中国木质林产品贸易总额的 80% 以上(来源于联合国 COMTRADE 数据库),且其地理位置分布于五大洲,基本上能反映中国木质林产品贸易的总体情况,具一定的代表性;第二,这些国家和地区大多为已经开展森林认证并与国际接轨的国家和地区(森林认证通讯),这有利于说明生态建设的国际合作对贸易的影响;第三,这些国家和地区的森林面积占世界森林面积的 70%(根据 FRA2005 计算获得),少数国家和地区与中国木质林产品贸易总额虽然不算突出,但其原木出口对中国的依赖性非常高,如坦桑尼亚与莫桑比克原木出口对中国的依赖度分别达 96% 和 85% 以上(孙金昌、陈立桥、陈立俊等,2008),这有利于说明资源禀赋对中国木质林产品贸易的影响;第四,这些国家和地区基本上为中国前 50 位以内的主要贸易伙伴,有利于后文中配合森林认证情况进一步估算中国木质林产品贸易潜力。

5.3.3.2　数据来源与说明

(1) 因变量。中国与样本对象之间 1999—2008 年的双边贸易流量来自联合国 COMTRADE 数据库。木质林产品参照 FAO 界定,包括原木、其他原材、锯材、人造板、木浆、纸和纸制品,统计口径根据《商品名称及编码协调制度 1996》(HS1996)中第 44、96、47、48、49 各章获得,其中对第 48 章按出口金额 ×0.4、进口金额 ×0.8 折算,对第 49 章按出口金额 ×0.3、进口金额 ×0.9 折算(姚昌恬,2002)。

(2) 自变量。各国 GDP 来源于 National Accounts Main Aggregates Database,人口数据来源于联合国粮农组织数据库[2]。距离来自 time and

---

〔1〕 1999 年 1 月 29 日黑龙江省铁力林业局首次向 FSC 授权的 SGSC(英国营利性的监督总公司林业计划) 提出森林经营和产销链的认证,但后来没成功。

〔2〕 包括经济活动人口。但由于 FAO 的中国人口数据是包括香港地区等在内的,不便于本研究分析,因此,中国内地与香港地区的人口数据来源于中国各年的统计年鉴,且香港地区数据中经济活动人口以劳动人口近似代替。

date. com，考虑到中国木质林产品多集中于广东、福建、浙江、江苏、山东等省份，因此，距离按中国上海对各国首府之间的直线距离计算。对于要素禀赋差异，由于 FAO 的 Global Forest Resources Assessment（全球森林资源评估）周期为五年，逢尾数为 0 和 5 的年份公布，所以样本时期内 2000 年及 2005 年以外的年份森林面积只能通过其公布的变化率和变化面积间接计算获得，数据均来自联合国粮农组织《世界森林状况 2009》及《FRA2005》。各年 FSC 授权机构颁发给各国企业的森林认证证书数目根据 FSC Database 整理后计算获得，统计口径包括森林管理委员会授权提供 FSC 认证服务的所有机构颁发的各种类型的，目前仍在有效期内的证书，分 COC、FM/COC、FM、CW/FM 四种。当年贸易双方所申请证书数目为 0 的以0. 025代替以便于取对数（Kalbasi，2001）。

5.3.4 引力模型回归结果与分析

由于面板数据的时空两维特性容易产生异方差与序列相关问题，普通最小二乘法（OLS）对其不再有效。为消除截面异方差、时间序列异方差和时间单元异方差性，本研究使用 Pooled EGLS，先后对引力模型的基本形式做截面加权回归（cross-section weights）、时期加权回归（period weights）和时期似不相关回归（period SUR），结果见表 5-6。从表中可看出，这三种回归中所有变量的系数符号均与预期目标相符，变量及整体方程（F 值）均通过 1% 的显著性水平检验，R 值也较为理想（分别为 0. 800 865，0. 544 233，0. 231 014），这说明引力模型是可以用来解释中国木质林产品贸易流量的。但是，进一步观察检验结果发现，尽管前两种方法的拟合优度貌似高于第三种方法，但均存在严重的序列自相关（DW 值分别为 0. 089 251 和0. 055 456，且小于各自的 $R2$ 值）。根据 Granger 的观点，当 $DW < R2$ 时，模型极可能存在谬误回归，因此基本引力模型选择第三种方法所得形式，即

$$\begin{aligned}\mathrm{Ln}T_{ij} = 13.2254 + 0.615719\mathrm{Ln}(GDP_i \times GDP_j) - \\ 0.26547\mathrm{Ln}(POP_i \times POP_j) - 0.391474\mathrm{Ln}D_{ij}\end{aligned} \tag{5.3}$$

考虑到模型三中 R^2 较低的可能原因是还有部分关键变量没有引入，继续用 Period SUR 对扩展的引力模型进行检验，见模型四。在扩展的引力模型回归中，F 值由原来的 28. 938 48 提高至 35. 724 11，调整的 R^2 也由 0. 231 014提高至 0. 465 588，这说明模型整体结构得到优化，解释能力也进一步增强，而且 DW 值也显示不存在自相关问题，除距离因子外的所有变量均通过显著性检验。考虑共同边界与距离因素这两个变量间可能存在多重共

表 5-6　引力模型回归结果

	基本模型			扩展模型	
	一(CSW)	二(Period Weights)	三(Period SUR)	四	五
常数项	14.201 43 (16.022 32)***	13.651 5 (11.542 49)***	13.225 4 (5.299 74)***	11.516 52 (4.965 062)***	12.214 23 (5.325 261)***
$\mathrm{Ln}(GDP_i \times GDP_j)$	0.561 03 (23.172 5)***	0.601 418 (17.068 73)***	0.615 719 (8.901 460)***	0.613 651 (9.379 631)***	0.569 832 (9.352 795)***
$\mathrm{Ln}(POP_i \times POP_j)$	−0.189 132 (−4.802 148)***	−0.236 968 (−5.137 211)***	−0.265 47 (−2.747 426)***	−0.275 129 (−2.856 305)***	−0.192 314 (−2.282 972)**
$\mathrm{Ln}\ D_{ij}$	−0.560 12 (−13.866 71)***	−0.482 225 (−5.899 996)***	−0.391 474 (−2.266 401)***	−0.229 792 (−1.089 374)	−0.395 298 (−2.062 619)**
$\mathrm{Ln}\ AF_{ij}$				0.061 73 (1.810 274)*	0.075 871 (2.180 824)**
$\mathrm{Ln}\ FSC_{ij}$				0.039 28 (7.022 613)***	0.041 201 (7.302 776)***
BORDER				0.604 583 (1.674 737)*	
APEC				0.903 800 (3.539 037)***	0.849 186 (3.355 394)***
Adjusted R-squared	0.800 865	0.544 233	0.231 014	0.465 588	0.464 468
F-statistic	375.020 4	112.051 7	28.938 48	35.724 11	41.329 47
Durbin-Watson stat	0.089 251	0.055 456	2.019 618	1.863 164	1.852 725
Prob(F-statistic)	0.000 000 0	0.000 000 0	0.000 000 0	0.000 000 0	0.000 000 0

注：括号内为 t 统计量，*** 表示符合 1%的显著性水平，** 表示符合 5%的显著性水平，* 表示符合 10%的显著性水平。

线性,综合权衡它们在引力模型中的重要程度,只能剔除边界因子(事实上,其 t 值也在所有显著变量中最小,p 值仅为 0.095 1)再重新回归,得到模型五。在该模型中,经济规模、森林认证及 APEC 因子均达到 1% 的显著性水平,距离、人口与禀赋差异也通过了 5% 的显著性水平检验,F 值显示模型结构进一步得到优化,且剔除边界因素对拟合优度并无显著影响,整体效果较为满意,因此,初步决定后文对于中国木质林产品贸易潜力的预测也以该模型为基础来进行。

模型五显示,对亚太经合组织成员国的贸易是中国木质林产品贸易的重要组成部分,中国对于 APEC 成员国的木质林产品贸易是非成员国贸易的 2.337 7 倍〔exp(0.849 186) =2.337 7〕,这充分显示了 APEC 在引导和协调中国与众多经济发展水平迥异的次区域间的木质林产品贸易中的积极作用;要素禀赋差异每增加 1%,双边贸易流量同向增加0.07%,这说明要素禀赋理论对于中国木质林产品贸易仍然有效,但禀赋差异对双边贸易的影响相对有限,这可能是中国目前的林产工业生产由粗放型向集约型转变、产品由单一化向多元化转变、产业内贸易与产业间贸易并存的现状所致;森林认证证书数目每增加 1% 将导致中国木质林产品贸易流量增加 0.04%,这与预期符号相反,说明在“绿色革命”的浪潮下,各国木质林产品消费者对来自可持续经营森林产品需求的上升,已经开始超过了企业由于认证引起成本上升导致的供给减少,森林认证在中国木质林产品贸易中已经倾向于作为一种积极因素存在而不是贸易壁垒;此外,经济规模对双边贸易有一定的促进作用(0.57),距离依然是木质林产品贸易的重要阻碍力量(-0.40)。

5.3.5 中国主要木质林产品贸易潜力测算

运用引力模型五的参数估计对中国与样本国家 2008 年的贸易值进行模拟,然后将实际值 T 与模拟值 T' 进行比较,所得比值可大致划分为三个区间,$T/T'>1$ 为“过度贸易”区间,T/T' 接近 1 为理论值与实际值“基本吻合”区间,$T/T'<1$ 为“贸易不足”区间,比值越小则说明贸易潜力越大。测算方程为:

$$T' = e^{12.214\,23 + 0.849\,186\mathrm{APEC}}(GDP_i \times GDP_j)^{0.569\,832}(POP_i \times POP_j)^{-0.192\,314} D_{ij}^{-0.395\,298} AF_{ij}^{0.075\,871} FSC_{ij}^{0.041\,201} \tag{5.4}$$

表 5-7 2008 年中国与样本国家(地区)木质林产品贸易潜力测算

(按实际值降序排列,单位:万美元)

序号	贸易伙伴国(地区)	实际值 T	模拟值 T'	T/T'
1	美国	919 163.634 6	367 661.000 9	2.500 030 28
2	俄罗斯	434 369.325 4	127 630.010 0	3.403 347 89
3	日本	395 409.721 3	443 886.453 0	0.890 790 24
4	加拿大	251 101.059 6	183 009.018 9	1.372 069 32
5	中国香港地区	179 263.788 5	156 725.266 5	1.143 809 12
6	英国	168 310.518 7	71 747.144 0	2.345 884 58
7	印尼	144 324.413 5	142 295.141 5	1.014 261 01
8	德国	126 007.097 7	53 086.848 4	2.373 602 91
9	巴西	124 160.855 4	38 292.408 7	3.242 440 46
10	韩国	109 773.963 9	217 263.445 3	0.505 257 40
11	荷兰	96 516.216 8	48 065.984 0	2.007 994 19
12	澳大利亚	77 514.170 4	167 540.149 3	0.462 660 27
13	泰国	68 198.109 0	74 707.308 4	0.912 870 65
14	意大利	67 222.091 4	66 726.732 4	1.007 423 70
15	马来西亚	62 994.872 3	79 518.546 7	0.792 203 52
16	法国	58 437.654 5	77 680.710 4	0.752 280 13
17	阿联酋	55 213.684 6	26 600.917 4	2.075 630 84
18	新西兰	54 167.698 5	59 100.559 3	0.916 534 45
19	瑞典	49 780.942 0	65 046.306 4	0.765 315 43
20	芬兰	44 794.879 8	52 271.890 4	0.856 959 25
21	加蓬	42 961.757 6	11 097.977 7	3.871 133 88
22	巴布亚新几内亚	42 719.997 7	18 943.676 0	2.255 106 01
23	越南	38 689.504 0	23 270.543 5	1.662 595 63
24	印度	31 354.342 2	40 431.019 6	0.775 502 14
25	缅甸	26 817.462 3	9 333.852 9	2.873 139 59
26	新加坡	23 830.030 4	88 202.219 2	0.270 174 95
27	莫桑比克	9 976.889 1	5 294.992 92	1.884 211 98
28	坦桑尼亚	2 332.165 7	5 819.645 22	0.400 740 18

注:实际值来源于联合国 COMTRADE 数据库。

从测算结果来看,在中国前十位木质林产品贸易伙伴国中,有半数以上的国家(地区)与中国存在“过度贸易”,如俄罗斯、巴西、美国、德国、英国和加拿大等;印尼、中国香港地区等跟中国的实际贸易额与理论值基本吻合;韩国、日本属于对中“贸易不足”的国家。从整个样本范围来看,与中国“贸易不足”的国家还有大洋洲的澳大利亚、新西兰,亚洲的马来西亚、新加坡、泰国和印度,非洲的坦桑尼亚,欧洲的芬兰、瑞典和法国。其中新加坡和澳大利亚比值分别仅为0.27和0.46,值得特别关注。

5.3.6 结论与启示

模型中森林认证因子(FSC_{ij})对中国木质林产品贸易虽然整体上已经不至于构成壁垒,产生阻碍作用,但其正面效果仍较为微弱,系数仅为0.041 201。所以对于中国来说,目前还应继续推进生态建设的国际合作,倡导和加大森林认证力度,结合“贸易不足”的格局,努力争取潜在的“环境敏感”型顾客,为保证森林资源的可持续供给能力并进一步扩大中国木质林产品在国际市场上的份额奠定基础。

当然另一方面我们也应该看到,生态建设的国际合作机制之一——森林认证作为一种事实上的“非关税壁垒”,其不但没有阻碍中国的木质林产品贸易,反而产生了一定的促进作用(参数系数为正),这与中国在国际市场上的地位是分不开的。中国目前已经成为世界林产品生产、加工、消费和进出口大国,它除了有能力对国际林产品市场施加一定的影响以外,其广阔的国内市场也具有吸纳和转化这种“非关税壁垒”负面效应的巨大潜力。但对于许多林产品贸易小国,特别是那些严重依赖林产品出口和存在大量非法采伐行为的国家(如缅甸、印尼、坦桑尼亚等)来说却不会这么幸运,其对外贸易在这种“非关税壁垒”下所面临的负面影响将是不言而喻的,因此,生态建设的国际合作仍任重而道远。

第六章

结论与展望

6.1 结论与讨论

本书基于生态建设和环境保护的内涵及其在中国法律体系中的地位，将生态建设划分为包括环境污染防治在内的广义生态建设和以农林生态为主体的核心生态建设两个层面。然后沿着这两个层面，对生态建设与对外贸易的相关文献进行了梳理，并确定了从两方面交织展开的研究主线。第三章分别基于广义与核心两个层面，对对外贸易与区域生态建设的作用机理进行了深入分析。第四章基于其作用机理和相关作用因子，探讨了对外贸易与区域生态建设中有关问题的评价方法。第五章从市级、省级和国家尺度，分别对青岛市、安徽省和中国的具体案例进行了实证研究。现从作用、方法与案例等三方面对全书的主要结论和观点总结并讨论如下。

6.1.1 耦合机理

6.1.1.1 主流贸易因子对区域生态建设的影响

(1) 贸易对区域生态建设的规模效应为负，技术效应为正，结构效应取决于一国使自己在污染产品还是清洁产品生产上拥有比较优势的动机。如果动机在于吸引投资，则会导致发达国家污染产业的转移并使自己成为“污染天堂”，从而使贸易对发达国家的生态建设有利；如果动机在于保持要素禀赋优势，则发达国家在贸易中倾向于专业化生产资本密集型产品，从而使贸易对发达国家的生态建设不利。

(2) 贸易规模对于生态建设的影响取决于贸易增长和经济增长各自对于生态建设的贡献率。如果贸易增长对于生态建设的贡献率（包括收入、规模、技术、结构等效应）大于经济增长对于生态建设的贡献率，则贸易依存度扩大对于生态建设的净效应是积极的；反之，其净效应则是消极的。

(3) 发展中国家的“外向型”贸易增长模式由于在大规模利用外资和大力发展加工贸易过程中带来了很大部分的“环境成本的转移”,因而对区域生态建设不利;发展中国家的“内源型”贸易增长模式由于其国内大多数中小民营企业的环境意识和社会责任感薄弱,导致出口行业的整个国内生产过程及其国内交易对生态建设的影响很大。

6.1.1.2 进口贸易对区域生态建设的影响

(1) 进口商品结构中,许多初级产品由于其理化性状或形成过程特点而本身就含有有毒有害元素,在国际贸易中会随运输、仓储、生产、加工和消费过程而对周围环境以及人体健康产生深远影响;还有一些初级产品虽然不一定具有生物毒性,但贸易所带来的空间转移会使其明显改变迁居地的生态环境,形成入侵种并影响到进口地区的生物多样性,对当地生态系统、经济或人类健康造成负面影响;有的制成品作为一个大类整体而言并无毒性,甚至是于人体于环境都有益,但是由于其生产加工过程中使用的原料受到次生污染源的污染,从而使最终制成品携带有毒有害物质,并对进口地环境造成潜在影响;还有的制成品其原料本身容易受到二次污染,再加之,在对原料进行深加工并转化为成品的过程中也会产生有毒害物质并危害环境,这就使得该种制成品的消费者或进口地区均暴露于叠加或复合的危险之中。

(2) 进口贸易的地理方向中,在经济利益高于生态利益的主流价值导向下,进口产品的原产国(地)并不都会秉着认真负责的态度对有关产品进行严格控制以确保其满足进口国对生态建设的不同要求,检验检疫也只是一个比较新但不完全有效的措施;另外,进口贸易实际上也是在间接消费贸易伙伴国的生物多样性服务,但由于生物多样性服务具有全球性的正外部性特征,因此,对贸易伙伴国生物多样性服务的过度消费会通过生物链引起连锁反应,并对进口国本身的生态建设造成影响。

6.1.1.3 出口贸易对区域生态建设的影响

(1) 出口贸易前的资源开发过程中,对野生动植物资源的收获率超过了其个体的更新率会使该动植物种群崩溃,对矿产等非生物资源的过度开采一方面会造成景观破坏,引发诸如崩塌、滑坡、泥石流、矿井突水、地面变形等各类地质灾害,另一方面会危害到矿区周边的植被,使原有的地表生态系统遭受破坏,水土流失加剧,土地生产力下降,土地沙漠化扩张,同时也可能影响矿工的身心健康和家庭生计。工业制成品出口对区域生态建设的影响一方面表现为工业品原材料所需的初级资源开发对生态系统的影响;另一方面则主要表现为工业生产过程中“工业三废”对环境的影响

(2) 贸易方式中,加工贸易出口的产品在国内的产业链相对较短,从而对区域生态建设的影响也减至了最低。一般贸易出口中,由于国内产业链过长,出口产品生产过程中要素转化与空间转移环节过多,容易产生负产品,对生态建设不利。

6.1.1.4 区域生态建设对贸易的影响

(1) 自然保护中常通过建立单位时间的固定收获配额制(fixed quota)或单位时间的固定收获付出制(fixed harvesting effort)来实现对物种收获水平的控制,这两种方法对于贸易的影响是不同的。在种群数量的情况下,根据 MSY 确定的配额去收获种群时,种群会趋于灭绝,贸易会失去其应有的物质基础,但在固定收获付出制下,单位付出将很难收获到个体,种群会朝向恢复,从而能保证生产开发活动以及贸易的可持续性。

(2) 政府针对本国企业的排污收费、排污许可证交易制度会提高企业的生产成本,并进而影响其出口竞争力和贸易量;政府针对国外进口产品采取环境附加税、绿色技术标准等制度短期会产生贸易禁止效应,长期会产生贸易限制、贸易转移效应。

(3) 生态建设的国际合作对贸易会产生重要影响,具体效应因大国、小国等情形而异。

事实上,本研究对于贸易与区域生态建设耦合机理的论述,只是从部分的角度揭示了它们之间可能存在的传导关系,并不能完整地反映它们内在的有机联系,其他尚有许多有利于说明其耦合关系的重要方面在书中并未论及,如国际贸易中的远洋运输与环境管理、《联合国气候变化框架公约》与国际碳汇贸易等。尽管如此,我们从上述耦合机理的分析中仍可察觉,在新的国际形势下,政府应尽可能调整经济政策来刺激贸易收入(甚至包括作为国际服务贸易收入的侨汇等)对于生态建设的反哺作用,以确保贸易对于生态建设的规模效应和收入效应朝积极方向发展,例如根据侨汇的汇款用途是否有利于生态建设而确定是否给予优惠税率或奖励措施等;应加强生态文化建设,严格招商引资审批监管制度,增强国内中小民营企业和外商投资企业的环境意识和社会责任感,尽可能减少“内源型”与“外向型”贸易增长模式对于生态环境的负面影响;应加强国际合作与基础数据的共享,加强对国别生态环境的深入考察和研究,必要的情况下严格我国的进口货物原产地管理制度，如增加对货物的原料产地及其有关环境、生态或生化指标的要求等。

6.1.2 方法探索

（1）为了从宏观角度评估对外贸易与生态建设这两个系统之间的协调性，构建了对外贸易的 P-S-R 框架，以此为基础建立了生态贸易递阶层次结构模型，并将有关对外贸易与生态建设的分解因子如贸易规模、贸易能耗、贸易商品结构、贸易地理方向、生物多样性状况、工业“三废”排放、自然资源保护、环境经济政策等分别纳入到了压力（P）、状态（S）、响应（R）这三个子系统的评价指标当中。通过计算压力、状态、响应这三个子系统的评价指数、生态贸易水平综合指数、PSR 系统协调度指数，并对比观察其变化趋势，可为贸易发展与区域生态建设之间的协调提供参考。

（2）为评价对外贸易中的自然资本跨国流动问题，将生态足迹法与贸易换汇、贸易条件等理论结合起来，构建了贸易生态足迹模型、生态换汇成本模型、进口生态节余模型、生态贸易条件模型等四个模型。结合有关贸易产品数据对四个模型进行综合运用或单个使用，在宏观层面有助于了解一国的贸易利益和地位问题，在中观层面能为区域生态产业规划提供启示。

（3）为评估生态建设对贸易的影响，对传统引力模型进行了扩展。但为了使评估结果更为准确和真实，在引力模型扩展过程中，除了将生态建设的国际合作机制——森林认证作为变量引入外，还沿着国际贸易中的要素禀赋理论引入了森林资源禀赋、共同边界、APEC 成员资格等变量或虚拟变量。通过对模型进行回归，可判断生态建设的国际合作机制对于区域贸易发展的作用力大小。

6.1.3 案例研究

6.1.3.1 青岛案例

基于对外贸易的 P-S-R 框架，运用 AHP 法对青岛市的有关数据进行实证研究表明，1999 年到 2008 年 10 年间，青岛市生态贸易水平在不断上升，虽然出口贸易对生态建设构成的压力不容忽视，但总体来看，其贸易与生态建设之间还是保持着较高的协调度。当然，由于该方法的研究结果与指标选取有很大的关系，因而其实际协调程度很有可能被高估。该案例研究过程中，压力指标和状态指标之间不一定存在必然的逻辑联系，而且有的指标究竟应该归属压力子系统、状态子系统还是响应子系统，其界定也未必合理。如生态贸易地理方向指标，其属性在某些情况下可归属为压力子系统，而在某些情况下也可归属为状态子系统等，这就使实证过程所期望得到的因果关系有所弱化。另外，模型构建与分析过程中未扣除内贸因素的影响也是本研究的缺陷所在。

6.1.3.2　安徽案例

基于出口生态足迹与生态换汇成本两个模型，对安徽省1999—2008年间生物生产型土地的主要资源产品出口结构进行了简要剖析，发现在2002年前后，安徽省自然资本出口呈现较大转折，其中耕地足迹输出比重下降，而林、草地足迹输出比重上升，但各类型生物产型土地的生态换汇成本整体呈下降趋势，建议重点遴选果蔬、茶叶、药材、竹藤草柳等生态换汇成本较低的产品做好出口产业规划。当然由于该方法的运用结果对生态足迹的核算范围、外汇收入的统计口径、全球均衡产量的原始数值等较为敏感，因而结论也存在一定偏颇。

6.1.3.3　中国案例

在传统引力模型基础上引入森林资源禀赋、森林认证等反映生态建设的特色变量，运用1999年到2008年这10年间中国对28个木质林产品贸易伙伴国(地区)的面板数据进行实证分析发现，森林认证作为一种重要的生态建设国际合作机制，其在中国木质林产品贸易中整体上已经倾向于作为一种积极因素存在而不是贸易壁垒，森林认证证书数目每增加1%将导致中国木质林产品贸易流量增加0.04%。从微观角度来看，这说明在“绿色革命”的浪潮下，消费者对来自可持续经营森林产品需求的增加，已经开始超过了企业由于认证引起成本上升导致的供给减少，从宏观角度来看，这说明生态建设的国际合作与经济社会的协同共进已经取得了实质性进展。当然该研究结论也与中国在国际市场上的地位有关，中国目前已经是世界林产品生产、加工、消费和进出口大国，它除了有能力对国际林产品市场施加一定的影响以外，其广阔的国内市场也具有吸纳和转化这种“非关税壁垒”负面效应的巨大潜力。而对于许多林产品贸易小国，特别是那些严重依赖林产品出口和存在大量非法采伐行为的国家(如缅甸、印尼、坦桑尼亚等)来说，其对外贸易在国际生态建设过程中所面临的负面影响将是不言而喻的，因此，生态建设的国际合作仍任重而道远。

6.2 展望

区域经济发展与生态建设的研究已屡见不鲜。对外贸易虽然也是区域经济发展的一个重要方面,但在视角、方法和运行规律上有其自身的特点,目前很少有人专门对于贸易与生态建设的关系进行研究。因此,本书的许多努力仍属探索性工作,在内容和体系上并不是很完整。今后的研究中,还应加强对两者关系各个细微侧面的分解,并探讨其有效评估方法。例如,不同的主体功能区应如何结合区域发展总体战略来推进对外贸易的可持续发展;国际贸易中的跨国运输或远洋运输与区域生态建设的关系如何,怎样对其进行合理评估和科学管理;不同的机制设计下对外贸易发展对生态建设的胁迫性影响如何,怎样根据其变化关系进行合理调整;此外,生态建设是一个复杂系统工程,对外贸易也具有不同的时空格局,在两者关系上,还可进一步从时空分异影响效应方面来展开评估。

就作者目前所在的区域江西省而言,区内丰富的自然资源和生态环境也是其经济发展和贸易增长的重要基础。鉴于经济增长与资源环境之间往往存在一定的取舍关系,作者借助研究课题的机会对有关地区和部门进行了调研,并借助一定的工具对相关统计数据和调研数据进行核算,发现江西省最近十多年以来资源类商品的进、出口总量均在增加,其中,以森林资源为载体的林木类产品、林副特产品和以淡水资源为载体的鱼、虾、蟹类产品出口增长最快。但综合考虑商品进出口贸易、资源与环境承载力以及产品在国际市场换取外汇资金的能力等因素,则是淡水类产品的贸易潜力最为突出(详细数据见附表)。今后应加强对水资源的开发与利用研究,以及不同产业的资源环境效应研究,结合长江经济带以及全省区域发展战略,作好产业规划,实现经济贸易的可持续发展。

附 表

附表一 江西省出口贸易的生态足迹汇总(单位:gha)

	活猪	稻谷、大米	食用蔬菜	甘蔗	油籽主要是油菜籽	食用植物油	肉禽鱼罐头	蚕丝
2002	12 839.192 6	102 808.947 4	221.552 377 2	3.40671E-09	5 611.516 336	45.014 461 21	18 163.772 53	238.991 61
2003	13 641.086 67	110 406.327 2	208.309 075	3.40671E-09	3 444.712 735	97.312 634 7	12 823.642 55	401.156 99
2004	15 033.951 95	70 173.909 83	247.061 916 1	3.40671E-09	2 462.197 291	54.721 314 66	27 907.110 03	294.736 65
2005	12 150.459 48	30 943.307 4	321.186 543 9	3.40671E-09	4 637.221 961	50.085 792 03	22 483.987 5	856.976 12
2006	13 246.255 26	134 058.472 9	555.761 591 7	3.40671E-09	2 291.156 196	122.275 156 3	51 924.414 34	605.900 23
2007	13 338.649 5	116 370.903 2	324.914 936 7	3.40671E-09	2 073.426 602	53.893 755 39	35 276.272 74	334.052 55
2008	13 919.941 31	95 293.237 74	3 282.430 616	3.40671E-09	1 538.001 697	20.611 584 05	43 815.695 11	118.142 18
2009	1 464 262.359	53 574.454 95	2 497.985 591	3.40671E-09	775.159 573 5	14.943 696 12	46 532.555 08	431.557 75
2010	1325 066.202	21 903.239 19	1 442.075 093	3.40671E-09	1 227.718 693	16.197 537 72	51 327.867 15	538.954 91
2011	967 673.726 3	23 122.052 83	1 473.989 212	3.40671E-09	1 493.708 482	2.143 318 966	49 651.035 53	728.709 93
2012	788 826.005 8	355.931 622 5	2 310.043 876	3.40671E-09	706.599 445 5	0.183 372 845	48 897.590 11	823.229 42
2013	2 265 324.443	66.517 796 08	2 339.906 869	3.40671E-09	439.817 0697	0.023 814 655	52 940.461 84	714.523 94
02—08 年均增速	0.013 561 133	−0.012 572 553	0.567 183 522	0	−0.194 041 344	−0.122 070 008	0.158 076 57	−0.110 791 264
08—13 年均增速	1.768 844 724	−0.766 237 333	−0.065 454 171	0	−0.221 492 048	−0.741 448 783	0.038 560 029	0.433 251 354
02—13 年均增速	0.600 426 374	−0.487 041 242	0.238 983 865	0	−0.206 636 92	−0.496 342 091	0.102 134 754	0.104 687 567
	棉花	服装	肠线	活鱼(鳗鱼)	淡水虾蟹	牛肉	牛皮革与马皮革	填充用羽绒羽毛加总(含衣服所耗)
2002	89 302.789 39	1 878 083.969	6.90625E-06	6.283E-08	0.307 867 104	123.546023	5 019.919 333	6 810.804 766
2003	74 329.643 83	2 421 542.262	6.90625E-06	6.283E-08	6.283E-08	1.37273E-06	20 544.164 67	12 264.175 55
2004	62 556.453 4	4 079 458.94	6.90625E-06	6.283E-08	0.785 375 265	1.37273E-06	13 832.7	55 618.499 67
2005	78 506.860 05	2 895 516.139	6.90625E-06	427.683 954 5	3.295 434 614	2 134.724 277	8 879.682	19 133.33 931
2006	79 844.501 23	3 126 706.473	6.90625E-06	8.607 712 909	13.688 776 73	1.37273E-06	8 530.083 333	22 551.291 44
2007	64 069.869 11	3 634 705.09	6.90625E-06	99.839 416 94	0.094 245 032	45.300 208 43	13 722.874 67	24 541.862 84
2008	44 960.482 63	3 877 867.298	6.90625E-06	617.659 319 9	1.621 014 548	1.37273E-06	5 555.652 667	19 975.018 44
2009	112 013.247 6	4 355 291.271	6.90625E-06	162.151 718 8	6.283E-08	1.37273E-06	3 406.022 667	32 728.006 5
2010	145 338.746 2	4 794 131.634	6.90625E-06	22.638 913 25	16.335 805 52	1.37273E-06	1 054.97	39 739.447 13
2011	144 040.239 2	5 980 157.194	6.90625E-06	57.084 215 79	33.526 099 33	1.37273E-06	2.188 666 667	44 134.619 27
2012	139 367.828 4	6 980 325.044	6.90625E-06	110.048 038 8	251.095 153 4	1.37273E-06	2 193.73	40 787.404 77
2013	192 311.143 2	9 959 698.016	6.90625E-06	37.393 915 44	32.910 365 12	1.37273E-06	2 676.706 667	51 613.476 25
02—08 年均增速	−0.108 076 397	0.128 443 076	0	45.283 937 53	0.318 977 147	−0.952 761 846	0.017 043 959	0.196 413 926
08—13 年均增速	0.337 318 021	0.207 620 969	0	−0.429 296 694	0.826 035 253	0	−0.135 881 827	0.209 080 409
02—13 年均增速	0.072 223 7	0.163 768 156	0	5.276 159 556	0.529 155 901	−0.810 814 85	−0.055 562 779	0.202 154 885

续表

	竹笋	脐橙蜜桔等汇总	药材	茶叶	天然蜂蜜	原木
2002	20.952 395 84	535.452 610 9	38.785 181 61	3 769.287 942	9 578.856	690.608 124
2003	1.4966E-07	608.346 936 9	13.025 649 15	1 262.076 189	3 224.71	0.000 157 314
2004	1.4966E-07	857.803 439 2	10.506 935 86	3 143.473 214	7 383.132	0.000 157 314
2005	115.836 817	1 835.713 481	15.451 421 95	4 178.709 122	7 634.569 6	0.000 157 314
2006	1 782.766 029	2 007.274 871	25.886 128 28	5 191.644 28	3 905.296	0.000 157 314
2007	28.704 782 31	2 029.652 5	10.694 629 06	5 445.837 621	1 805.248	0.000 157 314
2008	21 446.929 26	5 087.598 297	7.329 354 714	5 464.855 317	1 865.28	0.000 157 314
2009	18 626.455 42	8 308.140 948	4.088 863 988	7 530.673 809	1 080.576	0.000 157 314
2010	6 983.780 746	9 276.009 47	3.359 061 051	8 806.097 951	142.576	0.000 157 314
2011	1.4966E-07	10 194.420 52	0.622 105 873	8 743.897 771	1 080.576	0.000 157 314
2012	13 330.665 53	12 245.402 44	10.991 313 76	8 199.565 406	0.000 002 68	0.000 157 314
2013	13 032.406 68	11 861.044 64	7.795 869 397	9 555.212 67	0.000 002 68	0.000 157 314
02—08 年均增速	2.174 596 78	0.455 342 779	−0.242 469 741	0.063 865 092	−0.238 672 124	−0.921 851 152
08—13 年均增速	−0.094 826 354	0.184 464 436	0.012 417 778	0.1182 330 86	−0.982 959 664	0
02—13 年均增速	0.794 655 085	0.325 284 942	−0.135 720 067	0.0882 421 66	−0.864 627 891	−0.751 034 26
	纤维板	胶合板	纸及纸板	纸浆	废纸	竹木藤家具
2002	0.008 271 605	992.592 592 6	29 908.481 98	0.000 103 252	0.000 103 252	3 168 329.5
2003	3 267 283.951	1 819.753 086	28 226.124 27	376.951 148 1	0.000 103 252	2 430 462.52
2004	54 948 106.17	54 013.580 25	25 797.339 68	0.000 103 252	0.000 103 252	2 495 823.7
2005	17 590 312.35	306 214.814 8	102 301.601	25.812 914 16	0.000 103 252	2 825 385.98
2006	27 894 416.05	231 935.802 5	590 686.769 1	0.000 103 252	0.000 103 252	468 299 8.5
2007	536 035 567.9	84 122.222 22	706 849.033 6	0.000 103 252	0.000 103 252	1 1028 551.08
2008	1 100 106 086	45 328.395 06	418 189.826 7	0.000 103 252	0.000 103 252	34 967 090.96
2009	1 209 807 668	52 524.691 36	509 761.486 6	20.908 460 47	0.000 103 252	31 632 160.6
2010	658 786 019.8	116 629.629 6	292 093.270 2	0.000 103 252	0.000 103 252	28 372 094.7
2011	655 387 713.6	101 658.024 7	257 163.879 1	0.000 103 252	0.000 1032 52	28 436 970.8
2012	211 773 186.4	1 421 88.888 9	207 582.627 6	0.000 103 252	0.000 103 252	74 283 115.74
2013	152 611 111.1	188 096.296 3	186 702.177 3	280.121 744 5	0.000 103 252	116 272 905.5
02—08 年均增速	70.445 376 73	0.890 601 009	0.552 136 274	0	0	0.492 123 81
08—13 年均增速	−0.326 356 199	0.329 235 65	−0.148 949 789	18.350 400 53	0	0.271 638 899
02—13 年均增速	7.575 755 634	0.610 851 045	0.181 149 855	2.844 670 029	0	0.387 524 767

续表

	编结用材料	竹藤草柳编结制品	香精	天然橡胶含合成橡胶	番茄酱	蘑菇罐头
2002	17.002 916 58	182.216 095 5	559.860 699	4 471.586 157	3.56383E-07	0.107 129 879
2003	83.546 441 21	162.853 768 8	358.315 524 6	6 757.196 43	3.56383E-07	0.582 213 016
2004	26.855 485 43	119.990 535 7	505.143 900 8	12 993.511 24	3.56383E-07	0.476 565 642
2005	32.275 213 07	181.949 846 2	419.202 806 4	18 297.712 35	1 355.965 957	2.504 339 463
2006	48.028 226 13	183.506 535 7	796.327 859 4	32 258.539 34	4 963.067 766	1.494 602 482
2007	65.594 481 41	487.650 308 5	545.723 601 2	30 335.285 72	10 962.237 07	7.521 339 891
2008	88.489 155 78	1 854.277 186	629.341 4194	42 634.210 95	33 225.271 49	11.656 114 95
2009	46.798 994 97	512.218 030 2	758.742 348 3	86 254.916 99	11 895.707 45	5.246 604 647
2010	33.413 539 7	81.087 036 18	2 881.030 297	32 042.078 36	11 526.783 35	9.832 899 678
2011	39.786 754 77	111.376 557 8	3 778.215 566	32 629.855 49	10 659.977 98	13.054 213 97
2012	20.013 741 71	109.983 294 5	4 300.158 172	29 106.978 96	8 116.875 372	16.877 717 21
2013	51.311 293 47	95.062 764 82	7 204.637 841	25 752.835 74	17 686.125 43	8.352 678 57
02—08 年均增速	0.316 419 897	0.472 079 686	0.019 688 972	0.456 183 496	66.337 749 47	1.184 945 128
08—13 年均增速	−0.103 264 047	−0.447 964 309	0.628 340 287	−0.095 906 461	−0.118 478 655	−0.064 477 172
02—13 年均增速	0.105 625 737	−0.057 435 137	0.261 439 892	0.172 529 965	8.382 915 284	0.485 909 252

注：gha 是 global hectare 的缩写，指全球公顷

附表二　江西省进口贸易的生态足迹汇总(单位:gha)

	活猪	稻谷、大米	食用蔬菜	甘蔗	油籽主要是油菜籽	食用植物油
2002	1.17326E-07	1 120.690 808	0.000 491 111	3.40671E-09	67.398 206 19	15 245.749 3
2003	1.17326E-07	166.911 396 9	1.22778E-08	3.40671E-09	1.34794E-07	16 946.958 72
2004	1.17326E-07	5.54523E-08	1.22778E-08	3.40671E-09	1.34794E-07	9 277.805 048
2005	1.17326E-07	5.54523E-08	1.22778E-08	3.40671E-09	0.005 391 749	16 312.477 96
2006	1.17326E-07	5.54523E-08	4 988.049 806	3.40671E-09	434.597 857	2 083.196 487
2007	1.17326E-07	5.54523E-08	3 667.490 826	3.40671E-09	1.194 272 328	5.292 807 112
2008	1.17326E-07	5.54523E-08	1.22778E-08	3.40671E-09	2.790 229 932	126.741 594 8
2009	1.17326E-07	5.54523E-08	0.037 815 556	3.40671E-09	0.141 533 402	811.913 038 8
2010	1.17326E-07	5.54523E-08	2.606 326 667	3.40671E-09	102 712.923 9	439.506 605 6
2011	1.17326E-07	5.54523E-08	2.844 515 556	3.40671E-09	229 090.103 2	2 859.225 603
2012	1.17326E-07	2 647.121 596	34.549 052 78	3.40671E-09	170 708.196 1	4 326.769 197
2013	1.17326E-07	16 142.162 01	99.941 111 11	3.40671E-09	80 110.779 53	4 645.186 616
02—08 年均增速	0	−0.980 839 554	−0.829 002 405	0	−0.411 835 769	−0.549 914 455
08—13 年均增速	0	195.249 446 7	94.967 654 6	0	6.791 304 771	1.05 502 353 4
02—13 年均增速	0	0.274 430 012	2.038 062 925	0	0.903 484 431	−0.102 410 689

续表

	肉禽鱼罐头	蚕丝	棉花	服装	肠线	活鱼(鳗鱼)	淡水虾蟹
2002	5.87766E-07	85.626 45	4 865.528 477	10 407.666 88	6.90625E-06	6.283E-08	6.283E-08
2003	5.87766E-07	0.678 47	7 525.022 324	2 655.122 348	6.90625E-06	6.283E-08	6.283E-08
2004	5.87766E-07	0.000 000 221	10 080.877 63	7 750.925 544	6.90625E-06	6.283E-08	6.283E-08
2005	5.87766E-07	0.192 27	18 819.278 39	1 500.747 383	6.90625E-06	0.169 641 057	6.283E-08
2006	5.87766E-07	9.591 4	45 695.463 36	43 412.964 84	6.90625E-06	8.167 902 76	6.283E-08
2007	5.87766E-07	57.818 02	30 014.536 79	29 281.752 19	6.90625E-06	19.954 814 74	6.283E-08
2008	5.87766E-07	96.101 85	26 002.501 31	2 090.287 531	6.90625E-06	14.199 584 8	6.283E-08
2009	5.87766E-07	176.240 87	13 603.969 35	718.972 5	6.90625E-06	5.240 023 771	6.283E-08
2010	5.87766E-07	338.260 39	16 796.273 72	7 295.278 431	6.90625E-06	13.330 017 3	6.283E-08
2011	5.87766E-07	522.943 46	39 330.157 23	70 656.150 24	6.90625E-06	5.651 560 41	6.283E-08
2012	0.681808511	25.428 26	24 296.617 29	9 345.956 241	6.90625E-06	4.944 722 671	6.283E-08
2013	5.87766E-07	66.684 54	34 607.674 62	93 174.634 36	6.90625E-06	3.926 876 327	6.283E-08
02—08 年均增速	0	0.019 421 921	0.322 251 854	−0.234 740 421	0	23.680 355 24	0
08—13 年均增速	0	−0.070 480 121	0.058 842 728	1.137 067 961	0	−0.226 688 772	0
02—13 年均增速	0	−0.022 472 828	0.195 249 03	0.220 507 33	0	4.113 477 687	0
	牛肉	牛皮革与马皮革	填充用羽绒羽毛加总(含衣服所耗)	竹笋	脐橙蜜桔等汇总	药材	茶叶
2002	26.768 304 98	721.933 333 3	1 525.068 344	1.4966E-07	1.07963E-08	12.944 358 58	9.02682E-08
2003	1.37273E-06	4 021.985 333	688.148 343 8	1.4966E-07	1.07963E-08	2.58887E-08	9.02682E-08
2004	1.37273E-06	18 118.991 33	1 048.645 938	1.4966E-07	11.014 913 23	2.58887E-08	6 035.089 229
2005	1.37273E-06	73 522.932	1 075.289 688	1.4966E-07	0.004 858 33	2.58887E-08	0.009 026 816
2006	1.37273E-06	39 251.776 67	351.701 328 1	1.4966E-07	4.005 422 992	2.58887E-08	9.02682E-08
2007	1.37273E-06	47 138.098	895.532 421 9	1.4966E-07	32.605 870 56	0.229 374 034	0.496 474 894
2008	1.37273E-06	73 046.064	318.869 796 9	1.4966E-07	19.083 519 35	0.520 363 215	9.02682E-08
2009	1.37273E-06	51 456.010 67	256.959 062 5	1.4966E-07	1.07963E-08	0.027 183 153	16.302 430 14
2010	1.37273E-06	66 932.693 33	563.438 75	1.4966E-07	0.024 669 519	0.069 381 762	184.688 660 4
2011	1.37273E-06	46 304.967 33	725.467 203 1	1.4966E-07	1.07963E-08	14.548 164 61	770.962 321 9
2012	1.37273E-06	48 585.329 33	3 567.018 547	1.4966E-07	1.737 716 597	0.572 140 649	1 806.067 341
2013	1.37273E-06	59 597.132	9 682.660 313	1.4966E-07	1.072 557 27	0.077 666 151	1 073.489 75
02—08 年均增速	−0.939 047 12	1.158 655 245	−0.229 592 185	0	33.772 079 63	−0.414 710 128	0
08—13 年均增速	0	−0.039 879 576	0.979 138 842	0	−0.437 720 3	−0.316 426 781	102.526 769
02—13 年均增速	−0.782 594 974	0.493 647 183	0.182 968 6	0	4.333 511 969	−0.371 921 756	7.240 110 341

续表

	天然蜂蜜	原木	纤维板	胶合板	纸及纸板	纸浆	废纸
2002	0.000 002 68	685.888 706 3	11 420 108.64	82.716 049 38	3 750.550 347	189 723.623 3	23 173 276.27
2003	0.000 002 68	671.73 045 32	24 814.814 81	31 183.950 62	1 294.978 148	155 793.089 7	15 208 246.26
2004	0.000 002 68	0.000 157 314	0.008 271 605	82.716 049 38	1 276.095 485	293 146.879	14 172 222.24
2005	0.000 002 68	4.719 417 704	0.008 271 605	82.716 049 38	1 461.081 153	943 777.967 9	116 445 068.7
2006	0.000 002 68	0.000 157 314	0.008 271 605	248.148 148 1	2 283.488 858	1 100 576.414	120 964 533.1
2007	0.000 002 68	196.642 404 3	61 127.160 49	992.592 592 6	4 015.299 985	1 033 594.571	129 011 846.4
2008	585.633 6	53.486 733 98	0.008 271 605	82.716 049 38	5 405.674 403	865 968.329 9	104 198 587.9
2009	0.000 002 68	130.570 556 5	0.008 271 605	165.432 098 8	6 872.595 469	1 118 350.696	94 910 308.43
2010	0.000 002 68	632.401 972 3	0.008 271 605	82.716 049 38	42 287.624 6	910 269.661 3	61 107 760.43
2011	0.000 002 68	2 271.613 055	0.008 271 605	82.716 049 38	20 897.086 27	1 526 294.047	77 878 275.5
2012	0.000 002 68	3 163.583 001	0.008 271 605	248.148 148 1	7 543.020 866	1 234 702.081	70 622 289.07
2013	0.000 002 68	34 569.734 68	0.008 271 605	165.432 098 8	17 687.140 95	2 223 091.053	219 676 894.8
02—08 年均增速	23.542 296 5	−0.346 369 858	−0.970 032 311	0	0.062 818 603	0.287 943 366	0.284 731 578
08—13 年均增速	−0.978 516 662	2.648 295 381	0	0.148 698 355	0.267 539 642	0.207 510 868	0.160 872 463
02—13 年均增速	0	0.428 129 172	−0.852 400 939	0.065 041 089	0.151 417 874	0.250 739 583	0.226 873 319
	竹木藤家具	编结用材料	竹藤草柳编结制品	香精	天然橡胶含合成橡胶	番茄酱	蘑菇罐头
2002	28 701.46	6.73367E-09	6.73367E-09	0.322 038 294	3 985.046 712	3.56383E-07	5.4106E-10
2003	1 492.76	0.005 050 251	1.100 954 774	2.921 347 382	6 565.076 566	3.56383E-07	5.4106E-10
2004	11 105.92	6.73367E-09	6.73367E-09	28.407 419 64	12 225.182 78	3.56383E-07	5.4106E-10
2005	74 875.18	6.73367E-09	1.043 179 899	106.619 595	9 741.820 007	3.56383E-07	5.4106E-10
2006	403 084.06	2.38 331 457 3	0.166 456 281	39.621 253 1	19 622.738 66	3.56383E-07	5.4106E-10
2007	172 307.92	0.202 010 05	0.558 894 472	49.962 899 51	39 814.446 16	3.56383E-07	5.4106E-10
2008	180 197.84	96.762 814 07	6.73367E-09	14.613 446 04	61 171.838 65	3.56383E-07	5.4106E-10
2009	9 307.64	6.73367E-09	0.001 683 417	91.412 870 06	56 818.567 21	3.56383E-07	5.4106E-10
2010	3 3962.3	95.757 746 73	1.131 525 628	101.663 464	32 710.360 42	3.56383E-07	5.4106E-10
2011	1 732.62	28.554 726 63	0.173 661 307	74.434 934 52	35 380.744	3.56383E-07	5.4106E-10
2012	3 596.56	1.363 567 839	0.048 751 759	443.765 894	32 081.904 74	3.56383E-07	5.4106E-10
2013	45 838.72	6.73367E-09	0.358 837 186	686.231 017 6	31 207.538 95	3.56383E-07	5.4106E-10
02—08 年均增速	0.358 232 96	48.307 100 13	0	0.888 603 777	0.576 472 332	0	0
08—13 年均增速	−0.239 504 62	−0.990 699 45	34.101 780 33	1.159 451 929	−0.125 939 293	0	0
02—13 年均增速	0.043 480 67	0	4.039 904 86	1.007 227 603	0.205 749 023	0	0

附表三　江西省出口贸易的生态换汇成本(单位:gha/us dollar)

	活猪	稻谷、大米	食用蔬菜	甘蔗	油籽主要是油菜籽	食用植物油	肉禽鱼罐头	蚕丝
2002	0.000 783 229	0.003 745 081	0.000 204 102	3.40671E-05	0.001 886 074	0.000 821 687	0.000 636 534	0.000 158 779
2003	0.000 762 231	0.003 537 448	0.000 158 961	3.40671E-05	0.001 501 862	0.000 812 835	0.000 635 534	0.000 175 052
2004	0.000 709 039	0.003 355 355	0.000 138 297	3.40671E-05	0.001 023 061	0.000 610 416	0.000 439 849	0.000 213 982
2005	0.000 695 889	0.002 053 626	0.000 141 391	3.40671E-05	0.001 234 527	0.000 498 733	0.000 420 279	0.000 497 123
2006	0.000 687 026	0.002 066 735	0.000 198 918	3.40671E-05	0.001 273 122	0.000 537 927	0.000 511 641	0.000 321 538
2007	0.000 520 313	0.001 818 141	0.000 157 651	3.40671E-05	0.000 932 117	0.000 363 425	0.000 529 173	0.000 373 392
2008	0.000 398 234	0.001 146 485	0.000 763 343	3.40671E-05	0.000 652 515	0.000 263 481	0.000 563 658	0.000 331 977
2009	0.046 452 878	0.001 007 336	0.000 624 91	3.40671E-05	0.000 468 457	0.000 306 073	0.000 403 799	0.000 270 891
2010	0.043 313 419	0.001 192 847	0.000 189 489	3.40671E-05	0.000 373 19	0.000 181 642	0.000 296 262	0.000 140 279
2011	0.029 067 044	0.000 902 996	6.88369E-05	3.40671E-05	0.000 337 391	9.39393E-05	0.000 208 124	0.000 195 608
2012	0.033 751 895	0.000 476 938	0.000 145 665	3.40671E-05	0.000 283 679	4.40271E-05	0.000 154 683	0.000 280 308
2013	0.033 873 918	0.000 207 21	0.000 174 761	3.40671E-05	0.000 261 264	0.000 147 917	0.000 162 462	0.000 235 25
02—08 年均增速	−0.106 609 018	−0.179 047 848	0.245 887 532	0	−0.162 139 034	−0.172 679 442	−0.020 061 043	0.130 799 468
08—13 年均增速	1.431 898 477	−0.289 754 368	−0.255 362 357	0	−0.167 282 123	−0.109 048 926	−0.220 264 246	−0.066 564 182
02—13 年均增速	0.408 397 172	−0.231 360 461	−0.014 009 926	0	−0.164 480 728	−0.144 340 243	−0.116 747 915	0.036 385 776

	棉花	服装	肠线	活鱼(鳗鱼)	淡水虾蟹	牛肉	牛皮革与马皮革	填充用羽绒羽毛加总(含衣服所耗)
2002	0.0019 124 28	0.007 562 089	0.069 062 5	0.000 628 3	6.36615E-05	0.003 663 771	0.003 579 457	0.000 231 138
2003	0.001 591 524	0.006 232 323	0.069 062 5	0.000 628 3	0.000 628 3	0.0137 273 36	0.003 386 63	0.000 320 064
2004	0.001 464 515	0.003 521 449	0.069 062 5	0.000 628 3	0.000 122 504	0.013 727 336	0.002 650 476	0.000 403 843
2005	0.001 374 612	0.004 488 29	0.069 062 5	4.13944E-05	0.000 447 688	0.005 987 15	0.002 090 289	0.000 368 247
2006	0.001 214 733	0.004 091 935	0.069 062 5	4.18867E-05	0.000 156 327	0.013 727 336	0.002 932 644	0.000 305 934
2007	0.001 186 492	0.004 019 962	0.069 062 5	0.000 184 861	0.000 314 15	0.002 683 185	0.005 009 78	0.000 314 065
2008	0.001 006 09	0.003 740 743	0.069 062 5	0.000 108 8	0.000 205 765	0.013 727 336	0.002 835 45	0.000 322 282
2009	0.002 042 585	0.003 045 92	0.069 062 5	0.000 164 34	0.000 628 3	0.013 7273 36	0.002 108 605	0.000 301 608
2010	0.003 220 118	0.002 249 033	0.069 062 5	0.000 167 601	3.36821E-05	0.013 727 336	0.001 668 087	0.000 270 733
2011	0.001 827 597	0.001 952 099	0.069 062 5	0.000 141 722	5.05484E-05	0.013 727 336	0.010 998 325	0.000 212 663
2012	0.002 186 519	0.001 698 832	0.069 062 5	0.000 174 853	3.50418E-05	0.013 727 336	0.014 017 086	0.000 195 187
2013	0.001 432 039	0.001 758 742	0.069 062 5	1.78859E-05	3.17323E-05	0.013 727 336	0.003 647 743	0.000 141 859
02—08 年均增速	−0.101 519 538	−0.110 691 01	0	−0.253 418 847	0.215 949 832	0.246 262 869	−0.038 090 655	0.056 965 253
08—13 年均增速	0.073 157 801	−0.14 009 824 7	0	−0.303 090 622	−0.311 940 151	0	0.051 672 36	−0.151 358 425
02—13 年均增速	−0.025 954 893	−0.124 180 582	0	−0.276 421 275	−0.061 333 398	0.127 588 717	0.001 719 449	−0.043 409 683

续表

	竹笋	脐橙蜜桔等汇总	药材	茶叶	天然蜂蜜	原木
2002	0.001 038 79	9.02485E-05	0.000 373 15	0.000 704 517	0.0247 697 43	0.006 547 414
2003	0.001 496 6	0.000 100 824	0.000 177 179	0.000 388 451	0.0157 471 15	1.573 139 235
2004	0.001 496 6	0.000 107 65	0.000 342 145	0.000 470 176	0.021 296 124	1.573 139 235
2005	0.004 558 71	0.000 122 168	0.000 177 752	0.000 454 726	0.022 599 319	1.573 139 235
2006	0.004 218 037	0.000 112 923	0.000 159 724	0.000 381 278	0.017 034 874	1.573 139 235
2007	0.003 090 1 91	0.000 100 579	0.000 114 104	0.000 335 301	0.013 343 05	1.573 139 235
2008	0.014 300 269	0.000 119 02	4.55367E-05	0.000 297 511	0.013 893 664	1.573 139 235
2009	0.014 499 618	0.000 145 981	3.56549E-05	0.000 308 33	0.007 865 599	1.573 139 235
2010	0.014 260 937	0.000 114 412	2.59943E-05	0.000 311 946	0.014 839 301	1.573 139 235
2011	0.001 496 6	0.000 100 811	3.81637E-05	0.000 258 251	0.008 269 567	1.573 139 235
2012	0.004 294 369	9.8406E-05	3.62251E-05	0.000 240 949	0.026 8	1.573 139 235
2013	0.004 383 081	8.58032E-05	0.000 134 425	0.000 223 851	0.026 8	1.573 139 235
02—08 年均增速	0.548 113 288	0.047 201 128	−0.295 718 374	−0.133 832 304	−0.091 867 505	1.493 347 98
08—13 年均增速	−0.210 618 309	−0.063 351 549	0.241 721 053	−0.055 306 252	0.140 416 78	0
02—13 年均增速	0.139 832 567	−0.004 581 309	−0.088 638 325	−0.098 982 196	0.007 187 435	0.645 989 397
	纤维板	胶合板	纸及纸板	纸浆	废纸	竹木藤家具
2002	82.716 049 38	0.178 684 535	0.004 397 487	1.032 516 566	1.032 516 566	0.225 376 882
2003	367.069 312 5	0.278 889 362	0.004 499 279	0.010 908 414	1.032 516 566	0.252 244 132
2004	174.373 111 6	0.119 814 778	0.003 967 33	1.032 516 566	1.032 516 566	0.209 221 336
2005	237.764 758 3	0.090 835 308	0.005 239 986	0.008 604 305	1.032 516 566	0.145 656 014
2006	164.950 304 2	0.086 147 542	0.005 875 741	1.032 516 566	1.032 516 566	0.146 453 896
2007	248.412 912 7	0.082 771 882	0.005 707 985	1.032 516 566	1.032 516 566	0.112 139 066
2008	214.313 909 3	0.069 167 753	0.004 746 977	1.032 516 566	1.032 516 566	0.236 114 212
2009	272.426 191 8	0.057 594 253	0.005 162 059	0.003 226 614	1.032 516 566	0.071 641 006
2010	245.627 975 2	0.080 814 893	0.005 013 023	1.032 516 566	1.032 516 566	0.041 843 417
2011	205.606 929 4	0.079 145 363	0.004 229 59	1.032 516 566	1.032 516 566	0.057 155 762
2012	183.525 334 1	0.084 023 621	0.001 568 745	1.032 516 566	1.032 516 566	0.071 481 957
2013	189.093 718 6	0.093 552 553	0.001 438 487	0.006 265 164	1.032 516 566	0.095 631 114
02—08 年均增速	0.171 952 732	−0.146 304 911	0.012 827 384	0	0	0.007 787 097
08—13 年均增速	−0.024 728 914	0.062 258 943	−0.212 414 409	−0.639 747 435	0	−0.165 367 258
02—13 年均增速	0.078 063 399	−0.057 130 26	−0.096 596 129	−0.371 279 292	0	−0.07 497 467 5

续表

	编结用材料	竹藤草柳编结制品	香精	天然橡胶含合成橡胶	番茄酱	蘑菇罐头
2002	8.65324E-05	7.22656E-05	0.000 210 232	0.000 606 842	0.003 563 83	6.48094E-06
2003	0.000 178 5	6.64096E-05	0.000 167 709	0.000 396 513	0.003 563 83	6.52142E-06
2004	8.70493E-05	5.93384E-05	0.000 279 212	0.000 454 526	0.003 563 83	6.41252E-06
2005	8.88941E-05	5.35535E-05	0.000 197 54	0.000 402 686	0.005 920 706	6.59896E-06
2006	0.000 128 63	4.31282E-05	0.000 228 103	0.000 421 737	0.005 839 982	5.42002E-06
2007	7.42209E-05	1.9296E-05	0.000 164 492	0.000 286 657	0.005 164 591	4.29138E-06
2008	7.8204E-05	1.53025E-05	0.000 144 225	0.000 447 477	0.003 836 949	5.12124E-06
2009	8.67382E-05	1.68748E-05	0.000 142 435	0.001 605 432	0.003 818 322	5.53896E-06
2010	4.14987E-05	3.32422E-05	0.000 220 625	0.000 408 392	0.003 973 306	4.31576E-06
2011	6.02276E-05	2.36253E-05	0.000 218 649	0.000 314 552	0.004 055 756	4.08363E-06
2012	4.60805E-05	2.50436E-05	0.000 244 337	0.000 320 772	0.004 054 331	1.82017E-06
2013	8.52537E-05	2.05498E-05	0.000 256 451	0.000 277 87	0.004 593 473	2.16022E-06
02—08 年均增速	−0.016 724 836	−0.227 962 058	−0.060 874 643	−0.049 506 556	0.012 383 014	−0.038 484 655
08—13 年均增速	0.017 411 956	0.060 740 204	0.121 999 27	−0.090 894 216	0.036 647 309	−0.158 557 538
02—13 年均增速	−0.001 352 46	−0.108 025 465	0.018 229 893	−0.068 547 691	0.023 341 022	−0.095 052 082

注：生态换汇成本指在国际市场上每换回一单位外汇所耗费的生态资源成本

附表四　江西省进口贸易的生态节余(单位:gha/us dollar)

	活猪	稻谷、大米	食用蔬菜	甘蔗	油籽主要是油菜籽	食用植物油
2002	0.001 173 26	0.001 538 035	6.91706E-06	3.40671E-05	0.004 703 951	0.003 292 592
2003	0.001 173 26	0.001 181 356	0.000 122 778	3.40671E-05	0.001 347 937	0.002 598 587
2004	0.001 173 26	0.000 554 523	0.000 122 778	3.40671E-05	0.001 347 937	0.002 090 404
2005	0.001 173 26	0.000 554 523	0.000 122 778	3.40671E-05	8.42461E-05	0.002 591 753
2006	0.001 173 26	0.000 554 523	0.001 000 353	3.40671E-05	0.001 591 415	0.002 300 085
2007	0.001 173 26	0.000 554 523	0.000 906 218	3.40671E-05	5.21289E-05	0.000 386 477
2008	0.001 173 26	0.000 554 523	0.000 122 778	3.40671E-05	9.50027E-05	0.002 752 5
2009	0.001 173 26	0.000 554 523	2.55166E-05	3.40671E-05	3.49034E-05	0.006 742 96
2010	0.001 173 26	0.000 554 523	0.000 394 898	3.40671E-05	0.002 782 57	0.003 929 534
2011	0.001 173 26	0.000 554 523	0.000 407 991	3.40671E-05	0.002 380 847	0.003 252 746
2012	0.001 173 26	0.000 941 639	0.000 463 31	3.40671E-05	0.002 416 025	0.002 341 962
2013	0.001 173 26	0.001 404 966	0.000 126 238	3.40671E-05	0.001 866 89	0.002 236 405
02—08 年均增速	0	−0.156 356 674	0.615 101 15	0	−0.478 150 169	−0.029 419 525
08—13 年均增速	0	0.204 340 409	0.005 573 314	0	0.814 163 89	−0.040 677 523
02—13 年均增速	0	−0.008 192 858	0.302 148 879	0	−0.080 579 527	−0.034 553 082

续表

	肉禽鱼罐头	蚕丝	棉花	服装	肠线	活鱼(鳗鱼)	淡水虾蟹
2002	0.005 877 66	0.000 590 051	0.000 758 625	0.007 764 98	0.069 062 5	0.000 628 3	0.000 628 3
2003	0.005 877 66	0.000 326 188	0.000 950 759	0.004 405 043	0.069 062 5	0.000 628 3	0.000 628 3
2004	0.005 877 66	0.002 21	0.000 974 84	0.004 759 032	0.069 062 5	0.000 628 3	0.000 628 3
2005	0.005 877 66	0.000 173 216	0.001 449 35	0.000 884 315	0.069 062 5	3.90932E-06	0.000 628 3
2006	0.005 877 66	0.000 339 904	0.001 828 315	0.009 726 301	0.069 062 5	4.75853E-06	0.000 628 3
2007	0.005 877 66	0.001 168 56	0.001 329 916	0.004 179 318	0.069 062 5	4.75034E-06	0.000 628 3
2008	0.005 877 66	0.000 716 782	0.001 219 002	0.000 263 055	0.069 062 5	4.28658E-06	0.000 628 3
2009	0.005 877 66	0.000 581 06	0.000 899 966	0.000 303 087	0.069 062 5	4.73228E-06	0.000 628 3
2010	0.005 877 66	0.000 668 237	0.000 732 105	0.002 999 067	0.069 062 5	4.87202E-06	0.000 628 3
2011	0.005 877 66	0.000 797 836	0.000 784 128	0.011 740 307	0.069 062 5	6.26775E-06	0.000 628 3
2012	0.000 645 652	0.000 575 417	0.000 847 135	0.003 468 778	0.069 062 5	6.27669E-06	0.000 628 3
2013	0.0058 776 6	0.000 503 238	0.000 8271 97	0.007 420 198	0.069 062 5	6.283E-06	0.000 628 3
02—08 年均增速	0	0.032 958 616	0.082 254 871	−0.431 167 656	0	−0.564 497 546	0
08—13 年均增速	0	−0.068 297 61	−0.074 618 448	0.950 176 377	0	0.079 471 729	0
02—13 年均增速	0	−0.014 363 701	0.007 897 802	−0.004 120 409	0	−0.342 066 775	0

	牛肉	牛皮革与马皮革	填充用羽绒羽毛加总(含衣服所耗)	竹笋	脐橙蜜桔等汇总	药材	茶叶
2002	0.000 674 265	0.013 646 617	0.000 515 728	0.001 496 6	0.000 107 963	0.000 905 39	0.000 902 682
2003	0.013 727 336	0.002 572 734	0.000 685 933	0.001 496 6	0.000 107 963	0.000 258 887	0.000 902 682
2004	0.013 727 336	0.003 575 439	0.000 511 306	0.001 496 6	4.99828E-05	0.000 258 887	0.000 902 682
2005	0.013 727 336	0.005 599 469	0.000 344 265	0.001 496 6	1.86143E-05	0.000 258 887	1.28587E-05
2006	0.013 727 336	0.001 771 51	0.000 384 002	0.001 496 6	3.48267E-05	0.000 258 887	0.000 902 682
2007	0.013 727 336	0.002 042 668	0.000 401 616	0.001 496 6	3.28417E-05	1.0012E-05	0.000 190 659
2008	0.013 727 336	0.004 159 002	0.000 710 059	0.001 496 6	2.04442E-05	1.78543E-05	0.000 902 682
2009	0.013 727 336	0.002 504 108	0.000 809 656	0.001 496 6	0.000 107 963	6.70361E-06	0.000 271 739
2010	0.013 727 336	0.002 790 645	0.000 999 255	0.001 496 6	2.04167E-06	6.74986E-06	0.000 311 234
2011	0.013 727 336	0.001 699 305	0.001 061 849	0.001 496 6	0.000 107 963	5.54586E-05	0.000 352 605
2012	0.013 727 336	0.001 643 8	0.002 062 557	0.001 496 6	6.96117E-05	2.40426E-05	0.000 272 401
2013	0.013 727 336	0.001 729 36	0.004 077 737	0.001 496 6	1.91214E-05	3.03739E-05	0.000 260 694
02—08 年均增速	0.652 441 078	−0.179 659 746	0.054 740 549	0	−0.242 209 136	−0.480 222 09	0
08—13 年均增速	0	−0.160 966 601	0.418 485 644	0	−0.013 289 432	0.112 120 14	−0.219 955 426
02—13 年均增速	0.315 157 629	−0.171 215 056	0.206 802 592	0	−0.145 605 106	−0.265 537 57	−0.106 769 852

续表

	天然蜂蜜	原木	纤维板	胶合板	纸及纸板	纸浆	废纸
2002	0.026 8	0.013 167 631	128.008 032 8	0.009 180 472	0.003 119 052	0.019 538 005	8.356 945 947
2003	0.026 8	0.007 420 386	95.075 918 83	0.288 978 423	0.002 459 154	0.014 732 959	6.884 235 213
2004	0.026 8	1.573 139 235	82.716 049 38	0.027 362 239	0.001 221 533	0.009 056 011	6.565 080 102
2005	0.026 8	0.003 769 503	82.716 049 38	0.013 913 549	0.000 944 553	0.013 377 982	6.152 755 461
2006	0.026 8	1.573 139 235	82.716 049 38	0.040 153 422	0.000 889 384	0.013 514 363	6.720 232 05
2007	0.026 8	0.003 789 528	29.444 682 32	0.109 921 66	0.001 260 781	0.010 542 177	5.218 420 026
2008	0.003 547 66	0.007 243 599	82.71604938	0.040 036 81	0.001 172 696	0.008 484 839	3.775 969 489
2009	0.026 8	0.003 355 966	82.716 049 38	0.034 300 663	0.001 321 208	0.012 842 019	6.501 483 118
2010	0.026 8	0.002 841 962	82.716 049 38	0.031 679 835	0.002 826 387	0.005 562 057	4.197 929 167
2011	0.026 8	0.004 868 187	82.716 049 38	0.027 128 911	0.000 991 351	0.004 060 455	3.640 025 798
2012	0.026 8	0.005 278 991	82.716 049 38	0.032 552 558	0.001 330 551	0.006 472 749	4.450 709 615
2013	0.026 8	0.006 230 794	82.716 049 38	0.032 546 154	0.002 030 693	0.009 092 977	4.612 053 969
02—08 年均增速	−0.286 104 668	−0.094 807 125	−0.070 194 537	0.278 200 782	−0.150 440 42	−0.129 783 671	−0.124 014 709
08—13 年均增速	0.498 437 21	−0.029 673 707	0	−0.040 581 606	0.116 070 715	0.013 940 559	0.040 814 133
02—13 年均增速	0	−0.065 761 423	−0.038 920 478	0.121 932 655	−0.038 262 589	−0.067 170 332	−0.052 604 045
	竹木藤家具	编结用材料	竹藤草柳编结制品	香精	天然橡胶含合成橡胶	番茄酱	蘑菇罐头
2002	0.016 778 749	6.73367E-05	6.73367E-05	0.000 616 932	0.000 529 268	0.003 563 83	5.4106E-06
2003	0.036 850 992	3.6596E-05	0.000 164 518	0.000 399 582	0.000 515 492	0.003 563 83	5.4106E-06
2004	0.025 472 235	6.73367E-05	6.73367E-05	0.000 396 946	0.000 715 972	0.003 563 83	5.4106E-06
2005	0.072 412 363	6.73367E-05	0.000 249 505	0.000 181 324	0.000 486 24	0.003 563 83	5.4106E-06
2006	0.408 698 349	0.000 379 811	7.55383E-06	0.000 148 916	0.000 473 397	0.003 563 83	5.4106E-06
2007	0.224 010 712	4.57554E-05	8.86571E-05	0.000 145 766	0.000 768 66	0.003 563 83	5.4106E-06
2008	0.111 592 811	0.000 227 308	6.73367E-05	0.000 152 78	0.000 867 43	0.003 563 83	5.4106E-06
2009	0.004 496 92	6.73367E-05	3.30082E-05	0.000 145 688	0.001 122 649	0.003 563 83	5.4106E-06
2010	0.028 306 823	8.10497E-05	2.12031E-05	0.000 153 993	0.000 377 708	0.003 563 83	5.4106E-06
2011	0.001 715 049	5.74656E-05	2.53184E-06	9.71992E-05	0.000 322 615	0.003 563 83	5.4106E-06
2012	0.006 752 467	0.000 223 793	2.78566E-06	4.36548E-05	0.000 389 146	0.003 563 83	5.4106E-06
2013	0.040 207 534	6.73367E-05	1.17725E-05	4.20878E-05	0.000 392 891	0.003 563 83	5.4106E-06
02—08 年均增速	0.371 343 038	0.224 786 479	0	−0.207 550 172	0.085 824 876	0	0
08—13 年均增速	−0.184 668 457	−0.215 979 28	−0.294 457 301	−0.227 287 996	−0.146 492 34	0	0
02—13 年均增速	0.082 690 561	0	−0.146 611 167	−0.216 583 649	−0.026 724 065	0	0

注：生态节余指在国际市场上每支付一单位外汇为本区域所节约的生态资源成本。

◆参考文献◆

[1] Adriaanse, A. *Environmental Policy Performance Indicators—A Study on the Development of Indicators for Environmental Policy in the Netherlands* [M]. Sdu Uitgeverij Koninginnegracht: 1993.

[2] Aka, B. F. Effects of trade and growth on air pollution in the aggregated Sub Saharan Africa [J]. *International Journal of Applied Econometrics and Quantitative Studies*, 2008, 5(1).

[3] Alpay, S. *How Can Trade Liberalization Be Conducive to a Better Environment*? Bilkent University, 1999.

[4] Anderson, J. Lindroth M. Ecologically unsustainable trade [J]. *Ecological Economics*, 2001, 37(1).

[5] Anderson, K. Effects on the Environment and Welfare of Liberalizing World Trade: The Cases of Coal and Food in Anderson K, Blackhurst R. The Greening of World Trade Issues. Ann Arbor: University of Michigan Press, 1992.

[6] Anderson, J. E. A. Theoretical foundation for the gravity equation [J]. *American Economic Review*, 1979, (69).

[7] Barbie, E. B. Biodiversity, trade and international agreement [J]. *Journal of Economics Studies*, 2000, 27(1/2).

[8] Barbier, E. B. The effects of the uruguay round tariff reductions on the forest product trade: A partial equilibrium analysis [J]. Blackwell publishers Ltd, 1999.

[9] Barro, R. J. Sala-i-Martin, X. Convergence [J]. *Journal of Political Economy*, 1992, 100(2).

[10] Baumol, W. Environmental Protection, International Spillovers, and Trade [M]. Stockholm: Almkvist & Wicksell, 1971.

[11] Beghin, J., Roland-Holst, D., and van der Mensbrugghe, D. Trade liberalization and the environment in the pacific basin: coordinated approaches to Mexican trade and environment policy [J]. *American Journal of Agricultural Economics*, 1995, 77(3).

[12] Bergstrand, J. H. The generalized gravity equation, monopolistic competition, and the factor-proportions theory in international trade [J]. *Review of Economics and Statistics*, 1989,

(71).

[13] Bergstrand, J. H. The gravity equation in international trade: some microeconomic foundations and empirical evidence[J]. *Review of Economics and Statistics*, 1985, (67).

[14] Bertolino, S, Genovesi P. Semiaquatic mammals introduced into Italy: case studies in biological invasion[J]. *Invading Nature-Springer Series in Invasion Ecology*, 2007, 2(2).

[15] Bhagwati, Jagdish. Free Trade Today[M]. Princeton, N. J.: Princeton University Press, 2002.

[16] Brooks, D. J. Analysis of environmental effects of prospective trade agreements: the forest products ATL as a case study in the science-policy interface[J]. *Forest Policy and Economics*, 2003, 5(4).

[17] Bun, Y. King, T. Shearman P. China's Impact on Papua New Guinea's Forestry Industry[M]. Washington D. C.: Forest Trends, 2006.

[18] Chakraborty, D. Small holder's carbon forestry project in Haryana India: issues and challenges[J]. *Mitigation and Adaptation Strategies for Global Change*, 2010, 15(8).

[19] Chilchilnisky, G. North-South Trade and the Global Environment[J]. *American Review*, 1994, 84(4).

[20] Cole, M. A., Rayner, J. The uruguay round and air pollution: estimating the composition, scale and technique effects of trade liberalization[J]. *Journal of International Trade and Economic Development*, 2000, 9(3).

[21] Copeland, B., M. S. Taylor. North-South Trade and the Environment[J]. *Quarterly Journal of Economics*, 1994, 109(3).

[22] Copeland, B., M. S. Taylor Trade and the trans-boundary pollution[J]. *American Economic Review*, 1995, 85(4).

[23] Costanza, R, d'Arge R, de Groot R, et al, 1997, The value of the world's ecosystem services and natural capital[J], *Nature*, (387).

[24] Cowie, R. H. Invertebrate invasions on Pacific Islands and the replacement of unique native faunas: a synthesis of the land and freshwater snails[J]. *Biological Invasions*, 2001, 3(2).

[25] Daly, H. E, Farley, J. 著, 徐中民, 张志强, 钟方雷译校, 生态经济学——原理与应用[M]. 黄河水利出版社, 2007.

[26] Daly, H. E. *Beyond Growth the Economics of Sustainable Development*[M]. Boston: Beacon Press, 1996.

[27] Daly, H. The perils of free trade[J]. *Scientific American*, 1993, 269(5).

[28] Dascal, D., Mattas, K. Tzouvelekas V. An Analysis of EU Wine Trade: A Gravity Model Approach[J]. *IAER*. 2002, (2).

[29] Daszak, P, Cunningham, A. A., Hyatt, A. D. Emerging infectious diseases of wildlife: threats to biodiversity and human health[J]. *Science*, 2000, 287(5452).

[30] Dieren, W. V. *Take nature into account: a report to the club of Rome*[M]. New York: Springer-Verlag, 1995.

[31] Dieter, M. Analysis of trade in illegally harvest timber: accounting for trade via third party countries[J]. *Forest Policy and Economics*, 2009, 11(8).

[32] Dinerstein, E., Louks, C., Wikramanayake, E, et al. The fate of wild tigers[J]. *Bio-Science*, 2007, 57(6).

[33] Esty, D. Geradi, D., Environment Protection and International Competitiveness: A Conceptual Frame Work[J]. *Journal of World Trade*, 1998, 32(3).

[34] Fiala, N., Measuring sustainability: Why the ecological footprint is bad economics and bad environmental science[J]. *Ecological Economics*, 2008, (67).

[35] Funtowicz, S. O., & Ravetz, J. R. A new scientific methodology for global environmental issues In R. Costanza(Ed.), *Ecological economics: The science and management of sustainability*[M]. New York: Columbia University Press, 1991.

[36] Galik, C. S., Jackson, R. B. Risks to forest carbon offset projects in a changing climate[J]. *Forest Ecology and Management*, 2009, 257(11).

[37] Gan, J. Forest Certification cost and global forest product markets and trade: a general equilibrium analysis[J]. *Canadian Journal of Forest Research*, 2005, (35).

[38] Grieg-Gran, Westbrook, Mansley, et al. *Foreign Portfolio Investment and Sustainable Development: A Study of the Forest Products Sector in Emerging Markets*[M]. London: International Institute for Environment and Development, 1998.

[39] Gylfason, T. *Lessons from the Dutch Disease: Causes, Treatment, and Cures Development*[C], Institute of Economic Studies Working PaperW01:22, 2001.

[40] Haener, M. K., Luckert, M. K.. Forest certification: economic issues and welfare implications[J]. *Canadian Public Policy*, 1998, 24(s2).

[41] Haltia, O. Keipi, K. *Financing Forest Investments in Latin America: The Issue of Incentives*[M]. Washington D. C.: Inter-American Development Bank, 1997.

[42] Hecht, S. B. Saatchi, S. S. Globalization and Forest Resurgence: Changes in Forest Cover in EI Salvador[J]. *Bio-Science*, 2007, 57(8).

[43] Jenkins, R. Industrialization, Trade and Pollution in Latin America: A Review of the Issues. Paper for Delivery at the 1998 Meeting of the Latin American Studies Association, 1998.

[44] Jindal, R., Swallow, B., Kerr J. Forestry-based carbon sequestration projects in Africa: potential benefits and challenges[J]. *Natural Resources Forum*, 2008, 32(2).

[45] Kalbasi, H. The Gravity Model and Global Trade Flows[M]. http://www.ecomod.net/conferences/ecomod2001/papers_web/KALBASI.pdf.

[46] Karesh, W. B., Cook, R. A., Bennett E. L., et al. Wildlife trade and global disease emergence[J]. *Emerging Infectious Diseases*, 2005(11).

[47] Katsigris, E., Bull, G. Q., White A., et al. The China forest products trade: overview of Asia-Pacific supplying countries, impacts and implications [J]. *International Forestry Review*, 2004, 6(3/4).

[48] Kinzig, A., Perrings, C., Scholes, B. Ecosystem services and the economics of biodiversity conservation[R/OL]. [2010 - 11 - 01]. http://74.125.155.132/scholar? q = cache: WE9eyYMlsc8J: scholar.google.com/ + Brock% E3% 80% 81Kinzig + % 26 + Charles + Perrings&hl = zh - CN&as_sdt = 2000.

[49] Kissinger, M, Rees, W. E. Exporting natural capital: the foreign eco-footprint on Costa Rica and implications for sustainability. Environment, Development and Sustainability, 2009, DIO10.1007/s10668 - 009 - 9210 - 7.

[50] Krueger, A. The Political Economy of the Rent-Seeking Society [J]. *American Economic Review*, 1974(64).

[51] Lasco, R. D., Pulhin, F. B., Sales, R. F. Analysis of leakage in carbon sequestration projects in forestry: a case study of upper magat watershed, Philippines [J]. *Mitigation and Adaptation Strategies for Global Change*, 2007, 12(6).

[52] Lobos, G., Jaksic, F. M. The ongoing invasion of African clawed frogs (Xenopus laevis) in Chile: causes of concern[J]. *Biodiversity and Conservation*, 2005, 14(2).

[53] Low, P., Yeats, A. Do Dirty Industry Migrate? In Low, P., ed. International Trade and the Environment, World Bank Discussion Papers No. 159, Washington, D. C.: World Bank, 1992.

[54] Marano, N., Arguin, P. M. Pappaioanouf M. Impact of globalization and animal trade on infectious disease ecology[J]. *Emerging Infectious Diseases*, 2007, 13(12).

[55] Marckak, M. P. For Whom the Trees Falls: Restructuring of the global Forest Industry[J]. *BC Studies*. 1991(90).

[56] Markusen, J. International Externalities and Optimal Tax Structures[J]. *Journal of International Economics*, 1975(5).

[57] Mathys, N. A. Simple Test for Pollution Haven Hypothesis [J]. *Ecological Economics*. 2003(39).

[58] McCusker, R. Transnational crime in the Pacific Islands: real or apparent danger [J]. *Trends and Issues in Crime and Criminal Justice*, 2006(308).

[59] Milner-Gulland, E. J., Bennett, E. L. Wild meat: the bigger picture[J]. *Trends in*

Ecology and Evolution,2003,18(7).

[60] Palmer,K,Oates,W. Portney,P. Tightening Environmental Standards:The Benefit-Cost or the No-Cost Paradigm? [J]. *Journal of Economic Perspectives*,1995,9(4).

[61] Papyrakis, E. Gerlagh, R. The Resource Curse Hypothesis and Its Transmission Channels[J]. *Journal of Comparative Economics*,2004(32).

[62] Pearl, M. C. Wildlife trade:threat to global health[J]. *EcoHealth*,2004,1(2).

[63] Peres, C. A. Synergistic effects of subsistence hunting and habitat fragmentation on Amazonian forest vertebrates[J]. *Conservation Biology*,2001(15).

[64] Pethig,R. Pollution,Welfare and Environmental Policy in the Theory of Comparative Advantage[J]. *Journal of Environmental Economics and Management*,1976(2).

[65] Plowden, C. &Bowles, D. The illegal market in tiger parts in northern Sumatra, Indonesia. Oryx,1997(31).

[66] Poyhonen,P. A Tentative Model for the Volume of Trade Between Countries[J]. *Weltwirtschafliches Archive*,1963,(90).

[67] Rixon, C. A. M. ,Duggan, I. C. ,Bergeron, N. M. N. ,et al. Invasion risks posed by the aquarium trade and live fish markets on the Laurentian Great Lakes[J]. *Biodiversity and Conservation*,2005,14(6).

[68] Robison,H. Industrial Pollution Abatement:The Impact on Balance of Trade[J]. *Canadian Journal of Economics*,1998,21(1).

[69] Rosen,G. E. ,Smith K. F. Summarizing the evidence on the international trade in illegal wildlife[J]. *EcoHealth*,2010,7(1).

[70] Sachs,J. D. Warner,A. M. Natural Resource Abundance and Economic Growth [C]. *NBER Working Paper* 5398,1995.

[71] Shimamoto, M. ,Ubukata F. ,Seki Y. Forest sustainability and the free trade of forest products:cases from Southeast Asia[J]. *Ecological Economics*,2004,50(1-2).

[72] Siebert,H. ,Eichenberger,J. ,Gronych,R. and Pethig,R. *Trade and Environment: A Theoretical Enquiry*[M]. Amsterdam and Oxford:Elsevier Science Publishers,1980.

[73] Sikod, F. Certification process in sustainable forest management:economic concepts and indicators[C]//Proceedings of the UBC-UPM Conference on the ecological, social and Political Issues of the certification of Forest Management, Vancouver, Canada, Faculty of Forestry,University of British Columbia. 1996.

[74] Solow, R. M. A Contribution to the Theory of Economic Growth[J]. *Quarterly Journal of Economics*. 1956,(70).

[75] Stijns,J. P. Natural Resource Abundance and Human Capital Accumulation[J]. *World Development*,2006,34 (6).

[76] Sun, X. ,Katsigris, E. ,White, A. Meeting China's demand for forest products: an overview of import trends, ports of entry, and supplying countries, with emphasis on the Asia-Pacific Region[J]. *International Forestry Review*,2004,6(3/4).

[77] Swift, L. , Hunter P. R. , Lees A. C, et al. Wildlife trade and the emergence of infectious diseases[J]. *EcoHealth*,2004,4(1).

[78] Tansley,A. G. The use and abuse of vegetational concepts and terms[J]. *Ecology*, 1935(16).

[79] Thomas, J. C. Causes of climate change over the past 1000 years[J]. *Science*, 2000,289(5477).

[80] Tinbergen,J. *Shaping the World Economy,Appendix VI:An Analysis of World Trade Flows*[M]. New York:The Twentieth Century Fund,1962.

[81] Toby,J. A. The Effects of Domestic Environmental Policies on Pattern of World Trade:An Empirical Test[J]. *Kyklos*,1990,43 (2).

[82] Wackernagel, M. , Onisto L. , Bello P. , et al. National natural capital accounting with the ecological footprint concept[J]. *Ecological Economics*,1999,29(3).

[83] Wackernagel, M. , Rees, W. E. Perceptual and structural barriers to investing in natural capital: economics from an ecological footprint perspective[J]. *Ecological Economics*, 1997,20.

[84] Wackernagel, M. ,Rees, W. E. *Our Ecological Footprint:Reducing Human Impact on the Earth*[M]. New Society Publishers,1996.

[85] Walter, Ingo. The Pollution Content of American Trade[J]. *Western Economic Journal*,1973,11(1).

[86] Wheeler, D. Racing to the Bottom? Foreign Investment and Air Pollution in Developing Countries[J]. *Journal Environment and Development*,2001,10(3).

[87] Zhang Daowei. Inward and outward foreign direct investment: the case of U. S. forest industry[J]. *Forest Products Journal*, 1997,47(5).

[88] [德]Bartelmus, P. 数量生态经济学[M]. 齐建国,张友国,王红,等译. 社会科学文献出版社,2010.

[89] [英]Andrew, S. Pullin. 保护生物学[M]. 贾竞波,译. 高等教育出版社,2005.

[90] 安宝晟,程国栋. 西藏生态足迹与承载力动态分析[J]. 生态学报,2014,34(4).

[91] 白艳莹,王效科,欧阳志云等. 苏锡常地区生态足迹分析[J]. 资源科学,2003(6).

[92] 白钰. 基于生态足迹的天津市土地利用总体规划生态效用评价[J]. 经济地理,2012,32(10).

[93] 蔡守秋.可持续发展与环境资源法制建设[M].中国法制出版社,2003.

[94] 陈惠雄,鲍海君.经济增长、生态足迹与可持续发展能力:基于浙江省的实证研究[J].中国工业经济,2008(8).

[95] 陈珂,张岩,徐斌.森林认证在中国发展的调查研究[J].林业资源管理,2007(3).

[96] 陈丽萍,杨忠直.中国进出口贸易中的生态足迹[J].世界经济研究,2005(5).

[97] 陈亮,王如松,李爱仙,等. 区域自然资本与自然资本持续度评价[J]. 城市发展研究,2009,16(12).

[98] 陈永亨,吴颖娟,谢文彪.环境化学[J].广东高等教育出版社,2004.

[99] 程名望,王莉.环境对国际贸易的积极作用和消极影响[J].国际经贸探索,2008,24(3).

[100] 崔志华.江苏欠发达地区县域生态建设理论与实践研究——以赣榆县为例[D].南京林业大学博士学位论文,2010.

[101] 大卫·李嘉图.政治经济学及赋税原理(中译本)[M].商务印书馆,1962.

[102] 代金贵.农业贸易自由化对农业环境的影响分析[D].华中农业大学硕士学位论文,2009.

[103] 戴明辉,沈文星.金融危机对中国木材加工企业的影响分析[J].江苏商论,2010(1).

[104] 戴明辉,沈文星.森林认证对林产品贸易的经济效应分析[J].生态经济(学术版),2009(2).

[105] 戴明辉,沈文星,张春晖.安徽省自然资源出口贸易研究——基于生态足迹法[J].农业经济问题,2010(11).

[106] 戴明辉,沈文星.中国木质林产品贸易流量与潜力研究:引力模型方法[J].资源科学,2010,32(11).

[107] 单胜道.循环经济学[M].研究出版社,2005.

[108] 单文婷,杨捷.引力模型在中国与东盟贸易中的实证分析[J].亚太经济,2006,(6).

[109] 党玉婷.中国对外贸易对环境污染影响的实证研究——全球视角下投入产出技术矩阵的环境赤字测算[J].财经研究,2010,36(2).

[110] 董国辉.经济全球化与"中心——外围"理论[J].拉丁美洲研究,2003(2).

[111] 董银果,严京.私营标准对农产品国际贸易的影响分析[J].农业经济问题,2010(7).

[112] 都沁军,牛建广.基于生态足迹的矿产资源开发生态环境影响分析[J].地质与勘探,2010,46(5).

[113] 樊美筠.对生态文明的全方位探索[J].经济社会体制比较,2014(4).

[114] 房用,隋道庆,杨社良,等. 森林认证现状及发展[J]. 山东林业科技,2009(2).

[115] 冯科,郑娟尔,韦仕川,等. GIS 和 PSR 框架下城市土地集约利用空间差异的实证研究——以浙江省为例[J]. 经济地理,2007,27(5).

[116] 冯相昭,李丽平,田春秀,等. 中国 CDM 项目对可持续发展的影响评价[J]. 中国人口、资源与环境,2010,20(7).

[117] 冯裕华,傅仲逑. 环境污染控制[M]. 中国环境科学出版社,2004.

[118] 冯宗宪,于璐瑶,俞炜华. 资源诅咒的警示与西部资源开发难题的破解[J]. 西安交通大学学报(社会科学版),2007,27(2).

[119] 符国基. 海南省生态足迹研究[M]. 化学工业出版社,2007.

[120] 付伟,赵俊权,杜国桢. 基于生态足迹与环境库兹涅茨曲线的中国西北部地区生态安全分析[J]. 中国人口资源与环境,2013,23(5).

[121] 高敏雪. SEEA 对 SNA 的继承与扬弃[J]. 统计研究,2006(9).

[122] 高珊,黄贤金. 基于 PSR 框架的 1953—2008 年中国生态建设成效评价[J]. 自然资源学报,2010,25(2).

[123] 龚家富. 能值理论在国际贸易指标中的创新[J]. 长春大学学报,2009(1).

[124] 郭旭东,邱扬,连纲,等. 基于 PSR 框架的土地质量指标体系研究进展与展望[J]. 地理科学进展,2003,22(5).

[125] 韩英. 可持续发展的理论与测度方法[M]. 中国建筑工业出版社,2007.

[126] 何洁. 国际贸易对环境的影响:中国各省的二氧化硫(SO_2)工业排放[J]. 经济学(季刊),2010,9(2).

[127] 何英,张小全,刘云仙. 中国森林碳汇交易市场现状与潜力[J]. 林业科学,2007,43(7).

[128] 胡戴新. 探析安徽实施外向型经济发展战略中的问题与对策[J]. 华东经济管理,2008(1).

[129] 黄海,刘长城,陈春. 基于生态足迹的土地生态安全评价研究[J]. 水土保持研究,2013,20(1).

[130] 黄健,曲强,陈广文,等. 进口红土镍矿中有毒有害元素对环境安全的影响[J]. 检验检疫科学,2008(3).

[131] 黄细兵,李海东,赵定涛. 基于生态足迹模型的中部地区发展评价[J]. 华中科技大学学报(社会科学版),2008(2).

[132] 黄晓玲,杨建州,谢志忠. 林业企业实施森林认证与林产品贸易发展的规范分析[J]. 福建农林大学学报(哲学社会科学版),2009,12(6).

[133] 季春艺,杨红强,聂影. 中国原木进口对洲际森林生态足迹的影响[J]. 林业经济,2010(2).

[134] 季昆森. 循环经济与生态省建设[J]. 马克思主义与现实,2005(4).

[135] 姜红.绿色贸易壁垒的经济效应分析[J].晋阳学刊,2007(1).

[136] 姜书竹,张旭昆.东盟贸易效应的引力模型[J].数量经济技术经济研究,2003(10).

[137] 蒋敏元,唐宏.浅析森林认证对我国相关利益主体之影响[J].中国林业企业,2005(5).

[138] 蒋志刚,马克平,韩兴国,著.保护生物学[M],浙江科学技术出版社,1997.

[139] 金书秦,王军霞,宋国君.生态足迹法研究述评[J].环境与可持续发展,2009(4).

[140] 兰天.贸易与跨国界环境污染[M].经济管理出版社,2004.

[141] 劳尔·普雷维什.外围资本主义——危机与改造[M].商务印书馆,1990.

[142] 黎国林,张伟,中国加工贸易对环境影响的实证分析及其低碳化发展的思考[J].上海海关学院学报,2012(5).

[143] 李刚.中国对外贸易生态环境代价的物质流分析[J].统计研究,2005(9).

[144] 李宏图.英国工业革命时期的环境污染和治理[J].探索与争鸣,2009(2).

[145] 李金平,王志石.澳门2001年生态足迹分析[J].自然资源学报,2003 (2).

[146] 李静、方伟.长三角对外贸易增长的能源环境代价研究[J].财贸经济,2011(5).

[147] 李凯杰,曲如晓.中国对外贸易可持续发展影响因素的实证分析[J].经济学家,2012(7).

[148] 李利锋,成升魁.生态占用——衡量可持续发展的新指标[J].自然资源学报,2000(4).

[149] 李明生,何天祥.区域对外贸易可持续发展综合评价[J].求索,2005(2).

[150] 李彦军.循环经济与我国外贸可持续发展[D].中南民族大学硕士学位论文,2005.

[151] 李旸."中部崛起"视角下安徽战略发展的路径思考[J].成都理工大学学报(社会科学版),2009(4).

[152] 李文华. 可持续发展与生态省建设[J]. 科学对社会的影响,2004(1).

[153] 林娅,孙文营.深化自然资本理念与发展循环经济[J].中国人民大学学报,2008 (5).

[154] 刘婧.一般贸易与加工贸易对我国环境污染影响的比较分析[J].世界经济研究,2009(6).

[155] 刘开玲.森林认证工作组会议纪要[J].森林认证通讯,2003,(1).

[156] 刘林奇.我国对外贸易与环境问题关系研究[D].华中科技大学博士学位论文,2009.

[157] 刘淼,胡远满,常禹,等.基于能值理论的生态足迹方法改进[J].自然资源学报,2008(3).

[158] 刘幸菡,吴国蔚.虚拟水贸易在我国农产品贸易中的实证研究[J].国际贸易问题,2005(9).

[159] 刘艺卓,左常升,田志宏.世界林产品贸易主要影响因素的实证分析[J].中国农村经济,2008,(10).

[160] 刘宇辉,彭希哲.中国历年生态足迹计算与发展可持续性评估[J].生态学报,2004 (10).

[161] 楼紫阳,宋立言,赵由才,等.中国化工废渣污染现状及资源化途径[J].化工进展,2006,25(9).

[162] 卢黎歌,李小京.第四届生态文明国际学术论坛综述[J].西安交通大学学报(社会科学版),2010(4).

[163] 陆钟武.关于循环经济几个问题的分析研究[J].环境科学研究,2004,16(5).

[164] 罗浩.自然资源与经济增长:资源瓶颈及其解决途径[J].经济研究,2007(6).

[165] 吕玉花.中国进出口贸易流量的影响因素研究——基于引力模型面板数据[J].经济问题,2009(10).

[166] 马明.全面建设小康社会时期林业生态建设问题研究[D].东北林业大学博士学位论文,2006.

[167] 马世骏,王如松.社会—经济—自然复合生态系统[J].生态学报,1984,9(1).

[168] 马歇尔.经济学原理(上卷)(中译本)[M].商务印书馆,1981.

[169] 毛汉英.山东省可持续发展指标体系初步研究[J].地理研究,1996,15(4).

[170] 孟秀祥,冯金朝,周宜君,著.保护生物学研究[M].中央民族大学出版社,2004.

[171] 牛桂敏.基于系统科学的循环经济系统分析[J].南方论丛,2008(1).

[172] 欧阳志云.中国可持续发展总纲第11卷:中国生态建设与可持续发展[M].科学出版社,2007.

[173] 潘宏伟,谷松海,魏伟,等.进口铁矿石中有毒有害元素对人身健康及环境安全影响的评价[J].口岸卫生控制,2005,10(6).

[174] 彭方芽.工业废水的处理与利用[J].科技风,2010(8).

[175] 蒲艳萍,王玲.我国对外贸易可持续发展能力的综合评价[J].国际贸易问题,2007(7).

[176] 任建兰.环境管制措施对区域环境与贸易的约束效应[J].人文地理,2008,18

(2).

[177] 任建兰,张伟.发达国家和发展中国家不同的贸易地位引发的贸易与环境问题分析[J].人文地理,2003,18(2).

[178] 任群罗.地球生态系统的负荷分析与可持续发展——基于生态足迹法的分析[J].中国农村经济,2009(10).

[179] 散长剑,蒋天虹.论国际贸易领域新的价值取向——人文贸易主义[J].国际贸易问题,2005(1).

[180] 沈文星,戴明辉.森林产品贸易与可持续发展:一个生态文明观的研究综述[J].世界林业研究,2010,23(6).

[181] 盛斌,廖明中.中国的贸易流量与出口潜力:引力模型的研究[J].世界经济,2004,(2).

[182] 史朝兴,顾海英,秦向东.引力模型在国际贸易中应用的理论基础研究综述[J].南开经济研究,2005,(2).

[183] 宋维明,程宝栋.世界林产品贸易发展趋势及对中国的影响[J].国际贸易,2007,(11).

[184] 孙林.中国农产品贸易流量及潜力测算——基于引力模型的实证分析[J].经济学家,2008,(6).

[185] 孙小羽,臧新.中国出口贸易的能耗效应和环境效应的实证分析[J].数量经济技术经济研究,2009(4).

[186] 谭根林.循环经济学原理[M].经济科学出版社,2006.

[187] 田明华,赵晓妮.中国主要木质林产品进口贸易的环境影响评价[J].北京林业大学学报:社会科学版,2006,5(增2).

[188] 汪运波,肖建红.基于生态足迹成分法的海岛型旅游目的地生态补偿标准研究[J].中国人口资源与环境,2014,24(8).

[189] 王灿,傅平,陈吉宁.清洁发展机制对温室气体减排的贡献[J].清华大学学报(自然科学版),2008,48(3).

[190] 王建明,黄丹,刘志杰.森林认证与林业发展[J].林业勘察设计,2009(1).

[191] 王婧.基于能值分析的中国对外贸易生态利益研究[D].浙江大学硕士学位论文,2009.

[192] 王如松.高效、和谐——城市生态调控原则与方法[M].湖南教育出版社,1988.

[193] 王松霈.生态经济学[M].陕西人民教育出版社,2000.

[194] 王祥荣.生态建设论:中外城市生态建设比较分析[M].东南大学出版社,2004.

[195] 王玉婧.环境成本成在化、环境规制与贸易和环境的协调[D].湖南大学博士

学位论文,2008.

[196] 巫雪芬. 贸易开放度与环境污染:基于中国的实证分析[D]. 厦门大学硕士学位论文,2009.

[197] 吴国春,孙小蕾. 林产品进口贸易与环境保护问题研究[J]. 林业经济问题,2008,(4).

[198] 吴济华,文筑秀. 纺织印染废水处理工艺[J]. 西南给排水,2006,28(1).

[199] 吴易明. 环境经济政策对贸易影响的理论分析[J]. 国际经贸探索,2007,23(8).

[200] 夏立江. 环境化学[M]. 中国环境科学出版社,2003.

[201] 谢鸿宇,陈贤生,杨木壮,等. 中国单位畜产品生态足迹分析[J]. 生态学报,2009(6).

[202] 徐斌,夏恩龙,刘小丽. 森林认证助推世界私有林及我国非公有制林业的发展[J]. 世界林业研究,2009,22(3).

[203] 徐康宁,邵军. 自然资源禀赋与经济增长:对"资源诅咒"命题的再检验[J]. 世界经济,2006,(11).

[204] 徐中民,张志强,程国栋,等. 中国1999年生态足迹计算与发展能力分析[J]. 应用生态学报,2003(2).

[205] 徐中民,张志强,程国栋,著. 生态经济学理论、方法与应用[M]. 黄河水利出版社,2003.

[206] 徐中民,张志强. 可持续发展定量研究的几种新方法评介[J]. 中国人口、资源与环境,2000 (2).

[207] 许诏智. 自由贸易与可持续发展[D]. 中国政法大学博士学位论文,2006.

[208] 阳玉琼,俞海山. 不同贸易增长模式对生态环境的影响研究——基于浙、粤两种贸易增长模式的比较[J]. 国际经贸探索,2010,26(8).

[209] 杨红强,聂影. 贸易可持续发展的环境保护评价指标研究[J]. 中央财经大学学报,2004(11).

[210] 杨筠,生态建设与区域经济发展研究[M]. 西南财经大学出版社,2007.

[211] 杨开忠,杨咏,陈洁. 生态足迹分析理论与方法[J]. 地球科学进展,2000 (6).

[212] 杨蕊,景湘蓉. 保护生物学综述[J]. 湖南林业科技,2008,35(3).

[213] 杨圣明,韩冬筠. 新兴的温室气体排放权国际市场初步研究[J]. 财贸经济,2007(11).

[214] 姚昌恬. WTO与中国林业[M]. 中国林业出版社,2002.

[215] 易瑾超. 中国对外贸易的可持续发展研究[D]. 武汉大学博士学位论文,2005.

[216] 殷克东. 经济管理系统分析技术方法论[M]. 经济科学出版社,2009.

[217] 尹显萍. 环境规制对贸易的影响——以中国与欧盟商品贸易为例[J]. 世界经济研究,2008(7).

[218] 尹显萍,李茹君. 我国工业制成品对外贸易对环境的影响[J]. 国际贸易问题,2008(2).

[219] 余柏松,赵劼,黄清新,等. 加拿大的森林认证[J]. 林业科技,2005,30(5).

[220] 袁永友,袁娟. WTO 人文贸易观与中国贸易增长方式的转变[J]. 国际贸易,2005(10).

[221] 袁政. 政府绩效评估权重设计中 AHP 法之改进[J]. 统计研究,2008,25(7).

[222] 张复明. 矿产开发负效应与资源生态环境补偿机制研究[J]. 中国工业经济,2009(12).

[223] 张海森,谢杰. 中国－东欧农产品贸易:基于引力模型的实证研究[J]. 中国农村经济,2008,(10).

[224] 张坤民,温宗国,杜斌,等. 生态城市评估与指标体系[M]. 化学工业出版社,2003.

[225] 张丽君. 转基因大豆进口对中国资源环境和食品安全的可能风险[J]. 粮食科技与经济,2008(4).

[226] 张陆彪. 流域生态服务市场的研究进展与形成机制[J]. 环境保护,2004(12).

[227] 张小蒂,程滢. 初级木材产品进口对我国的环境效应[J]. 林业科学,2008,44(12).

[228] 赵建娜. 对外贸易对生态环境影响的传导路径探析[J]. 中国经贸导刊,2010(18).

[229] 赵景柱. 持续发展的理论分析(续)[J]. 生态经济,1991(5).

[230] 赵廷宁,丁国栋,马履一. 生态环境建设与管理[M]. 中国环境科学出版社,2004.

[231] 赵银兵,何政伟,倪忠云,等. 矿产资源开发的生态地质环境风险研究——以甘孜州东部为例[J]. 地球与环境,2010,38(2).

[232] 赵雨霖,林光华. 中国与东盟 10 国双边农产品贸易流量与贸易潜力的分析——基于贸易引力模型的研究[J]. 国际贸易问题,2008(12).

[233] 赵玉焕. 环境规制对我国纺织品贸易的影响[J]. 经济管理,2009(7).

[234] 中国 21 世纪议程管理中心可持续发展战略研究组. 发展的基础:中国可持续发展的资源、生态基础评价[M]. 社会科学文献出版社,2004.

[235] 中国国际贸易学会《对外贸易可持续发展问题》课题组. 对外贸易可持续发展问题[EB/OL]. http://www.njdx.gov.cn/wsdx/fudao/book09/book09cankao04.htm.rtf,2008-03-24.

[236] 钟莹,蔡志群,王成云,等.进口铁矿石中有毒有害元素对环境安全影响的研究[J].广州化工,2006,34(3).

[237] 周茂荣,祝佳.贸易自由化对我国环境的影响——基于 ACT 模型的实证研究[J].中国人口、资源与环境,2008,18(4).

[238] 周茂荣,周念利.中国出口贸易可持续发展水平实证研究——基于 1985—2003 年的时间序列数据分析[J].数量经济技术经济研究,2005(11).

[239] 周念利.出口贸易可持续发展:理论内涵、评价模型及经验研究[J].中国人口、资源与环境,2007(6).

[240] 周睿.贸易依存度和收入增长对中国环境质量的影响[J].世界经济与政治论坛,2009(2).

[241] 周叔莲.转变发展方式要限抓资源环境问题[EB/OL].http://www.drcnet.com.cn/DRCNet.Channel.Web/expert/showdoc.asp? doc_id=199587,2008-11-18.

[242] 周正祥,陈灿,罗珊.中国出口贸易可持续发展评价指标体系研究[J].长沙理工大学学报(社会科学版),2013(6).

[243] 朱道才,吴信国,郑杰.经济研究中引力模型的应用综述[J].云南财经大学学报,2008,(5).

[244] 诸大建.从可持续发展到循环型经济[J].世界环境,2000(3).

[245] 诸大建.作为可持续发展的科学与管理的生态经济学——与主流经济学的区别和对中国科学发展的意义[J].经济学动态,2009(11).

[246] 庄贵阳.金融危机和政策变动双重影响下中国 CDM 项目开发现状与对策选择[J].经济研究参考,2009(52).

后记

本书是在我的博士学位论文基础上修改而成的。付梓出版在即，不免勾起我对求学往事的诸多怀念。2008 年秋进入南京林业大学公费攻读博士学位是我学习生涯中值得铭记的时光，也是我人生旅途中的重要驿站。正是在这里，我才有了如此近距离接触“自然与生态”的机会，并为我所从事的交叉学科研究提供土壤。在博士论文写作过程中，我得到了导师沈文星女士的悉心帮助和多方面指导，谨向导师致以最诚挚的谢意。同时也衷心感谢国家林业局林产品经济贸易研究中心的聂影老师、杨红强老师，南京林业大学生态经济研究中心温作民老师、许向阳老师，南京林业大学环境与发展系统工程研究所张智光老师，南京林业大学经济管理学院张敏新老师、贾卫国老师、俞小平老师等，他们的授业解惑常常使得原本学习国际贸易的我茅塞顿开。南京农业大学的李岳云老师也曾两次对我博士论文的选题和内容提出过宝贵意见和建议，无以为敬，只好在此聊表谢意。感谢同门师兄汪浩博士、李锋博士以及同学和舍友们：谢加封博士、周伟忠博士、吕祥熙博士、黄胜游博士、高魏博士、华江锋博士、马龙华博士、管志杰博士、张寒博士等，茶余饭后同他们的交流常常能给我论文的写作带来新的灵感。感谢上海交通大学刘奕均博士在写作期间为我提供的文献与数据支持。

2012 年进入江西财经大学工作是我人生旅途中新的起点。在工作过程中，承蒙国际经贸学院院长袁红林老师、贸易与环境研究所所长李秀香老师以及学院副院长吴朝阳老师、刘振林老师、张曦凤老师等的厚爱和帮助，使我的教学和科研工作得以顺利展开，业务水平不断提升，课题得以立项和完成，在此向他们表示由衷感谢！

最后也要感谢家人。他们在背后默默的支持一直是我前行的动力。谨以此书献给家人和朋友，祝他们一生平安！

2014 年于江西财经大学蛟桥园